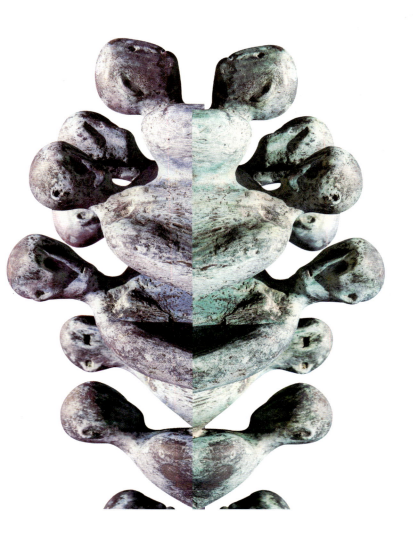

ACHT TAGE IM MAI

© Verlag C.H.Beck oHG, München 1998

Die letzte Woche des
Dritten Reiches

第三帝国的

最后

八天

[德]福尔克尔·乌尔里希
(Volker Ullrich) / 著

何昕 / 译

社会科学文献出版社
SOCIAL SCIENCES ACADEMIC PRESS (CHINA)

这位前《时代》周报编辑的报道充满故事性和感染力，他向我们展示了亲历者的证言，对痛苦、困惑、恐惧的回忆，战后仍然存在的偏见，以及被压抑的负罪感。

——《吕贝克新闻报》

（……）视角切换很有启发性。读者哪怕已经相当熟悉这段被书写过许多遍的历史，也总是能不断读到新的、之前不了解的细节或插曲。

——《世界报》，里夏德·克默林
（Richard Kämmerlings）

挪威

□ 1945年5月1日德军控制下的区域
━ "大德意志帝国"国界线
▲ 集中营
■ 灭绝营
◉ "邓尼茨政府"所在地（开始在普伦和欧丁，后迁至弗伦斯堡）

哥德堡

瑞典

丹麦
奥尔胡斯●
卡尔斯克

北 海
哥本哈根
马尔默
博恩霍尔姆岛
吕根岛

英 国
叙尔特岛
弗伦斯堡
基尔
普伦◉◉欧丁
罗斯托克
吕贝克
不来梅港
汉堡
易北河
诺里奇
荷 兰
不来梅
策勒
柏林
波茨坦
阿姆斯特丹
乌特勒支
阿纳姆
明斯特
汉诺威
马格德堡
托尔高
伦敦
卡塞尔
莱比锡
德累斯顿
敦刻尔克
安特卫普
里尔
布鲁塞尔
比利时
科隆
莱茵河
魏玛
开姆尼茨
勒阿弗尔
卢森堡
德意志帝国
法兰克福
布拉格
波希米亚
摩拉维亚
兰斯
曼海姆
巴黎
塞纳河
南锡
卡尔斯鲁厄
纽伦堡
奥尔良
特鲁瓦
斯特拉斯堡
斯图加特
雷根斯堡
多瑙河
因河
法 国
弗赖堡
乌尔姆
林茨
第戎
巴塞尔
苏黎世
慕尼黑
萨尔茨堡
因斯布鲁克
克拉根福
维希
伯尔尼
瑞 士
梅拉诺
里昂
日内瓦
博尔扎诺
罗讷河
帕多瓦
的里雅斯特
都灵
米兰
维罗纳
威尼斯
里耶卡（阜姆）
热那亚
博洛尼亚
亚得里亚海

0   100   200km

目 录

前　言

1945 年 5 月 7 日，作家埃里希·凯斯特纳①
（Erich Kästner）在日记中写道：“人们惊慌失措地
在街道上穿行。历史课间的短暂间歇让他们紧张。
那些‘已经过去的’和‘尚未到来的’之间的空隙
刺激着他们的神经。”[1] 本书所关注的正是这“已
经过去的”和“尚未到来的”之间的阶段。旧的秩
序，即纳粹统治已经瓦解；新的秩序，即占领军的
接管政府尚未建立。对于亲身经历了 1945 年 4 月
30 日希特勒死亡与 5 月 7 日至 8 日德国无条件投
降之间那些日子的许多人来说，这是他们生命中深
刻的转折点，即经常提到的所谓“零点时刻”。[2]
时间仿佛陷入停滞。5 月 7 日，一位柏林市民记录
道：“没有报纸、没有日历、没有时刻和截止日期，
太奇怪了”，“无尽的时间像水一样流淌，而指针
只是那些穿着陌生制服的男人们”。[3] 这种生活在
“无人时刻”的感觉给 1945 年 5 月初的这几天赋予
了独特的印记。[4]

这几天充满了戏剧性。“爆炸新闻一个接着一
个！大事件接踵而至！”5 月 5 日，一位德国黑森

---

① 埃里希·凯斯特纳（1899～1974），德国小说家、剧作家、
　　儿童文学作家。（如无特别说明，本书页下均为译者注。）

州劳巴赫镇的司法检察官在日记中记录道。"柏林被苏联人征服了！汉堡落入英国人手中！（……）在意大利和西奥地利的德军已经投降。今天上午，荷兰、丹麦和德国西北部的德军也正式投降。全线溃败。"[5]

整个溃败过程太过突然、速度太快，以至于当时的观察家们不得不努力调整以跟上事态的发展。剧烈的动荡使许多人感到惊慌失措，产生一种幻觉和不真实感。5月7日，符腾堡自由党人莱因霍尔德·迈耶（Reinhold Maier）写道："人们一直都摸不着头脑，并需要不断确认，这一切并不是一场梦。"[6]

造成混乱的原因在于，在走向灭亡的"第三帝国"的不同地区，战争的结束进程存在差异，人们对此的感知也不尽相同。[7]一方面，在被攻占的德国西部地区，许多地方视盟军为解放者，另一方面，东部地区却弥漫着对苏联人的恐惧。原因既在于煽动了多年的反布尔什维克宣传，也在于德军在对抗苏联的歼灭战争中所犯的罪行传播甚广。因此，尽管西线许多士兵或多或少地准备好向英美人投降，但东线的军队对苏联红军的奋力抵抗一直持续到最后一刻。5月3日，汉堡没有抵抗就投降了，而在要塞城市布雷斯劳的战斗一直持续到5月6日。当被解放的城市和地区已经重启政治生活时，德国对荷兰、丹麦和挪威的占领仍在持续，一直到5月初。在波希米亚和摩拉维亚保护国，直到5月5日布拉格起义后，德军的占领才得以终结。

虽然在许多德国人的主观认知中，时间似乎已停滞不前，但在街上一切都处于移动状态之中。庞大的人群在路上。集中营因犯的"死亡行军"队伍、返回的国防军部队、大批难民、战俘、被解放的强制劳工和因轰炸被迫背井离乡的返乡人交会在一起。盟军的观察员称之为一次实实在在的民族大迁徙。英国外交官伊冯·柯克帕特里克（Ivone Kirkpatrick）回忆说："这看上去像是有人捅了一个巨大的蚁丘。"[8] 本书的重要内容之一就在于生动重现这整个混乱而矛盾的事件。

这八天的插曲离不开卡尔·邓尼茨（Karl Dönitz）领导的弗伦斯堡政府。希特勒亲自任命这位海军元帅为继任者。其主要职责是在希特勒自杀后将战争延长整整一周。他的部分投降策略，即一边继续对苏联作战，一边对西边的盟国投降，不仅成功使尽可能多的平民和士兵逃往英美阵线，而且在反希特勒阵营中撒下了不和的种子。这一策略是如何实施的？采取了哪些步骤？其中又存在哪些幻想？这些将构成本书的主线。

昙花一现的邓尼茨政府也很有启示意义，因

13

为无论在人事还是执政章程方面，这个政府都与纳粹政权保持着可怕的延续性，并且没有表现出任何对所犯罪行承担责任的自觉。这一点不仅反映了整个纳粹精英层的态度，也反映了大部分德国民众的态度。

不过，作为德意志国政权中最后残余的邓尼茨政府，在那八天中只占据了很小的篇幅。本书将把目光越过被包围的弗伦斯堡，聚焦在更多其他地方，以形成一幅涵盖政治、军事和社会等方面的重大事件与其发展态势的多样化全景图。以下相关主题都不会被省略：最后的几场战役、死亡行军、战争结束时的自杀浪潮、德国占领军持续散布的恐怖、与外国士兵的初次相遇、柏林大规模强奸案、战俘的命运、集中营的囚犯和"流离失所者（Displaced Persons）"、早期对德国人的"野蛮"驱逐、废墟中的日常生活以及摸索中的新开始——其中有一些人借此在战后平步青云。

本书将讲到的事件，起因可以追溯到过去，后果则影响着未来。因此，在叙述上将越过这八天的时间界限，有些往前，有些往后。此外，还需要对那些进入历史视野的人物际遇及其发展进行仔细刻画。人物刻画和带有历史深度的特写镜头将交替出现，笔者希望，借此能形成一幅整体画卷，让读者

对"第三帝国"末日毁灭与占领军进驻前的这段历
史剧变形成立体而生动的印象。　　　　　　　　14

　　本书将透过大量的日记、信件和回忆，让亲历者
自己发声。其中，日记是最必不可少的资料，因为它
是对经历战争结束这一重大转折的最直接表达。[9]我们
可以从中体会到各种矛盾对立的情绪和感觉，这也正
是 1945 年 5 月初这段日子的特点：一边弥漫着末日情
绪，一边则准备重新出发。

序幕：1945 年 4 月 30 日

1945 年 4 月 30 日凌晨，一条毁灭性的消息传到老帝国总理府地堡。国防军最高统帅部总参谋长威廉·凯特尔（Wilhelm Keitel）报告，在瓦尔特·温克（Walter Wenck）将军带领下进军柏林的第十二集团军在波茨坦西南的施维洛湖（Schwielow-See）停住了脚步。这意味着，自 4 月 25 日以来被苏军围困的首都获得解围的最后希望消失了。直到此刻，阿道夫·希特勒终于决定接受其动荡生涯中一再受到的威胁：终结生命。[1]

还在凌晨时分，希特勒就开始与身边人作别，其中包括新帝国总理府战地医院的医务人员。这是恩斯特·君特·申克（Ernst Günther Schenk）医生第一次近距离观察希特勒，他表示感受到"一种难以忍受的冷静"。站在他面前的男人不再是过去那个精力充沛的"元首"："他应该是穿着一件灰色的外衣，左胸佩戴镶有金边的国徽和铁十字勋章，下身穿一条黑色长裤；而在这套衣服里的人以难以想象的程度蜷缩着。我低头看到他弯着脊背，从耸出的肩胛骨中几乎是痛苦地抬起头。"[2] 希特勒与所有人握手，并感谢他们所作的贡献。他宣布，他将了断自己的生命，并解除其他人的效忠誓言。他让他们寻求英美同盟的庇护，以免落入苏联人之手。

凌晨5点，老总理府再次遭到苏联炮兵的不断炮击。一小时后，希特勒把政府区最后的防线"大本营"的指挥官威廉·蒙克（Wilhelm Mohnke）叫到地堡，询问总理府还能支撑多久。这位党卫队旅队长回答，最多一两天。与此同时，苏联人占领了蒂尔加滕公园的大部分区域，并已经在距总理府仅400米的波茨坦广场上战斗。必须抓紧时间了。

快到中午12点时，赫尔穆特·魏德林（Helmuth Weidling）将军离开位于本德勒大街（Bendlerstraße）的指挥所，来到元首的地堡进行最后一次战况汇报，他几天前刚被希特勒任命为柏林城防司令。他所描绘的景象比此前蒙克汇报的更加悲观：由于弹药供应不足，空中也无法再进行补给，柏林的战斗很有可能在4月30日晚就结束。希特勒平静地接受了这一消息。尽管他仍然坚决拒绝投降，但是在和陆军参谋长汉斯·克雷布斯（Hans Krebs）将军商量后，他允许柏林守卫军在所有储备耗尽后分成小组，加入尚在西线作战的部队。魏德林返回本德勒大街后，收到了最后一条书面"元首令"[3]。

在对战况进行讨论后，纳粹党办公室主任兼"元首秘书"马丁·鲍曼（Martin Bormann）叫来

16

希特勒个人副官、党卫队二级突击大队长奥托·君舍（Otto Günsche），告知他元首将于当天下午与刚结婚的伊娃·布劳恩（Eva Braun）结束生命。元首要求将尸体火化。君舍须准备足够的汽油。很快，希特勒也亲自要求他的副官允诺严格执行该命令。他不希望自己的遗体被带到莫斯科示众。显然，贝尼托·墨索里尼（Benito Mussolini）的遭遇浮现在眼前：他和情人克拉拉·贝塔西（Claretta Petacci）于4月27日在科莫湖被意大利游击队逮捕，并于一天后枪决。两人的尸体于4月29日上午被运往米兰，倒挂在洛雷托广场（Piazzala Loreto）的一个加油站。这位意大利"元首"的遭遇于4月29日晚传到地堡，想必这让希特勒更加坚决地不让他和妻子的尸体留下任何痕迹。

　　君舍随即开始为火化作准备。他给希特勒私人司机兼机动车负责人埃里希·肯普卡（Erich Kempka）去电，指示他准备十个汽油罐，并将它们放在通往总理府花园的地堡紧急出口。[4]

　　下午1点至2点间，希特勒在秘书特劳德·琼格（Traudl Junge）和盖尔达·克里斯蒂安（Gerda Christian）以及营养师康斯坦茨·曼扎利（Constanze Manziarly）的陪同下吃了最后一餐。与前几周一样，他们之间的对话都是日常话题；没有人谈及即将来临的终结时刻。特劳德·琼格在 1947 年写的回忆录（直到 2002 年才出版）中这样回忆当时的场景: 一场"在轻松愉悦与沉着冷静外壳下的死亡宴席"。[5] 希特勒多年的伴侣伊娃·布劳恩没有参加。她于 1945 年 3 月从慕尼黑回到柏林，并很早就决定与希特勒共赴黄泉。为了感谢她的无条件忠诚，希特勒于 4 月 28 日至 29 日的凌晨与其结婚。在之前口授的"私人遗嘱"中，他"决定娶那个女孩为妻，她怀着长久以来忠贞的情谊，毅然自愿回到这座被围困的城市，为的是与我命运与共"。[6]

对希特勒来说，是时候与他身边的追随者告别了。他将挂在地堡办公室书桌上方的安东·格拉夫（Anton Graff）[①] 所绘的腓特烈大帝肖像遗赠给了他的首席飞行员汉斯·鲍尔（Hans Baur）。"我的将军们出卖了我，我的士兵们无心作战，而我也无能为力了!"希特勒又说，他知道"明天（……）将有数百万人咒骂他"，但命运无法从头再来。[7] 他建议跟了他十年的勤务员海因茨·林格（Heinz Linge）加入逃往西方的队伍。林格提了一个令人惊讶的问题: "现在苟且偷生是为了谁?"希特勒回

---

① 安东·格拉夫（1736~1813），瑞士肖像画家。

18 答道:"为了下一个人!"[8]

　　下午 3 点 15 分左右,希特勒最心腹的官员聚集在地堡走廊:马丁·鲍曼、宣传部部长约瑟夫·戈培尔(Joseph Goebbels)、外交部联络官瓦尔特·赫维尔(Walther Hewel)、陆军参谋长汉斯·克雷布斯、国防军首席副官威廉·布格道夫(Welhelm Burgdorf)以及秘书琼格、克里斯蒂安和营养师曼扎利。希特勒在妻子的陪伴下出现。琼格回忆道:"他非常缓慢地走出房间,弓着腰,比以往任何时候都更甚,他和所有人握手。""我感受到他右手的温暖,他望向我,但眼中没有我。他似乎离我很远。他对我说了些什么,但我听不到。(……)当伊娃·布劳恩走向我时,魔力才有所消散。她笑着拥抱我。她说:'请试着逃出去,也许您能够成功。然后向巴伐利亚问好。'"[9]

　　随后,玛格达·戈培尔出现,她请求君舍准许其与希特勒再次交谈。她也已决定与丈夫一同自杀,并把六个孩子一并带走。她在 4 月 28 日给第一段婚姻中所生的儿子哈罗德·匡特(Harald Quandt)的告别信中写道,他们已经在地堡待了六天,为的是"给自己的纳粹人生唯一可能的、有尊严的结局","在元首和纳粹之后的世界是不值得居住的,这就是为什么我要带着孩子一同离开。

把他们留下太可惜了，我要自己给他们以救赎，仁慈的上帝会理解我"。她向元首宣誓"至死的忠诚"，并且她认为，她和丈夫可以与元首同归于尽，是"我们从来不敢奢求的命运恩典"。[10] 显然，玛格达·戈培尔此刻有些动摇，因为她试图说服希特勒再作一次逃离柏林的尝试。希特勒明显对这最后一刻的干扰感到愤怒，拒绝了她的建议。[11]

　　大约十分钟后，也就是下午3点30分刚过，勤务员林格打开通往希特勒书房的门，朝里瞥了一眼，然后向鲍曼报告："帝国领袖先生，完成了！"两人进入房间，看到了如下场景：从观察者角度看，希特勒坐在沙发左侧，他的头略微向前垂下。他的右太阳穴上有一个十芬尼硬币大小的弹孔，鲜血顺着脸颊流下。墙壁和沙发上都有喷溅的血渍。地板上已经形成了盘子大小的一摊血。手枪从垂悬的右臂滑落，静静地躺在希特勒的右脚边。伊娃·布劳恩蜷起双腿坐在沙发的右侧。其尸体散发出的苦杏仁味表明是服用了氰化物胶囊中毒。[12]

　　君舍副官走进储藏间，冲在那儿等候的人们喊道："元首已死！"戈培尔、克雷布斯、布格道夫，以及青年团领袖阿图尔·阿克斯曼（Artur Axmann）和帝国保安局局长、党卫队地区总队长约翰·拉滕胡伯（Johann Rattenhuber）进入希特勒办公室前厅。此时，林格和身后跟着的两名党卫队军官抬着希特勒的尸体走出来。尸体被包裹在毯子中，只露出穿着黑色裤子的小腿、黑色的袜子和一双浅口鞋。希特勒和妻子的尸体被人沿着楼梯向上抬到总理府花园，并在距离地堡出口约 3~4 米的地方被放下。鲍曼再次上前，掀开盖在希特勒脸上的毯子，并沉默了片刻。

与此同时，数枚炮弹从总理府上空坠落。在停火间歇，君舍、肯普卡和林格冲出去，将此前准备好的汽油统统浇在尸体上。起初汽油总点不燃，因为大火产生的强风总是将火柴吹灭。最终，林格在纸上引火，并将其扔向尸体。明亮的火焰瞬间升起。聚集在出口处的人再次举起手臂向希特勒敬礼，然后迅速退回地堡。4 月 30 日晚，在君舍的命令下，希特勒夫妇的遗体被希特勒护卫队的两名官兵埋葬在总理府花园的洼地中。[13]

*

在希特勒为自杀作最后准备的同时，苏军正准备进攻国会大厦。国王广场上的这座宏伟的新巴洛克式建筑在 1884 年至 1894 年间由法兰克福建筑师保罗·瓦洛特（Paul Wallot）设计建

造，它在苏联指挥官眼中是可恨的希特勒独裁统
治的实际象征。苏联人认为 1933 年 2 月 27 日纵
火焚烧国会大厦的幕后黑手正是纳粹党，正是这
一事件成为残酷迫害德国各地共产党人的借口，
而随后于 2 月 28 日出台的《国会纵火案法令》
（Reichstagsbrandverordnung）① 更是奠定了纳粹
恐怖统治的基石。这也就不难解释，为什么国会大
厦被选为柏林最后一战中最重要的攻击目标，而不
是与之仅百米之遥的希特勒最后的避难所总理府地
堡。最迟至 5 月 1 日，即国际工人阶级斗争日，这
座瓦洛特设计的大楼就必须被攻占下来。

4 月 29 日，苏联突击部队已经攻占了施普雷
河上的莫特克桥，并占领了附近的帝国内政部。4
月 30 日凌晨，攻占国会大厦的战斗打响了。[14] 但
是，战斗的难度远远超出了预期。一支由德国国防
军和党卫队，再加上几百名海军陆战队成员组成的
参差不齐的防御部队将这座建筑变成了一座堡垒。
他们把所有窗户和门堵得密不透风，只留下必要的
射击孔，并布好了地雷。机关枪掩体和灌满水的坑
道形成了难以克服的壁垒。苏军的第一次进攻遭到

---

① 1933 年 2 月 27 日国会纵火案后，总统保罗·冯·兴登堡签
署了《国会纵火案法令》。该法令被认为是德国过渡到纳粹
党一党专权的关键历史事件之一。

德军猛烈反击。为了支援步兵，苏联将更多的突击炮和坦克经由莫特克桥运往国王广场。但是，早上和下午早些时候的两次袭击均损失惨重。于是，苏联指挥官决定将原本安排在 18 点的最后一次袭击改到天黑时分。这次，苏联士兵成功抵达国会大厦的台阶下，并冲破了入口大门。在大楼内，血腥的肉搏战开始了。一面是红军战士依靠冲锋枪和手榴弹沿着楼梯往上冲，一面是德国守军往下撤入底层和地窖。

22 点 40 分左右，由米哈伊尔·彼得罗维奇·米宁（Michail Petrowitsch Minin）率领的一支苏联部队到达国会大厦屋顶。他们有一块红布，但没有旗杆。于是士兵捡起一根管子，将红布固定在上面，把这面即兴制作的旗帜插在一尊半毁的女性形象雕塑上。[15] 但是，占领国会大厦的战斗并没有就此结束。德国人继续顽强抵抗。直到 5 月 2 日下午，最后的部队才投降。

当 5 月 2 日上午苏联摄影师叶夫根尼·哈尔杰伊（Jewgeni Chaldej）进入大楼并用相机重新拍摄下实际发生在 30 小时之前的事件时，双方仍然在战斗：画面中两名红军士兵表现出第一次将带有锤子和镰刀的红旗悬挂在国会大厦屋顶上的样子。这张著名的照片成为一幅"圣像"，因为它象

苏联红军在柏林国会大厦上举起红旗。这个画面是苏联摄影师叶夫根尼·哈尔杰伊于 1945 年 5 月 2 日补拍的。（©Khaldei/Voller Ernst/akg-images, Berlin）

征着苏联军队击败了希特勒统治下的德国。这幅照片背后还有一个故事：几个月后，哈尔杰伊不得不处理掉其中一名举着旗杆的士兵右手腕上的第二只手表，这样就不会让人联想到它可能是被掠夺的物品，因为手表是苏联征服者们喜爱的战利品。[16]

在随后的几天，国会大厦成为"真正的朝圣目的地"。[17] 参观者们不断拥入。许多红军士兵在墙上写下口号或刻上文字，以表达胜利者的喜悦。[18] 如今，人们仍然可以看到这些西里尔字母的涂鸦。

*

1945 年 4 月 30 日，国防军最高统帅部战争史部门秘书玛丽安·弗伊森格（Marianne Feuersenger）在她的随身日记中写道："晚上，我们看到一些美国汽车。它们在街头巡逻。有一种令人惊讶的和平氛围。"[19] 美军占领慕尼黑的时间正好是希勒特和妻子在柏林自杀的时间，这有着高度的象征意义。因为，这个在一战中还默默无闻的二等兵，正是从 1919 年起在这座巴伐利亚大都市中开始了他的政治生涯。魏玛共和国灭亡后，这里高涨的反革命氛围为这个野心勃勃的煽动者开展宣传鼓动工作提供了理想的土壤。1920 年代初，"国家社会主义"①运动在此迅速活跃起来，而巴伐利亚警察和司法机构对此十分宽容。为表示感谢，后来成为"元首"和帝国总理的希特勒在1935年8月授予慕尼黑"运动首都"的尊号。在进驻时，美军士兵举着刻有"运动首都慕尼黑"字样的铭牌，将这个曾经的攻击对象变成了一种战利品。这幅图景的意义几乎等同于叶夫根尼·哈尔杰伊拍摄的在柏林国会大厦升起红旗的照片。[20]

1945年4月的最后几天，美国人已经征服了纳粹党大本营纽伦堡，并迅速进军巴伐利亚州首府慕尼黑。美军飞机向该城市投下传单，呼吁"慕尼黑的男人和女人"不要对前进的部队作出任何反抗："帮助理性获胜符合您的利益，符合全体人民的利益。因此：将领导权从狂热分子手中夺走！鼓起勇气，行动起来！"[21]

但是狂热的纳粹分子、巴伐利亚大区领袖保罗·吉斯勒（Paul Giesler）和他的追随者从未想过直接缴械投降。按照希特勒的指示，他们希望尽可能久地守住这座其实大部分区域已然是废墟的城市。吉斯勒下令炸毁伊萨尔河（Isar）上的主要桥梁，此项命令只是最后时刻众多毫无意义的摧毁令之一，

---

① 国家社会主义（Nationalsozialismus），也译作"民族社会主义"，简称"纳粹"（Nazi）。

1945 年 4 月 30 日，美国士兵在进军中拿着慕尼黑的城市铭牌作为战
利品。（Scherl/Süddeutsche Zeitung Photo, München）

最终被受托执行的工兵营中的一名军官成功阻止。

　　1945 年 4 月，慕尼黑及周边地区几支反对希特勒的力量联手组成了"巴伐利亚自由行动（Freiheitsaktion Bayern）"抵抗组织，他们此刻决心行动起来。这些人中大多数是保守、爱国的巴伐利亚男性。他们的首要目标是逮捕纳粹高级官员，并将慕尼黑和平移交给美国人。4 月 27 日到 28 日凌晨，在第七军区口译团负责人鲁普雷希特·葛恩格罗斯（Rupprecht Gerngroß）上尉带领下，军官们发动了起义。这场运动的代号为"猎鸡行动（Fasanenjagd）"，"金鸡"即是影射那些身穿镶有金边的制服的可恶的纳粹高官。这些起义者首次尝试就成功冲入慕尼黑市政厅，并占领了两个广播站——位于弗赖曼区（Freimann）的国防军广播站和位于伊斯曼宁区（Ismaning）的广播发射总台。

　　当慕尼黑大区的广播听众在 4 月 28 日凌晨听到"巴伐利亚自由行动夺得政权"的消息时，简直不敢相信自己的耳朵。起义者在一份"十点纲领"中承诺"铲除纳粹的血腥统治"，"它违反了道德和伦理法则，每一位正直的德国人都应当疾恶如仇"。此外，他们还呼吁消除军国主义，恢复法治国家和人的尊严，并建立一个"现代福利国家"，让"每个人凭借自身的能力而获得应有的地位"。[22]

但是，葛恩格罗斯和他的同伴们误判了局势。慕尼黑民众没有立刻响应起义的呼吁，而是更多地持观望态度。巴伐利亚州帝国总督弗朗茨·冯·埃普骑士（Franz Ritter von Epp）拒绝了起义者参与投降谈判并一同组建过渡政府的要求。最关键的是，逮捕大区领袖吉斯勒的行动失败了。经过短暂的混乱，当权者们采取了对策。吉斯勒在4月28日上午散发的传单《致慕尼黑上巴伐利亚区民众书》中写道："慕尼黑的所有阵地都牢牢掌握在我们手中。我们站在元首阿道夫·希特勒一边，（……）葛恩格罗斯将难逃惩罚。骚乱即将过去。"[23] 起义确实在几小时后就被镇压。葛恩格罗斯逃过一劫，但他的许多同伴在州中央部大楼（Zentralministerium）的院子里被枪杀，其中就有国防军联络官君特·卡拉乔拉－德尔布吕克（Günther Caracciola-Delbrück），他也是冯·埃普骑士的亲信。

南巴伐利亚的许多乡镇在"巴伐利亚自由行动"的呼吁下掀起了反对当地纳粹官员的起义，却受到忠于希特勒的狂热分子和党卫队的血腥镇压，造成50多人丧生。其中最可怕的罪行发生在采矿小镇彭茨贝格（Penzberg）。4月28日至29日凌晨，包括来自社会民主党（Sozialdemokratische

Partei Deutschland，缩写为SPD）的前市长在内的16名男女被残忍射杀。[24]

在美军4月30日上午进驻慕尼黑之前，吉斯勒就已逃往贝希特斯加登（Berchtesgaden），据说几天后他在那里开枪自杀。美军的行进几乎没有遇到抵抗。只有少数党卫队部队和人民冲锋队进行了抵抗。下午4点过后不久，慕尼黑副市长卡尔·菲德勒（Karl Fiedler）将市政厅移交给了美军第七军的一名少校，本人则悄悄逃跑了。德怀特·大卫·艾森豪威尔（Dwight D. Eisenhower）将军在日令中写道："盟军远征军全体祝贺第七军夺取纳粹残暴统治的发源地——慕尼黑。"[25]

大批慕尼黑民众在美军到来时夹道欢迎。19岁的慕尼黑纳粹分子沃尔夫希尔德·冯·柯尼希（Wolfhilde von König）在日记中愤怒地写道，"他们进驻这座城市是我迄今为止遇到的最奇怪的事"，"还没等第一批美国人出现在我们的街道，白旗就挨个儿在公寓悬挂出来。还有人挥舞毛巾。这些慕尼黑人还能更没有尊严吗？"[26]恩斯特·兰根多夫（Ernst Langendorf）是一名移居美国的德裔新闻记者，作为下士曾在一个美国宣传机构任职。他回忆起当时到达位于市中心的玛利亚广场后几百人迅速挤上来的场景："他们满怀兴趣地看着我们的车辆，还有些人摸着我们的制服并称赞面料质量，女孩们搂着我们的脖子，禁止结交的命令彻底无效了。四处弥漫着愉快的气氛，我到哪儿都能听到：终于结束了；我们现在可以安然入睡了；再也没有飞机飞过了。"[27]

26

*

1945 年 4 月 30 日，即美国士兵解放达豪（Dachau）集中营的第二天，囚犯埃德加·库普费尔–科贝维兹（Edgar Kupfer-Koberwitz）在病患营的床上注意到："整个集中营内飘扬着来自被关押者所在的各个国家的旗帜——这些旗子究竟从哪里来的？（……）像往常一样，许多囚犯走上营地大街，但他们不用再蹑手蹑脚地走路，而是走得更自由、更自在（……），每个人都如释重负，因为我们处于美国人的保护之下——我相信，'美国人'这个词在我们的余生中将始终带有金色的光环。"[28]

达豪集中营建立于 1933 年 3 月，并且很快就成了不受约束的国家恐怖统治的代名词。它是党卫队领导下的一切暴力形式的实验室，其实验结果在随后的几年推行至其他集中营。关于集中营情况的传闻不胫而走，其起到的威慑效果正合当局者的心意。"亲爱的上帝，我宁愿成为哑巴，也别让我去达豪！"成为"第三帝国"时期的流行语。[29]正因如此，相比于4月11日被解放的布痕瓦尔德（Buchenwald）集中营和三天后被解放的卑尔根-贝尔森（Bergen-Bersen）集中营，达豪集中营的解放更加能象征纳粹恐怖统治体系的终结，正如在德国国会大厦上升起红旗象征着希特勒德国被最终击败。

在战争的最后几个月，达豪集中营的状况急剧恶化。不断有新的囚犯从撤离的东欧集中营被运送至此地，使这里人满为患。原本就短缺的食物进一步削减，卫生条件更是惨不忍睹。许多囚犯感染上了斑疹热。从1944年12月至解放当天，就有14000多人丧生。一位集中营的前文员在1945年底开始的达豪审判中说，"这些囚犯个个精疲力竭、营养不良，身上长满了虱子，就像苍蝇一样死去（……）"，"尸体就躺在活着的囚犯之间、躺在路上（……），有些就这么躺着直到腐烂"。[30]

4月下半月，从远处已经能听到枪声，美军飞机开始在该区域低空出现，局势的紧张感一触即发。越来越多的迹象表明，党卫队即将从营地撤出。为了掩盖罪行，他们烧掉了无数文件。囚犯们的心情在希望获得解放和惧怕最后一刻沦为大屠杀牺牲品之间剧烈波动着。

4月26日，劳动指令不再响起。囚犯被叫到广场集合。临近傍晚，共有6887名营地囚犯被迫分成三支队伍长途行进，由全副武装的党卫队士兵带上猎犬看守。行进途中还有来自其他营地的队伍不断加入，最终大约有10000人向南行进到巴特特尔茨（Bad Tölz）。沿途城镇的居民见到这支可怜的行进队伍，一部分冷眼旁观，也有一部分感到害怕和恐惧。这是他们第一次目睹纳粹政权的罪行。有些民众出于同情想给疲惫的囚犯们一些面包或饮料，却往往遭到党卫队士兵的阻止。5月2日早晨，在瓦基兴（Waakirchen）附近的森林露营后，囚犯们终于松了一口气：哨兵队伍失踪了。在这次死亡行军中死于路边或被枪杀的人数没有确切的数字，估计在1000人和1500人之间。[31]

而仍留在集中营的32000多名囚犯，其中4000多人在病患营，要更早一些迎来解放的时刻。临近4月29日中午，在费利克斯·斯帕克斯（Felix Sparks）中校的带领下，第45步兵师（雷鸟师）第157步兵团的士兵抵达集中营的巨大的营地。埃德加·库普费尔－科贝维兹在他的日记中记录了这一时刻："外面突然传来喊叫声和脚步声，'美国人来了，美国人来到营地了，是的，是的，他们在集合广场！'大家都动了起来。病人离开病床，快痊愈的人和工作人员跑到营房间的通道，人们跳出窗户，爬过木板墙。每个人都跑到集合广场。从很远的地方就能听到尖叫声和欢呼声。这是喜悦的尖叫。人们不停地跑啊跑啊。病人们因激动而容光焕发：'他们来了，我们自由了，自由了！'"[32]

28

在美军抵达营地之前，他们遇到了一辆停在一旁的货车，里面载有 2000 名囚犯的尸体，这些人是在从布痕瓦尔德到达豪的运输途中饿死或渴死的。当美军随后看到数百具尸体四散在营地时，受到的震惊更是无以复加。"但丁描述的地狱在达豪这座真实的地狱面前都显得苍白（……）"，斯帕克斯中校这样描述道。"第一连队中的一些士兵，甚至是身经百战的老兵都激动到了极点。有些人哭了，有些人则陷入狂怒。"[33] 在这种愤怒的情绪下，美军射杀了一些擒住的党卫队士兵。斯帕克斯坚决干预才阻止了杀戮的继续。[34] 到傍晚，局势基本平复。在国际被囚禁者救助会的协助下，美军开始救助病人。但是即使在解放后，仍然每天都有原来的囚犯死亡。埃德加·库普费尔－科贝维兹，这位达豪集中营的记录者幸存下来。他在 5 月 2 日的最后一篇日记中写道："我现在必须走出营地，从外面看看营地的样子。（……）最重要的是把这些手稿，这本日记，这本关于达豪的书和其他书面材料当着美国人的面拿出来，这样以后就不会有人说这些根本不是在这里写的。"[35]

*

4月30日下午6点35分，德国海军总司令卡尔·邓尼茨上将在位于普伦（Plön）的海军总部收到一封来自马丁·鲍曼的电报："海军元帅先生，元首任命您取代此前的帝国元帅戈林，成为他的继任者。正式的任命书尚在路上。您应当立刻采取一切措施应对当前的局势。"[36]鲍曼隐瞒了此时希特勒已经死了三个小时的事实；他在电报中有意这样表述，让邓尼茨相信这位独裁者还活着。

29 希特勒在4月28日至29日凌晨口述的"政治遗嘱"中确实将邓尼茨定为继任者和国家首脑，但头衔并不是"元首和帝国总理"，而是"帝国总统"，这个头衔自兴登堡（Hindenburg）1934年8月去世后就被希特勒废除了。他还在邓尼茨身边安排了宣传部部长戈培尔为帝国总理，任命他的秘书鲍曼担任新设立的"党务部长"一职。当天夜里，希特勒下令将遗嘱分三份带出柏林。一份给邓尼茨，一份给新任陆军元帅费迪南德·舍纳尔

（Ferdinand Schörner），第三份送往慕尼黑纳粹党总部。但是没有一份成功送达。[37]

在 1963 年出版的回忆录中，邓尼茨表示他没有想到会成为希特勒的接班人："他从未暗示过把我当作他的接班人（……），我自己也从来没有想过会接到这一任务。"[38] 但希特勒的决定并不令人惊讶。1939 年 9 月 1 日战争刚开始时，希特勒曾在国会大厦的演讲中表示，如果他去世，将由空军总司令赫尔曼·戈林（Hermann Göring）接任，但是自从盟军战机和轰炸机联队夺得欧洲大陆制空权以来，戈林的地位就大幅下降。这位帝国元帅在希特勒 1945 年 4 月 20 日最后一次生日会后成为第一个逃往南德的亲信，这被视作一种懦夫的行为。三天后，戈林从上萨尔茨堡山发来电报询问继任安排是否应该生效，因为希特勒已明显失去"采取行动的自由"。这一行为令他完全失宠。希特勒认为这是一种不忠，命令将戈林软禁并剥夺其所有职务。[39]

纳粹政权二号人物海因里希·希姆莱（Heinrich Himmler）也失去了希特勒的青睐。4 月 28 日晚上，总理府地堡获得消息，称这位党卫队首领试图通过瑞典外交官兼瑞典红十字会副主席福尔克·贝纳多特（Folke Bernadotte）伯爵与艾森豪威尔进行谈判，表示德国武装力量愿意向西方盟国投降。希特勒收到消息后勃然大怒。就连这个要求所有党卫队士兵宣誓"我们的荣耀即忠诚"的希姆莱现在也背叛了他，并且表现得仿佛就是他的继任者。在遗嘱中，希特勒将希姆莱和戈林清除出党，并剥夺所有国家职务，理由是他们与敌人秘密谈判并试图夺取政权，对国家"造成了无法估量的损失"。希姆莱的内政部部长一职由慕尼黑大区领袖保罗·吉斯勒接任，布雷斯劳大区领袖卡尔·汉克（Karl Hanke）被任命为党卫队领袖和警察总长。[40]

4月30日上午，鲍曼告知邓尼茨，"根据敌军广播消息"希姆莱已通过瑞典向西方盟国转达投降计划，"元首"要求对所有叛徒采取"迅速和强硬"的行动。邓尼茨随后于下午3点左右前往希姆莱驻扎的吕贝克警察营房，并与这位党卫队首领谈话。但是希姆莱声称路透社关于他和贝纳多特的谈判消息是狡猾的杜撰，邓尼茨暂时接受了这一解释。[41]

戈林和希姆莱不再在希特勒继任者的考虑之列，而邓尼茨是希特勒唯一能百分百信任的高级军官。1943年1月，希特勒任命他接替埃里希·雷德尔（Erich Raeder）担任海军总司令，而这位海军上将则以无条件的忠诚感谢他的支持。甚至在纽伦堡军事法庭前，他也毫不掩饰对"元首"的无条件崇拜：他在元首身上看到了"强大的人格魅力、非凡的才智和行动力、普遍的认可以及喷薄而出且极具启发性的力量"。[42] 和对待众多陆军指挥官不同，希特勒十分尊重邓尼茨，总称呼他为"海军元帅先生"，并且几乎不干涉海军事务。

直到 1945 年春，邓尼茨仍相信开发使用敌方雷达无法找到的新型潜艇会给海军作战带来转折点。4 月 7 日，他狂热地鼓动海军军官们要坚持到底："无论向左还是向右，无论周围情况如何，我们都必须履行军事职责，这使我们像磐石一样坚挺，坚毅而忠实地屹立不倒。不这么做的人是懦夫。必须将这样的人吊起来，并绑上标语：'这是个叛徒！'"三天后，他向海军指挥官们发布了一项指令，要求他们按照元首的命令作战到"最后一刻"："之后再论成败。"[43] 即使在战争的最后阶段，邓尼茨也派出海军士兵参加柏林的必败之战。

4 月 15 日，希特勒发布一项命令，以应对可能出现的西方盟军和红军在德国中部会合并将第三帝国一分为二的情形：邓尼茨将军在"北部地区"、陆军元帅阿尔贝特·凯塞林（Albert Kesselring）在"南部地区"担任最高指挥。希特勒自己则很早就决定留在柏林，而不是听身边人的建议逃往上萨尔茨堡山。他要将最后一战导演为"英雄的毁灭"，就应当留在废墟的沙漠，而不是躲在僻静的阿尔卑斯田园中。

4月21日下午，柏林正遭到苏联大炮射击时，希特勒与邓尼茨进行了最后的谈话。4月22日上午，邓尼茨在参谋的陪同下离开首都往西北方向进发。队伍行进缓慢，因为街道被返回的国防军部队和难民迁徙队伍阻塞。他们大约在中午的时候到达目的地：荷尔斯泰因的普伦，这里有几处营地已经为新的部队腾出了位置。[44] 通过海军移动无线电部队，"北部地区"所有指挥所之间以及与柏林的通信得以保持畅通。后来的苏尔坎普 ① 出版商西格弗里德·温赛尔德（Siegfried Unseld）就曾服务于该部队。1995年，即战争结束50年后，他回忆道："战争最后几天的关键消息是从我们的发射器发出的。我当时只有20岁，拥有一等兵军衔，曾在海军前线担任三年的无线电操作兵，当时接到的任务是使用以前从未用过的新代码开展无线电工作，对邓尼茨收到或发出的无线电消息进行解密或加密。"他服务的无线电站也是4月30日傍晚第一个接收鲍曼关于任命邓尼茨为希特勒继任者的消息的电站。[45]

邓尼茨将军从震惊中平复后，当晚就召见了那天下午刚刚在吕贝克会过面的海因里希·希姆莱。

---

① 苏尔坎普（Suhrkamp）是德国最具影响力的人文社会科学类出版社之一，成立于1950年。

他们的密谈在午夜进行。这位党卫队头目在 6 名武装党卫队军官的陪同下出现，似乎在显示他的权力。邓尼茨在回忆中表示，他当时"偷偷在文件下藏了一支上膛的枪"以防万一。他把鲍曼的电文拿给希姆莱看，并观察他的面部变化："那张脸露出（……）极大的惊讶，甚至是惊恐。他身上的希望似乎已经破灭。他的脸色苍白。他站起来，弯下腰说：'请让我成为您国家的二号人物。'"[46] 邓尼茨对此提议持明显的回避态度。希姆莱仍然掌控着大批的党卫队和警察，因此不能排除他不承认鲍曼的电报并宣布自己为继任者的可能性。因此对邓尼茨来说，获得国防军的支持非常重要。4 月 30 日深夜，他指示他的副官瓦尔特·吕德 - 诺伊拉特（Walter Lüdde-Neurath）第二天将国防军最高统帅部总参谋长威廉·凯特尔、作战局局长阿尔弗雷德·约德尔（Alfred Jodl）召来普伦。[47] 直到一天结束，这一切最终走向如何，仍不明朗。

33

1945 年 5 月 1 日

希特勒死后，柏林战况之激烈丝毫未减。"5月1日的晨曦已来临（……）"，汉斯·里弗欧尔（Hans Refior）上校回忆道，当时他正和战友们在本德勒街区筑设防御工事。"从清晨到深夜，枪声响彻全城，手榴弹四处乱飞，机关枪在房屋废墟和残骸中扫射，此起彼伏的枪声成为这个意义重大的日子的可怕伴奏。"[1]

深夜3点50分，汉斯·克雷布斯将军在特奥多尔·冯·杜福文（Theodor von Dufving）上校和一名翻译的陪同下现身位于舒伦堡环路（Schulenburgring）2号的滕珀尔霍夫（Tempelhof），这里已经被苏联第八近卫军团指挥官瓦西里·崔可夫（Wassili Tschuikow）上将占领。克雷布斯郑重宣布："您是第一个被告知希特勒于4月30日自愿离开我们并自杀的外国人。"崔可夫表现得对这个惊人的消息不为所动："我们已经知道了。"克雷布斯随即宣读了戈培尔致苏联武装部队最高统帅的信。这封信证实了希特勒于4月30日下午3点30分结束了生命，并在遗嘱中将政府权力移交给海军上将邓尼茨、戈培尔和鲍曼。作为新任德国总理，戈培尔被授权与苏联领导层取得联系，以推动在战争中遭受最大损失的两大势力间的谈判。[2]

克雷布斯此番任务是戈培尔自 1943 年秋天以来就一直想要推行的，即尝试与斯大林达成单独的谅解协议，从而使德国以较小的损失结束战争，但试图说服希特勒无果。[3] 戈培尔推测，西方盟国和苏联之间是强扭的盟友关系，他们的利益冲突不断激化，苏联领导人可能倾向于脱离反希特勒同盟。戈培尔相信，如果说在"元首"死后仍然存在出路的话，那就是与苏联进行协商。4 月 30 日晚上，在希特勒和妻子的尸体被焚烧并草草掩埋后，戈培尔和鲍曼以及克雷布斯、布格道夫、魏德林、海军中将汉斯－埃里希·沃斯（Hans-Erich Voss）、赫维尔公使和青年团领袖阿克斯曼等军方人士在希特勒地堡的办公室举行了长时间的会议。会议决定委派克雷布斯参谋长主导谈判，原因是作为莫斯科军事委员会的前成员，他会俄语。

过了很长时间才接通了崔可夫指挥所的电话，并敲定了谈判人前往苏方的时间和地点。[4] 戈培尔在储藏间紧张地踱步。根据阿图尔·阿克斯曼的观察，"过去这里不允许抽烟，但现在他点燃了一支又一支"，"有时候，他会哼起打仗时期最爱的曲子"。[5] 其他陪同人员则依靠咖啡、烈酒和长谈来消磨等候的时间，他们讨论是自杀还是干脆冲出地堡。自希特勒死后，他的魔力似乎消散了。特劳德·琼格回忆说，那些连"元首"最后的命令都绝对执行的总督，突然"重新变回了独立行动和思考的人"。[6]

午夜刚过，克雷布斯、杜福文和一名翻译穿过柏林的废墟，踏上艰难的谈判之路。在约定的检查站，他们被红军士兵包围，并经过多个据点后被带到了崔可夫的司令部。[7]在回忆录中，这位苏联元帅描述了他当时接见德方谈判人的心情："第三帝国的领导人现在居然相信我们的记忆如此短暂，已经将数百万的死者以及更多的寡妇和孤儿抛于脑后了吗？还有那些绞刑架和火葬场，以及马伊达内克（Majdanek）和许许多多的死亡集中营？"[8]

在宣读完戈培尔的信后，克雷布斯将他的谈判授权书以及希特勒的遗嘱副本连同新一届德国政府成员的名单交给了苏联人。在随后的谈判中，双方立场呈现了明显的对立：受戈培尔之托，克雷布斯表示首先应立即停火，这样一来希特勒任命的以邓尼茨为首的新一届内阁成员就可以在柏林开会商讨局势。第二步才是和苏联就德国武装部队的投降进行谈判。

崔可夫将军立即意识到，德国人想争取时间，以便在苏联及其盟国之间挑拨离间。他毫不迟疑地表示，既不考虑停火也不会进行单独的谈判，只接受无条件投降，并且德国同时要向美国和英国投降。[9]

在谈判间歇，崔可夫致电白俄罗斯第一方面军司令员格奥尔基·朱可夫（Georgi Schukow）元帅，向他告知这一事态。朱可夫派他的副手瓦西里·索科洛夫斯基（Wassili Sokolowski）将军前往位于舒伦堡环路的指挥所，并于凌晨 5 点 5 分发电报到莫斯科，告知斯大林克雷布斯将军带来的希特勒自杀身亡的消息。[10] 不久后，他和在莫斯科乡间别墅的斯大林取得电话联系。这位统治者从熟睡中被吵醒，显然心情不太好。据说他对这个消息的评价是："这个无赖完了！遗憾的是我们没能生擒他。"他再次明确提醒朱可夫，除无条件投降外，与克雷布斯或其他德国使节不进行其他任何谈判。[11]

然而，恰恰在这一点上，两名德国谈判代表未获得授权。由于会谈无法继续进行，5 月 1 日早上双方达成一致，让冯·杜福文上校和翻译返回总理府，以便向戈培尔就谈判情况作临时汇报。一位苏联少校和他们同去。途中，他们被党卫队士兵开枪射击，这名少校严重受伤。杜福文花了几个小时才到达总理府地堡，带回了苏联方面坚持要求立即无条件投降的消息。戈培尔喊道，他"绝不、绝不"同意。[12]

下午 1 点和 2 点间，克雷布斯在经历了 12 小时的谈判马拉松后也返回了，确认他的任务完全失败。戈培尔再次震怒："我不会在我还担任德国总理的几个小时里在一份投降书上签字。"[13] 而对于那些不愿意追随戈培尔一家自杀的人来说，是时候准备冲出地堡了。

*

5 月 1 日深夜 1 点 22 分，当克雷布斯将军已启程前往崔可夫指挥所时，邓尼茨海军上将向总理府发送了一份无线电报。他设想希特勒还活着，并再一次在电报中强烈地表白了他坚定不移的效忠之心："我的元首，我对您的忠诚是毋庸置疑的。因此，我愿意尽一切努力将您解救出柏林。但是，如果命运迫使我作为您选中的继任者领导德意志帝国，那么我将让这场战争作为独一无二的德意志人民英雄之战收场。"[14] 这封电报是由阿尔伯特·施佩尔（Albert Speer）起草的。[15] 这位装备部长在 4 月 23 日飞往围困中的柏林见了希特勒最后一面后，也退到了"北部地区"。当 4 月 30 日晚鲍曼发来的关于希特勒指定邓尼茨为继任者的消息到达普伦时，他也在场。当时，施佩尔还不知道希特勒在遗嘱中罢免了他的装备部长一职，并任命他的老竞争对手卡尔－奥托·绍尔（Karl-Otto Saur）取代他——这是对他这位"元首"原本的爱将在战争最后几个月拒绝执行焦土命令的惩罚。[16]

上午 10 点 53 分，当克雷布斯将军还在与崔可夫谈判时，位于普伦的海军司令部收到了鲍曼的第二封电报："遗嘱生效了。我会尽快来找您。在此之前，我认为不要将它公开。"[17] 其中同样没有明确提到希特勒已经死了。不过从"遗嘱生效"的表述可以得出结论，他已不在人世。但是，鲍曼没有告知邓尼茨具体的死亡时间和方式。显然，此时他已经确信与苏联的谈判不会有任何结果。因此，他准备通过某种方式前往普伦，以便在邓尼茨的内阁中担任新设立的"党务部长"一职。戈培尔明确表示他将留在柏林并在此结束生命，而鲍曼则决心自救并继续扮演重要的政治角色。[18]

在克雷布斯将军和苏联的单独谈判彻底失败后，戈培尔认为再也没有理由继续玩鲍曼的捉迷藏游戏了。在下午 2 点 46 分从总理府发出且于下午 3 点 18 分到达普伦的第三封电报中，他终于向邓尼茨道出了所有事情："元首于昨天下午 3 点 30 分离世。根据 4 月 29 日的遗嘱您被任命为帝国总统，戈培尔部长担任帝国总理，全国领袖鲍曼担任党务部长，赛斯-英夸特（Arthur Seyß-Inquart）部长担任帝国外交部部长。根据元首的命令，这份遗嘱被带出柏林，一份给您，一份给陆军元帅舍纳尔，还有一份留给公众。鲍曼正试着今天去您那儿说明情况。向军队和公众公开消息的形式和时机由您决定。"[19]

现在，邓尼茨确认希特勒已死，不用再受忠诚使命的束缚，因此他拒绝接受对于其身边同事的人事安排。他要求副官吕德-诺伊拉特将戈培尔的电报妥善锁好。同时，他下令如果鲍曼和戈培尔现身普伦，要将他们逮捕。邓尼茨和施佩尔的回忆录都提到了这件事。[20]

早在 4 月 30 日，邓尼茨就已经在考虑任命谁为他的外交部部长。他的第一选择是康斯坦丁·冯·牛赖特（Konstantin von Neurath）。牛赖特曾在魏玛共和国的最后两届总统政府以及直到 1938 年的希特勒政府中担任该职务。但是电话无法联系上牛赖特，因为在战争的最后几周里，他已经与妻子和女婿，即外交部前国务秘书汉斯-乔治·冯·麦肯森（Hans-Georg von Mackensen）隐居在弗拉尔贝格（Vorarlberg）的僻静狩猎小屋。他们于 5 月 6 日被一支法国军队逮捕。牛赖特的妻子抱怨说，"一群矮小的非洲士兵"包围了房子，他们俩只有一刻钟的时间去换衣服和收拾背囊。"分别是痛苦的，但我们表现得很勇敢。我们决不让这些恶棍看到软弱的样子！"[21]

由于未能联络上这位前外交部部长，邓尼茨命人询问他的继任者，当时也在普伦附近的约阿希姆·冯·里宾特洛甫（Joachim von Ribbentrop），打听牛赖特的下落。里宾特洛甫不知道希特勒在遗嘱中并未将其考虑在内，改而任命驻荷兰总督阿图尔·赛斯－英夸特为新任外交部部长。他坚持要求与海军上将单独谈话。谈话于 5 月 1 日深夜进行。和希姆莱一样，里宾特洛甫也主动请缨，但邓尼茨婉拒了他。据说邓尼茨曾说："我觉得他太蠢了。"[22]他决定将外交部部长一职交给同样退到"北部地区"的鲁茨·什未林·冯·科洛希克伯爵（Lutz Graf Schwerin von Krosigk）。自 1932 年帕彭（Franz von Papen）的"男爵内阁（Kabinett der Barone）"以来，无论政府如何更迭，科洛希克一直担任财政部部长，希特勒也在遗嘱中作出了同样的安排。在邓尼茨看来，他是一名政治色彩不那么强的专业型人才，可以较容易地和敌方建立联系。他知道依靠外交部部长的职位"并非能取胜"，"但他需要一个可以为他未来的决策提供政治建议的人"。什未林·冯·科洛希克伯爵需要一点时间考

39 虑一下，后于 5 月 2 日宣布接受这一职位。[23]

最初，邓尼茨还考虑调换国防军最高统帅部总参谋长一职。时任总参谋长威廉·凯特尔因对希特勒卑躬屈膝的态度而被叫作"走狗凯特尔"，邓尼茨打算让陆军元帅埃里希·冯·曼施坦因（Erich von Manstein）取代其位，后者于 1944 年 3 月被希特勒免职。但是，阿尔弗雷德·约德尔表示如果这样做，他将不再担任作战局局长一职，于是邓尼茨决定保留国防军领导层不变。[24]

让所有前线部队立即无条件投降对邓尼茨来说也不在考虑范围内。他眼中的主要任务在于继续东线的战斗，以便将尽可能多的士兵和难民从红军手中解救出来。为了实现这一目标，他希望尽快结束西线的作战。但他不打算让所有武装部队集体无条件投降，而是让各个军团依次投降。[25] 邓尼茨在 5 月 1 日晚对德国民众的广播讲话中也表达了这一意图，这次讲话中他首次公布了希特勒死亡的消息。

从晚上 9 点到晚上 10 点 25 分，汉堡帝国广播电台及其弗伦斯堡和不来梅分台分三次播报了一条重要消息，其中穿插播放了瓦格纳（Richard Wagner）的歌剧《唐豪瑟》《莱茵的黄金》《诸神的黄昏》以及安东·布鲁克纳（Anton Bruckner）的第七交响曲的选段。然后音乐戛然而止，鼓声响起，广播内传来播报员激动的声音："据元首总部消息，今天下午，我们的元首阿道夫·希特勒在总理府指挥所为了德国，和布尔什维克作战到生命的最后一刻。4 月 30 日，元首任命邓尼茨海军上将为继任者。"[26] 广播消息不仅对德国民众隐瞒了希特勒死亡的时间，还隐瞒了他死亡的真实情况，目的是掩盖这位独裁者以自杀逃避责任的事实。

邓尼茨在接下来的宣言中重申了这一虚假消息。他的讲话在语气和文字上依然是狂热的忠诚宣言，即使在战争的最后几周，这位希特勒崇拜者也仍然煽动海军士兵们奋战到底。"德国的男人们和女人们，国防军士兵们！我们的元首阿道夫·希特勒倒下了。德国人民深感悲伤和敬佩。他很早就意识到布尔什维克主义的可怕和危险，并献身于这场斗争。经过不懈的战斗，坚定不移地走完人生道路后，他在德意志帝国的首都英勇牺牲。他的一生都在为德国服务。他与布尔什维克洪流的战斗影响了欧洲和整个文化圈。"[27]

邓尼茨不仅采用了希特勒"英勇战死"的说法，还毫不迟疑地采纳了戈培尔政治宣传的一项核心内容，即将德国对苏联的歼灭战争粉饰成为了欧洲和整个文明而进行的奋战。他利用"布尔什维克主义的恐怖幽灵"解释他为什么不愿立即结束战争："我的首要任务是使德国人民免遭正在逼近的布尔什维克敌人的毁灭。我们继续军事战斗仅为此目的。如果英美两国阻碍实现这一目标，我们也必须与他们继续战斗。这些英美人不是为了自己的人民继续战斗，而只是为了在欧洲传播布尔什维克主义。"这样一来，延续西线战事的责任就被转嫁给了美国人和英国人。正如戈培尔试图通过与苏联领导人达成单独协议而分化反希特勒联盟的做法，邓尼茨的战略显然也是利用同盟国之间的对立，从而避免无条件投降。

邓尼茨还不忘将在这场有预谋的战争犯罪中无谓牺牲的士兵和平民英雄化："德国人民在这场战争中的英勇斗争以及在家乡的奉献都将成为独一无二的历史。"他承诺将尽其所能为"勇敢的男女老少""提供基本的生活条件"。最后，他祈求上帝的保佑："我们尽己所能，在遭受了如此多的痛苦和牺牲之后，主将不会离开我们。"

邓尼茨演讲完，广播播放了《德意志之歌》以及纳粹党党歌《霍斯特·威塞尔之歌》（*Horst Wessel-Lied*）第二段。广播沉默了三分钟，随后播放哀乐，其中有贝多芬的《英雄》交响曲。整个节目在 5 月 2 日凌晨结束，结束语是："我们向德国和国外的听众，向海陆空作战的士兵致以德意志

问候：希特勒万岁 ①。" 28

在 5 月 1 日向国防军发表的日令中，邓尼茨重申了他在电台演说中的话。他将"继续与布尔什维克作战，直到将战斗部队和成千上万的德国东部家庭从奴役和毁灭中解救出来"。如果英美两国加以阻拦，他也会和他们继续交战。作为新任国家首脑和国防军最高司令官，邓尼茨继续要求军队"无条件投入"。作为继任者，他将"毫不迟疑地"继续履行对"元首"的效忠誓言。29

1945 年 3 月，作家埃里希·凯斯特纳和他的同事从柏林的德国乌发电影制片厂（Ufa）逃到蒂罗尔齐勒河谷的迈尔霍芬（Mayrhofen im Tiroler Zillertal）。他在日记中记录了邓尼茨发表的日令对他和周围人的影响：新任国家首脑只是"权宜之计"。"他希望击退布尔什维克的浪潮，但对其他盟军则是不得已才应战。转动手摇风琴的人已经变了。人们见面打招呼时会开玩笑地说'邓尼茨万岁！'新的国家首脑期待部队继续履行对元首的誓言，也期望他们对他这位继任者效忠。但由于缺乏群众基础，这很难实现。自敌军入侵以来（1944年 6 月起），西部已经有 300 万人和 150 名将军被

---

① "希特勒万岁（Heil Hitler）"是纳粹德国时期的敬礼方式。

俘虏。剩下的逃亡者和流浪者也将很快被捕。誓言
变得孤立无援。"[30]

42

被拘禁在伦敦附近特伦特公园（Trent Park）
的德国将领也有着类似的反应：邓尼茨就是一个
"傻瓜"，一个"骗子"，他的内阁不过是"一日政
府"。他的讲话听起来像"小希特勒在说话"。"一
个拥有正常感官的理智的人"怎么会如此胡言乱
语！他明知道希特勒是怎么对待军队将领的，却竟
然将这个独裁者描述成"最纯洁的天使"。尽管邓尼
茨不再掌握任何权柄，但他还是打肿脸充胖子：
"我们现在是不是要喊'邓尼茨万岁'了？"这个
人"根本无权领导国家并发表讲话"。[31]

柏林记者、希特勒反对者乌尔苏拉·冯·卡尔
多夫（Ursula von Kardorff）于1945年2月逃往
奥格斯堡（Augsburg）附近的施瓦本小村叶廷根
（Jettingen）以寻求避难处，在那里她关注了这条
广播。根据她的记录，邓尼茨的讲话"相当弱"。
"我多年以来不断祈祷并且强烈盼望的那一刻终于
到来了。可是呢？当德意志之歌响起时，过了这么
多年我再次感慨万千。这是多愁善感吗？"[32]

根据装备部部长阿尔伯特·施佩尔的回忆，他
在听到电台广播后也陷入了一种惆怅的情绪。深
夜，当他将六周前希特勒刚送给他的附有个人赠言

的 40 岁生日礼物——一幅希特勒肖像——放在他位于普伦的邓尼茨军营宿舍的床头柜上时，他"失声痛哭"："我与希特勒的关系结束了，魔咒被打破，他的魔法消失了。（……）我沉沉地睡去了"。[33] 但是，施佩尔与他曾经敬佩的"元首"的关系绝没有结束。相反，他现在下决心要继续他 1945 年春季以来所作的努力，即掩饰自己作为希特勒最有权势的爱将的身份以及参与纳粹大规模犯罪的行径。[34]

1940 年 12 月离开德国的前美国驻柏林记者威廉·夏伊勒（William L. Shirer）接到希特勒死亡的消息时身在旧金山，那里自 4 月 24 日以来正举行联合国成立大会。他评论道，邓尼茨的声明是一以贯之的："整个希特勒政权、整个希特勒传奇，都建立在谎言之上。现在这些谎言也随着他死亡了。他的继任者同样沉浸在谎言中，正如他所做的那样。"[35]

和夏伊勒一样，逃亡到加利福尼亚的托马斯·曼（Thomas Mann）① 也对邓尼茨所说的希特勒死亡版本表示怀疑。他在 5 月 1 日表示："像英雄一样抗争布尔什维克而死（……），整件事听起来多么可疑和不确定"，"最有可能的"是希特勒自

---

① 托马斯·曼（1875~1955），德国作家，代表作有《魔山》《布登勃洛克一家》等。

杀。[36]托马斯·曼非常赞同塞巴斯蒂安·哈夫纳（Sebastian Haffner）①1940年春出版的《论德国之双重性格》（*Germany: Jekyll and Hyde*）中提到的观点，在那本书中，希特勒就已经被描写成"典型的潜在自杀者"。[37]

*

戈培尔在告知邓尼茨希特勒的死亡消息后——这或许可以说是他作为帝国总理的最后一件公务——就着手为最后一幕作准备。在过去几个月里，这位宣传部部长与独裁者一道绞尽脑汁，力图把"第三帝国"的末日导演成英雄式的谢幕而使后代铭记。两个人都视腓特烈大帝为榜样。就和这位普鲁士国王在七年战争中坚持抵抗力量占明显优势的反普鲁士联盟一样，他永不投降——最终甚至可能扭转局面。"我对元首说，我们应当雄心勃勃，当150年后的德国再出现类似的大危机时，我们的子孙会把我们视作抗争到底的英雄榜样，元首完全赞同我的说法。"[38]

1945年4月29日发行的最后一期《坦克熊——

---

① 塞巴斯蒂安·哈夫纳（1907~1999），德国记者、作家，主要从事近代德国历史研究。

大柏林区保卫者报》(*Panzerbär, Kampfblatt für die Verteidiger Groß-Berlins*）将其形容为"历史上独一无二的伟大斗争"。[39] 戈培尔多次提到，他将和希特勒一起留在柏林，如果没有其他出路，他将带着家人一起共赴死亡。在他于 4 月 29 日晚向秘书特劳德·琼格口授的"元首政治遗嘱附录"中，他表示这是他一生中第一次违背希特勒的命令，即"如果国防军溃败，则离开帝国首都柏林，并加入由他任命的帝国政府领导层"。如果他"在最艰难的时刻弃元首不顾"，在余生中他将以"不光彩的背叛者和卑鄙小人的形象示人"："在战争最关键的时候，背叛的氛围笼罩着元首，这时至少要有些人无条件地并且至死都站在他这一边。"[40]

　　5 月 1 日下午仅剩几个小时了。戈培尔应该是在这段时间完成了他 4 月 10 日突然中断的日记——作为给后世的遗书。据说他将手稿交给了他的国务秘书维尔纳·瑙曼（Werner Naumann），后者由希特勒任命为接替戈培尔的宣传部部长，并命令其从柏林撤离。但在逃离地堡的混乱过程中，这些手稿丢失了。[41]

　　当约瑟夫·戈培尔下达最后的命令时，玛格达·戈培尔正准备结束她六个孩子的生命，即五个四岁到十二岁的女儿和一个九岁的儿子，这些孩子于 4

月 22 日被她带到地堡。留在总理府地堡的人尝试说服玛格达放过孩子们，但都被她拒绝了，她的丈夫则鼓励她这样做。他对阿图尔·阿克斯曼说："我和妻子一致决定让孩子们与我们共同赴死。我们不希望让他们看到他们的父亲是如何被国际报纸歪曲报道的。"42

下午晚些时候，电话员罗胡斯·米施（Rochus Misch）目睹了玛格达·戈培尔把孩子们送往死亡之路的过程。她给所有孩子穿上了同样长度的白色睡衣，并说话安抚他们。只有最大的孩子，12 岁的赫尔加似乎知道即将发生什么，因为她在哭。43 接着，这位母亲把党卫队卫生部主治医生的副官赫尔穆特·昆茨（Helmut Kunz）叫来地堡，告诉他已作好决定。几天前昆茨允诺为她的弑子计划提供协助。此时，这位医生还想劝她把孩子带到新总理府的战时医院，让红十字会加以保护。但是，这位"一日总理"戈培尔上前用粗暴的口吻加以回绝："不行，他们可是戈培尔的孩子！"44

玛格达·戈培尔在地堡房间的前厅里递给昆茨一个装有吗啡的注射器。5 月 7 日，在接受苏联军事情报机构"施密尔舒（SMERSCH）"的第一次讯问时，昆茨说，"然后我们进入孩子们的房间"。"孩子们已经躺在床上，但是还没有睡着。戈培尔夫人对他们说：'孩子们，别害怕，医生现在会给你们打针，所有孩子和士兵现在都要打的。'说完这些话她便离开了房间。"昆茨给每个孩子注射了吗啡。整个过程持续了八到十分钟。他印象中当时是晚上 8 点 40 分。然后他离开房间，和戈培尔夫人一起等待孩子们入睡。

根据昆茨 5 月 7 日的第一次审讯记录，玛格达·戈培尔约十分钟后在他的陪同下回到了孩子们的房间，并往每个人口中放入碾碎的氰化钾胶囊。在 5 月 19 日的第二次审问中，他修正了自己说法：玛格达·戈培尔要求他向孩子们投药，但他拒绝了，因为他没有足够的"精神力量"这么做。因此，玛格达·戈培尔命人叫来了希特勒的随身医生路德维希·施图姆菲格（Ludwig Strumpfegger）。显然他接下了给孩子们下毒这个令人悲伤的任务。[45]

行动完成后，玛格达·戈培尔和昆茨进入地堡，约瑟夫·戈培尔已经在那里不耐烦地等待多时。没有太多时间可以浪费了，因为首批红军士兵很可能在一小时内抵达总理府。他要求副官君特·史瓦格曼（Günther Schwägermann）承诺将他和妻子的尸体火化——这位希特勒的首席宣传家甚至连死亡也要模仿他尊崇的偶像。接着，戈培尔向那些即将撤离这个恐怖之地的同僚告别。他对特劳德·琼格挤出一个扭曲的笑容，"也许您能渡过难关"，并叮嘱机长鲍尔，如果他能见到邓尼茨，请转告后者，"我们不仅懂得如何存活和战斗，也懂得如何死亡"。[46]

"游戏结束了（Les jeux sont faits）"，这是戈培尔在解雇电话员罗胡斯·米施前对他说的最后一句话。米施回忆说，他有一种"解脱"的感觉，他立即将所有插头从电话设备上拔出："我真的是把它们拔了出来，我用力地拉扯电线，两只手同时各抓住一根电线。左一根、右一根、左一根、右一根。我是多么地迫不及待。一个插头我都没忘（……），控制台上堆满了混作一团的电线。结束了。完了。"[47]

关于戈培尔夫妇的自杀方式流传着不同的版本。根据休·特雷弗·罗珀（Hugh Trevor Roper）1947 年出版的《希特勒的最后日子》（*Hitlers letzte Tage*）一书中的描述——该书主要是基于戈培尔副官史瓦格曼的陈述——这对夫妇爬上楼梯到了地堡出口，在总理府花园被一名党卫队军官开枪射杀。[48] 但是，希特勒的勤务员海因茨·林格和副官奥托·君特被囚禁在苏联时曾作证说，戈培尔和他的妻子是在地堡中用枪自杀的。[49] 这两种说法都与事实有出入，因为苏联验尸官在 1945 年 5 月 7 日至 9 日进行尸检时发现，戈培尔夫妇和他们的孩子一样，口中含有碾碎的氰化钾胶囊碎片。[50] 因此，他们是服毒自杀的。可能的情况是，为了保险起见，戈培尔指示党卫队士兵在他们服下毒药后再给他和妻子补一枪。因为，调查人员在尸体头部附近发现了两把被火药熏黑的沃尔特手枪。[51]

差不多同时，玛格达·戈培尔和前夫实业家赫伯特·匡特的儿子哈罗德·匡特在利比亚港口城市班加西被英军所俘，他通过英国广播公司得知了母亲、继父以及同母异父的弟弟妹妹的死讯。他对此作何反应已不得而知，不过，他可能还在战俘时期就已经摆脱了对继父的心理依赖。但是这并没有阻止他战后吸纳一些身负罪行的前纳粹成员进入他的家族企业，其中包括戈培尔的亲密同事维尔纳·瑙曼，后者于1950年代初曾试图与一些志同道合的人一同加入北威州的自由民主党（Freie Demokratische Partei，缩写为 FDP）。[52]

*

47

"尝试突围"，这是马丁·鲍曼5月1日晚写入日程本的最后一项内容。[53] 当戈培尔夫妇在为自杀作准备时，其余的人则预备着逃跑。几乎所有人都想着一件事：如何在最后一个小时逃出地堡并安全穿越苏联防线。希特勒的贴身工作人员销毁了他们的身份证件，从而避免在被捕时暴露身份。有些人还从他们的制服上取下了等级徽章。他们像野战军一样装备了手枪和钢盔，等待着夜幕降临。[54]

作战指挥官威廉·蒙克制订了逃生计划：将人员分成多组，每隔几分钟从新总理府地下室出来，穿过威廉广场（Wilhelmplatz）到达恺撒霍夫（Kaiserhof）地铁站［今天的莫伦街（Mohrenstraße）站］，并从那里沿着地下轨道悄悄穿越苏联防线向弗里德里希大街（Friedrichstraße）站行进。在那里他们应该与蒙克的残余部队碰头，然后尝试穿过施普雷河（Spree）到达什切青火车站（Stettiner Bahnhof）①，之后再从那里离开柏林往西北方向撤离，以便找到仍在战斗的德国部队。[55]

晚上 10 点刚过，由蒙克带领的第一小组离开。其中包括希特勒的副官君舍、大使赫维尔、海军中将沃斯、希特勒的秘书克里斯蒂安和琼格、鲍曼的秘书艾瑟·克鲁格（Else Krüger）和营养师曼扎利。第三小组由前线经验丰富的维尔纳·瑙曼带领，包括鲍曼、希特勒的随身医生施图姆菲格和机长鲍尔。陆续离开地堡的还有希特勒的随从林

---

① 今天的柏林北火车站（Berlin Nordbahnhof）。——编者注

格、司机肯普卡、戈培尔的副官史瓦格曼、帝国安全局局长拉滕胡伯以及青年团领袖阿克斯曼。[56]克雷布斯和布格道夫将军以及党卫队元首随待部队（SS-Begleitkommando）指挥官弗朗茨·舍德勒（Franz Schädle）不在逃跑队伍中。他们宁愿自杀，显然是因为他们从一开始就不认为突围能成功。

事实证明逃跑计划确实是行不通的。黑暗的地铁隧道成为无数受伤的人、士兵和平民的避难所，逃亡队伍到了这里便迅速走散。当第一批人安全抵达弗里德里希大街车站后，下一步的行进将会变得相当危险。因为那里激战仍在持续。到处都是战火，任何动静都逃不过苏联狙击手的视线。在这个炼狱中，逃亡队伍最后只剩几人，最终每个人都只能尝试自救。两年后，特劳德·琼格在记忆尚新的时候回忆道："我们在地下、燃烧的房屋、陌生的黑暗街道间匍匐前进了数小时"，"我们在某个废弃的地下室歇脚，只睡了几个小时。然后继续赶路，直到苏联的坦克挡住了去路。（……）黑夜就这样过去，早晨安静了下来。枪声停了下来。（……）最终我们到了一家酿酒厂的老酒窖（……），这是最后一站"。[57]

只有肯普卡、瑙曼、施瓦格、阿克斯曼、特劳德·

1945 年 5 月初，苏联士兵在沃斯街（Voßstraße）的新总理府大理石走廊内。（Sammlung Berliner Verlag/Archiv/akg-images, Berlin）

琼格、盖尔达·克里斯蒂安等少数人成功逃脱了。
康斯坦茨·曼扎利不知所踪。大多数人被苏联人所
俘虏，包括鲍尔、林格、君舍、沃斯、拉藤胡伯和
米施。另外，赫维尔、鲍曼、施图姆菲格等人为了 [49]
避免被俘选择了自杀。直到 1972 年 12 月，人们才
在莱尔特火车站（Lehrter Bahnhof）原址发现了
希特勒的秘书和他的私人医生的遗骸。两个人都吞
下了氰化物胶囊。鲍曼的尸骨于 1999 年 4 月在巴
伐利亚被火化，骨灰散落在波罗的海。[58]

*

1945 年 5 月 1 日，代明（Demmin）的一位
老师在她的日记中写道："自由之死，当生命的意
义变得疯狂。"[59] 这短短的一句话背后隐藏着令人
悲伤的事件——它在东德时期是禁忌话题，近些
年来才进入德国人的集体记忆。没有哪个地方像
代明这样在 1945 年 5 月初有如此多的人选择自
杀。这座位于德国北部前波美拉尼亚地区佩内河畔
（Peene）的汉萨同盟城市直到战争结束前不久还未
受空袭破坏。尽管防空警报不断地将 15000 名居民
驱赶到地下室避难，但轰炸机总是越过城市上空，
飞往什切青、安克拉姆（Anklam）或柏林才投下

它们搭载的致命武器。不过，自 1945 年 1 月以来，总是有源源不断的逃难人群从后波美拉尼亚地区和东西普鲁士来到这座城市。许多私人公寓和公共建筑都挤满了难民，他们在逃往西部的艰苦旅程中在此地暂时停留。

1945 年 4 月底，随着苏联红军的逼近，那些信誓旦旦鼓吹"最终胜利"的纳粹党和国家官员率先逃跑。驻扎在代明及其周围的国防军部队从未想过响应"英雄的毁灭"口号。他们炸毁了佩内河及其支流特雷贝尔河（Trebel）及托伦斯河（Tollense）上的桥梁后逃离了这座城市。这给那些留下来的人带来了致命的后果：通往西部的逃生路线被切断；没有及时离开的居民和数以百计的难民困在此地。在恐惧的紧张气氛中，他们等待着苏联军队的到来。

恐惧是有缘由的。许多人从士兵口中得知党卫队和国防军在占领苏联领土时所犯下的罪行。德军在 1941 年 6 月 22 日发起的"巴巴罗萨行动（Unternehmen Barbarossa）"从一开始就是按照希特勒和他顺从的将军们的意愿而发动的歼灭战，旨在歼灭和奴役平民。在战争的头几个月，成千上万的苏联战俘被饿死。从 1941 年到 1944 年，近 100 万列宁格勒居民在围困中丧生。苏联数以百万计的年轻人作为所谓的"东方劳工"被抓到"第三帝国"
进行强制劳动。自 1943 年以来，德国人在东线撤
退过程中采取"焦土（verbrannte Erde）"政策，
即摧毁一切可能对敌人有用的东西。整个地区沦为
"死亡之地"。[60]

　　1944 年 10 月，苏联红军在东普鲁士首次越
过边界。在前进过程中，他们到处可见德军疯狂进
行破坏的痕迹。几乎每个红军士兵都曾在战争中为
失去家庭成员而哀伤。对法西斯入侵者的仇恨和对
复仇的宣传鼓动，使苏军士兵犯下了第一波暴力罪
行。涅梅尔斯多夫（Nemmersdorf）这个名字成为
不祥的代名词。当时重新夺回此地的德军士兵看见
了大屠杀的痕迹，众多平民成了牺牲品，其中大多
数是老人和妇女。[61]

　　戈培尔将这类事情用于大规模的战争宣传。根
据他的指示，尸体的照片被发布在周报和其他报纸
上。根据他 10 月 26 日的日记，这样做的目的是
使德国民众意识到，"如果布尔什维克实际上占领
了德意志帝国"，等待他们的将是什么。[62] 1944 年
10 月底，国防军还能成功将红军推回边界，但他
们已无力抵抗苏军 1945 年 1 月 12 日开始的大规模
进攻。在短短的三周内，苏军就向西推进了 500 公
里，解放了被占领和吞并的波兰领土，并夺下了德

51 国东部的大部分地区。现在，他们变本加厉地继续他们在第一次入侵东普鲁士时开始做的事情。国防军和党卫队对苏联发动无情的歼灭战的报应落到了德国平民身上。1 月 30 日，一名来自乌克兰西部蒂拉斯波尔（Tiraspol）的士兵在寄回家的信中写道："德国母亲应该诅咒生下儿子的那一天！要让德国妇女感受到战争的恐怖！让他们也尝一尝其他民族遭受的痛苦。"[63] 这种复仇意志在那些没有及时开进西部的士兵身上尤其强烈。关于苏军暴行的报道以闪电般的速度传播，被困在代明的人们充满恐惧地等待着第一批红军士兵的出现。

4 月 30 日是一个明媚的春日。早晨，远处传来一阵枪声，坦克逼近的声响越来越清晰。代明的居民和难民躲在地下室避难。女人用烟灰抹脸，戴上破旧的头巾，尽可能使自己看起来没有吸引力。一些勇敢的市民在窗户上悬挂了白色的床单和毛巾——这是放弃抵抗的标志。上午，两支苏联坦克大队先遣队抵达城市南边的郊区。由于桥梁被炸毁，作战部队无法按计划迅速向西面的罗斯托克（Rostock）方向进军。中午时分，坦克和其他车辆进驻老城区。两次短暂的交火后，当天下午代明被苏军完全占领。在这之前，就已经有 21 名市民自杀。

5 月 1 日凌晨，真正的噩梦开始了。历史学家和纪录片制片人弗洛里安·胡贝尔（Florian Huber）在谈到代明事件时写道："坦克、装甲运输车、防空炮、卡车，大量的军事装备把这座城市变成了动荡不安的军营"，"成百上千的士兵停下了他们行军的脚步，四处搜刮手表、珠宝、杜松子酒、女人，寻欢作乐（……）。带着即将战胜纳粹的喜悦，5月1日充满了狂欢的气氛。那天晚上，代明的许多房屋被烧毁"。[64] 紧密相邻的木框架结构房屋给火焰提供了充足的燃烧条件。大火肆虐了很多天。最后，老城区的大部分区域被毁。

　　更糟糕的是，人们对四处抢劫、喝得醉醺醺的红军士兵充满了恐惧。数以百计的妇女和女孩被强奸，无数居民被杀，房屋被抢。随后的大规模自杀是战争最后阶段任何其他德国城市都没有的。集体恐慌以及集体歇斯底里似乎席卷了人群，往往是一家人一起自杀。让我们再看一下弗洛里安·胡贝尔的记录："死者中有婴儿和儿童、学生和青少年、青年男女、已婚夫妇、处于最好年华的人，还有退休的人和老年人。他们有着不同的出身、职业和社会地位。他们中有数百名来自波美拉尼亚地区、东西普鲁士和其他地区的难民，也有来自代明及周边地区的居民。死者中有工人和雇员、公务员和工匠、医生和药剂师、家庭主妇、寡妇和战争

52

寡妇、商人和警官、院长和会计师、退休者和老师（……）。代明的自杀者就是德国小镇社会的缩影。"65

有条件的人选择服毒或开枪自杀。有些人则是割腕或上吊。大多数都是溺水身亡。妇女们在背包里装满石头，在孩子的手腕上拴上绳子，和自己紧紧绑在一起后沉入水中。几周后，仍然有大量尸体漂浮在佩内河及支流上。

关于自杀人数有不同的说法。公墓园丁的女儿于5月6日开始进行记录的一本简易的死者簿上列出了612人的名字，其中有400多人是自杀。根据1945年11月代明地方议会的报告，总共有700起自杀事件，当时的目击者甚至说自杀人数超过1000。谨慎估计应该在500人和1000人之间。66 在代明的墓地有一块碑纪念着这些死者，上面写着那位教师日记上的文字："自由之死，当生命的意义变得疯狂。"

代明的集体自杀事件是前所未有的。但是在许多其他地方，战争结束时的混乱局面也引发了一股自杀潮，可以说是名副其实的"自杀流行病"。67 迫使人们结束自己的生命的原因不单单是对红军的恐惧、害怕胜利者复仇的恐惧。不仅纳粹高级领导人和上层军官，很多普通的德国人也醉心于元首神话，将纳粹政权的纲领内化于心，对他们来说，没有希特勒和纳粹主义的生活简直难以想象。在他们看来，自杀是注定失败时以及自己和家人前途无望时的唯一出路。早在 1945 年 3 月，党卫队安全部门的秘密报告就提到过："很多人倾向于结束生命。到处对毒药、手枪和其他终止生命的手段需求都很大。必将到来的灾难让人彻底绝望，人们对自杀的情况已司空见惯。"[68] 战争即将结束对许多人来说并非一种目前生活方式和秩序的崩溃，而是将人们置于世界末日的氛围之中。除了集体层面的意义丧失，家人命运的不确定性也是驱使人们自杀的动机。那些不得不离开家人的东部地区难民自杀率特别高。西部地区的自杀人数也有所增加，但远没有东部那么惊人，那里混杂了失去亲人的绝望和悲伤以及广泛的恐苏情绪。

*

"到达柏林时，由于浓烟笼罩，我们几乎无法在废墟中找到路"，这是瓦尔特·乌布利希（Walter Ulbricht）1945 年 5 月 1 日在离开十二年后回到当时仍然被围困的帝国首都时的第一印象。[69] 乌布利希是一个由十人组成的莫斯科共产党高层团体的首

54 领，该团体就是所谓的"乌布利希小组（Gruppe Ulbricht）"，他们的任务是为苏联占领军提供协助。柏林对这个 51 岁的受过木匠训练的德国人来说并不是陌生的地方。从 1929 年到 1932 年，他曾担任柏林—勃兰登堡区域德共领导人的秘书，因此他熟悉这里的工人运动情况。1933 年后，他离开德国，经巴黎和布拉格移居莫斯科。1938 年 1 月底，当他到达苏联首都时，斯大林的大清洗运动正在如火如荼地进行。那些逃离希特勒德国前往苏联的德国共产党员也没能逃过迫害。1932 年到 1933 年，在德共政治局九名成员或候选人中，有五人被杀害，两人自然死亡，只有两人在苏联内务人民委员部 ① 的恐怖清洗中幸免于难：瓦尔特·乌布利希和党主席威廉·皮克（Wilhelm Pieck）。[70]

要成功躲过所有的清洗浪潮，需要有特别的才能，很显然乌布利希在这方面能力突出。他深谙官僚之道，从未表现任何强烈的情感，完全顺应斯大林的政治主张，并按照后者的政策方向变化而变化。"乌布利希小组"成员沃尔夫冈·莱昂哈特（Wolfgang Leonhard）这样形容乌布利希："他有一种狡猾的农

---

① 内务人民委员部（缩写为 NKVD）是苏联在斯大林时代的重要的政治警察机构，也是 1930 年代苏联大清洗的主要实行机关。

民本能，使他能够预见苏联在政治路线上的风向变化。他能够毫不犹豫地执行苏联的命令，哪怕有时需要狡猾、严厉和残酷地对待自己的同志。"[71] 正是这些特征使瓦尔特·乌布利希在苏联占领区和后来的民主德国重建战后秩序方面发挥领导作用。

　　自 1943 年 7 月库尔斯克（Kursk）坦克战溃败后，德军被迫转入防守，红军获得了主动权，在莫斯科流亡的德国共产党也开始为战争的结束作准备。1944 年 2 月，在威廉·皮克、瓦尔特·乌布利希和安东·阿克曼（Anton Ackermann）领导下，德共领导层成立"政治问题工作委员会"，旨在打好战后德国的发展基础。讨论的结果反映在 1944 年 10 月的《战斗民主行动纲领》（*Aktionsprogramm der kämpfenden Demokratie*）中。其中的"立即行动纲领"要求："逮捕纳粹谋杀者和战犯，审判他们对自己的人民和其他国家的人民所犯下的罪行"，"彻底清除整个国家机构和地方行政机构的法西斯成分"，"解散一切法西斯组织"，"采取措施弥补对其他民族，特别是对苏联人民造成的战争破坏"和"大力发展真正的民主，以保障所有民族人民的公民自由，不论其出身、阶级、种族或宗教（……）"。[72]

　　然而，德共流亡领导人不能自由作出决策。

他们必须顺应苏联当局的利益。共产国际执行委员会前秘书长格奥尔基·季米特洛夫（Georgi Dimitroff）担任中间人的角色，此人自1943年12月以来担任苏共中央委员会国际信息部（国外局）负责人。斯大林的指导方针很明确，他判断，纳粹失败后德国将被长期占领。他认为，在红军占领区立即实行社会主义既不可能也不可行。相反，反法西斯的任务首先是推动资产阶级民主化的转型，从某种意义上说是1848年革命的延续和圆满。这位克里姆林宫的"独裁者"尚未打算分裂德国或建立一个苏联监护下的单独国家。他想确立在整个德国的影响力，因此一开始不急于对社会主义接管德国东部地区公开表态，以免刺激反希特勒联盟中的西方盟友。[73]

在纲领性工作推进的同时，德共领导层已经在谋划返回德国后的人事安排。1944年7月，威廉·皮克以"红军即将抵达德国领土"为契机，建议季米特洛夫派遣"更多的干部到该国组织反希特勒斗争"。[74] 8月，皮克受季米特洛夫之托列了一份待选同志名单。为了让这些人为德国任务作好准备，德共领导层专门组织了培训课程，每次培训25名至30名党员，让他们掌握马克思列宁主义基本知识，为未来党的总路线作好准备。[75]

1945 年 2 月雅尔塔会议（Konferenz von Jalta）确定将德国划分为不同占领区后，关于任用共产党干部的想法就变成了具体现实。他们将被分为几个小组前往占领区，接受红军的政治管理。明确的是，他们只应为占领区当局提供辅助职能。直到第二阶段他们才进行"扩展任务"，主要是重建德国共产党。[76] 因此，德共在 1945 年 4 月初通过行动纲领时一开始就提道："在德国占领区活跃的反法西斯主义者完全按照占领当局的意见行动，在群众中工作时设法坚决执行占领当局的以德国人民利益为本的命令和指示。"[77]

4 月中旬，30 名被选中的干部被分配给三支苏联军队的司令部，分别是白俄罗斯第一、第二方面军和乌克兰方面军。[78] 在瓦尔特·乌布利希领导下组成一支十人先锋队，接应正在向柏林挺进的朱可夫元帅麾下的白俄罗斯第一方面军。这个队伍里的多名成员后来在民主德国身居要职，其中有卡尔·马隆（Karl Maron），他是莫斯科《自由德国报》（*Freies Deutschland*）编辑，后来成为德国统一社会党核心党刊《新德国》（*Neues Deutschland*）副总编、民主德国内政部部长。奥托·温策尔（Otto Winzer）在共产国际工作多年，后来担任民主德国总统威廉·皮克的个人办公室主任、外交部部长。理查德·吉普特纳（Richard Gyptner），同样在莫斯科的共产国际工作了很长时间，后来担任民主德国外交部部门主管和多国大使。汉斯·马勒（Hans Mahle），"自由德国"电台副总编，1945年夏天起担任柏林广播电台的第一任总监，担任苏占区/民主德国所有广播电台的总监直到他1951年秋倒台。弗里茨·艾尔彭贝克（Fritz Erpenbeck），"自由德国"广播电台雇员，后来担任《时代剧院》（*Theater der Zeit*）杂志主编、柏林人民剧院（Volksbühne）首席戏剧顾问。队伍中最年轻的成员是24岁的沃尔夫冈（弗拉基米尔）·莱昂哈特，他毕业于共产国际学校，为"自由德国"电台广播员。1949年，他与斯大林主义决裂，经南斯拉夫逃往联邦德国。他于1955年出版的《革命抛弃了它的孩子们》（*Die Revolution entlässt ihre Kinder*）一书是对"乌布利希小组"及民主德国诞生史的重要见证。[79]

4月25日，季米特洛夫举行了一次正式会谈。会议再次提醒德国共产党人，他们的工作必须按照红军政治总部的指示进行。他们可以提建议，但不能独立制订计划。他们要协助执行"主要宣传路线"："打破红军想要消灭和奴役德国人民的传闻"。希特勒已经完了，并被彻底摧毁，德国人民能够活下来，但必须学会和平地融入民族大家庭。[80]

　　关于他在莫斯科的最后几天，沃尔夫冈·莱昂哈特描述道："乌布利希看起来一点也不激动或高兴，至少他没有表现出来。他对我们说话的口吻，就仿佛这么多年过去了，重回德国是世界上最自然的事情一样。"[81] 小组的每位成员都获得了 1000 卢布，以便在莫斯科购买必需品，以及 2000 德国马克用于在德国最初的花销。4 月 29 日晚，威廉·皮克在"卢克斯"酒店（Hotel "Lux"）举行了一场小型欢送会，这家位于莫斯科市中心的酒店是国际共产主义运动的据点，在"大清洗"时期，斯大林的秘密警察几乎每晚都会将逮捕的居民送到卢比扬卡大楼的地下室。

　　第二天早晨 6 点，"乌布利希小组"在卢克斯酒店旁边的小巷集合，然后乘坐大巴被带到莫斯科机场。一架美国道格拉斯运输机已经在那里等候。在明斯克附近短暂停留后，这架飞机于午后降落在卡劳（Calau）附近的临时机场，即奥得河畔法兰克福（Frankfurt an der Oder）以东约 70 公里处。这群人在那里被一名苏联军官接走，并护送到他们的夜间营地。5 月 1 日上午，他们乘坐汽车向西行驶，经过屈斯特林（Küstrin）[今天的科斯琴（Kostrzyn）] 和施劳弗高地（Seelower Höhen）战场——那里两周前还发生过激烈的战斗，当时朱可夫的军队尚未突破柏林城外的最后一条德军防线。最终，车队停在柏林以东约 30 公里处的施特劳斯贝格（Strausberg）附近的小镇布鲁赫缪勒（Bruchmühle）。加拉舍夫（Galadshew）中将率领的白俄罗斯第一方面军总政治部就位于此地。"乌布利希小组"住进了布赫霍尔策街（Buchholzer Straße）8 号的三层楼房，即所谓的"柱屋（Säulenhaus）"。他们在这里一直住到 5 月 8 日德国无条件投降的那一天，然后搬到弗里德里希斯费尔德区（Friedrichsfelde）的柏林王子大街（Prinzenallee）80 号［今天的爱因贝克街（Einbeckerstraße）41 号］。[82]

5 月 1 日晚，乌布利希从第一个落脚点返回柏林。他简要描述了当时的情势，并宣布了未来几天的计划："我们的任务将是在柏林建立德国自治机构。我们将前往柏林各个地区，从反法西斯民主力量中寻找适合组建新一届德国政府的人。"[83]

可能很多人以为 5 月 1 日将是"德国和苏联共产主义者的伟大友谊日"，但是根据挪威驻柏林记者西奥·芬达尔（Theo Findahl）的记录，他本人并没有感受到这样的气氛："到了晚上，年轻的士兵在胜利与酒精的混合作用下游荡在波德比尔斯基大街（Podbielskiallee）上，大声叫嚷着搜寻'年轻女性'。"[84]

*

同一天晚上，在斯德哥尔摩聚集了一群自称为
"小国际（Kleine Internationale）"的社会主义
者，他们与瑞典的同志共同庆祝工人运动日。在数
百名参与者中，有一位年轻的德国移民，31 岁的
维利·勃兰特（Willy Brandt）。1913 年 12 月他
出生于吕贝克，原名是赫伯特·弗拉姆（Herbert
Frahm）。他 16 岁时就已加入社会民主党，因为
党派对布吕宁政府持姑息态度而毅然于 1931 年
10 月离开社民党，转而加入德国社会主义工人党
（Sozialistische Arbeiterpartei Deutschlands，缩
写为 SAP）——一个松散的左派组织。1933 年 4 月，
他使用维利·勃兰特这个名字乘坐渔船逃往丹麦，
并从那里继续逃往挪威首都奥斯陆。他在非常短的
时间内就学会了挪威语。除了承担社会主义工人党
流亡组织的新闻工作，他还为挪威工人运动报纸撰
写了许多文章，向大众介绍希特勒德国的最新情
况。1940 年 4 月，德国国防军进攻挪威后，勃兰
特不得不再次逃亡，这次的目的地是瑞典斯德哥尔
摩。在斯堪的纳维亚的流亡经历对他影响很大。在
挪威和瑞典社会民主主义的自由氛围下，他摆脱了

早年教条主义的立场，这位年轻的社会主义革命者变成了一名务实的左翼社会民主主义者。这一学习过程是促成他战后事业腾飞必不可少的先决条件，即担任柏林社会民主党主席一职，1969年最终成为联邦德国总理。[85]

当天晚上庆祝活动即将结束时，维利·勃兰特冲上讲台宣读了一项决议："我们，社会主义流亡者，感谢瑞典工人运动和瑞典人民对我们的热情款待。我们要感谢瑞典为战争受害者提供的帮助。"他还在讲话时，收到了一条代表处发来的消息，他便立刻告知与会者："亲爱的朋友们，现在只是时间的问题了。希特勒用自杀逃避了责任。"他最后说道："我们的方向截然相反。"[86]

直到1945年11月，维利·勃兰特才重新踏上德国的土地。挪威《工人日报》（*Arbeiderbladet*）派他去报道纽伦堡对战犯的审判。但是他并没有局限于观察审判过程，还在这个被摧毁的国家进行了多次旅行。返回奥斯陆后，他在1946年夏天出版的一本书中总结了自己的印象，该书的书名为《罪犯和其他德国人》（*Forbrytere og andre tyskere*）。在1960年代的竞选活动中，反对他的右翼极端主义者和民族保守阵营把标题变成了"德国人和其他罪犯"，并将这本书的内容解释成完全相反的观点：他们指责这个移民者想让德国人集体对纳粹的罪行负责。勃兰特正好利用这一指责反驳了英国外交官罗伯特·吉尔伯特·范西塔特（Robert Gilbert Vansittart）勋爵的观点，表明也存在"不一样的德国"，不应该给所有德国人都贴上罪犯的标签。[87]

"昨天寒冷多雨，但是今天就是春天。一个特别的春天，不是某个普通的春天，而是和平来临的春天。天啊，多么美妙！"当阿斯特丽德·林格伦（Astrid Lindgren）在 1945 年 5 月 1 日的日记中写下这些句子时，和平虽然尚未来临，但是可以预见战争即将结束。林格伦当时 37 岁，与丈夫和两个孩子生活在斯德哥尔摩，在瑞典通讯社信件审查部门工作。她当时只出版过一些短篇小说，但已经为女儿卡琳创造了长袜子皮皮（Pippi Langstrumpf）的形象，并开始撰写故事。该书于 1945 年底出版，使作者名声大噪。

5 月 1 日晚，在维利·勃兰特给国际社会主义者小组讲话时，阿斯特丽德·林格伦正坐在汉堡帝国广播前听希特勒死亡的报道。她写道："这是一个历史性的时刻。""希特勒死了。希特勒死了。墨索里尼也死了。希特勒死在他的首都，死在首都废墟中，死在他的国家的废墟和瓦砾中（……）。繁华已尽（Sic transit gloria mundi）！"[88]

1945 年 5 月 2 日

5 月 2 日凌晨 0 点 50 分和 1 点 50 分之间，柏林马苏亨大街（Masurenallee）的大德意志广播（Großdeutsche Rundfunk）在节目的最后这样播报："我们向所有德国人问好，并纪念陆地、海洋和天空那勇敢的德意志军人之魂。元首死了，帝国永生。"[1] 对于大部分德国民众来说，希特勒的死亡似乎并不是一件令人悲痛的事，人们更倾向于无动于衷。"听到这个消息，也就耸了下肩而已"，17 岁的克里斯蒂安·冯·克罗克夫伯爵（Christian Graf von Krockow）如此写道，他当时在丹麦作战，经历了战争的结束。[2] 总参谋部军官盖尔德·施慕克勒（Gerd Schmückle）——后来他在 1960 年代末成为联邦德国国防军司令以及北约欧洲盟军司令部副总司令——当时在蒂罗尔（Tirol）的一个乡下旅馆听到了这条广播消息。他回忆道，"那种感受并不比听到旅馆老板进门说，有一只家畜在圈里死了更难过"，"只有一名年轻的士兵跳起来举起右手喊道：'元首万岁！'其他人都继续喝着汤，仿佛什么都没有发生"。[3]

元首神话在 1944 年 7 月 20 日刺杀行动失败后又经历了短暂的高潮，但他在战争的最后几个月迅速跌下神坛。和他一同失去吸引力的还有纳粹主义。魔法解除了，魔力消散了。"这里的人们对希特勒究竟活着还是死了漠不关心，尽管他是曾被众人奉为神且深受爱戴的元首。他已失去威望。"乌尔苏拉·冯·卡尔多夫在5月2日如此写道，并补充说："几百万人因他而丧生——现在他的死不会让百万人伤心。这个想千年永存的帝国瞬间灰飞烟灭。"[4]

62

记者露丝·安德里亚斯-弗里德里希（Ruth Andreas-Friedrich）——在战争中曾作为柏林抵抗组织成员帮助被当权者迫害的人，她在她的熟人圈里也表达过类似的观点："希特勒死了！而我们，我们的反应好像此事与我们没有任何关系，好像这件事只是发生在世界上于我们最无关紧要的一个人身上。发生了什么改变吗？什么都没变！我们在战争最后几天的地狱中忘记了希特勒先生。第三帝国像幽灵一样消散了。"[5]

音乐家和作家卡拉·霍克（Karla Höcker）在她的《1945年柏林笔记》（*Berliner Aufzeichnungen 1945*）中记录了她5月2日晚在柏林的一处防空洞中所经历的事件：当防空洞的人群好不容易平静下来时，街区监察员（Blockwart）出现了，并用"一种冷静得奇怪的腔调"通知说："据说元首死了。""好吧，那挺好"，一位女士说，而她得到的回复是"稀稀拉拉的笑声"。[6]

5月2日，汉堡-巴姆贝克区（Hamburg-Barmbek）一名在社民党家庭长大的18岁女学生在上学路上也注意到不同寻常的场景："奇怪，没有人哭泣，最多看起来有点难过，这可是那位备受尊崇和爱戴的元首，那个被白痴们奉为神明的人死了啊（……），这就是发誓会为元首献出一切的人民！"不过，在她所在的女子学校大家的反应却各不相同。校长在礼堂里念完悼词后，命人奏起了《德意志之歌》和《霍斯特·威塞尔之歌》，一些学生哭了。"怎么会发生这种事！！这些可都是些有天赋的聪明人啊！！太可笑了！"[7]

希特勒之死是在特伦特公园被俘的将军们5月2日那一天的主要谈话内容。他们所持观点也有所不同。多数人同意，"元首"是一个对德国人民具有"伟大功绩"的人，是一位"历史人物"，"只有之后的历史才能完全公正地评价他"。但是，他却以一种悲剧的方式失败了，因为他的周围都是些"能力欠缺的罪人"。另一些人（显然是少数）的洞察力在这段时间有所进步，他们认为自己所服务的体系"违反了一切道德法则"："我们一直想不明白，我们竟然追随了这么一个不安分子。"[8]

1944年6月初盟军开始进攻后，恩斯特·荣格尔（Ernst Jünger）① 上尉离开了巴黎军事指挥部，并于 9 月 1 日以"预备役军官（Führerreserve）"的身份在休假期间回到汉诺威附近的基希霍斯特（Kirchhorst），他 1945 年 5 月 1 日在日记中写道："晚上，电台宣布了希特勒去世的消息。我的印象是，这个人像墨索里尼一样，很长一段时间以来只是作为木偶被其他人、其他势力操控。施陶芬贝格（Stauffenberg）② 的炸弹没有夺走他的生命，但是夺走了他的光环；人们可以听出这样的论调。"9

随着希特勒的死亡，不少人因为感到战争即将结束而松了口气。当时在东京的德国大使馆担任广播电台专员的外交官埃尔温·维克特（Erwin Wickert）回忆起这种如释重负的感觉时说："现在上面再也没有想要继续战争的人了，也不用因为违抗命令而受惩罚。我不愿称这种感觉为快乐，但这是一种罕见的、不同寻常的轻松感。"10

对于到最后一刻都坚信"奇迹武器"和"最终胜利"的元首狂热支持者们来说，希特勒死亡的消息是一种强烈的冲击。《汉堡报》总编辑赫尔曼·

① 恩斯特·荣格尔（1895~1998），德国小说家，曾在二战中担任德国国防军上尉。
② 施陶芬贝格（1907~1944），纳粹德国陆军上校，1944 年 7 月 20 日秘密刺杀希特勒行动的主要执行人之一。

奥克拉斯（Hermann Okraß）在 5 月 2 日发表的名为《告别希特勒》（*Abschied von Hitler*）的讣告中对这些人写道："一个伟人离开了这个世界"，他"想为自己的人民谋求最好的"，因此也受到他们的"热爱"。阿道夫·希特勒集"最美好的美德、最热烈的愿望、最崇高的向往、人民的全部美好意愿"于一身。因此，可以"放心地请世界历史对他作出评判"。[11]

失去心爱的"元首"的悲伤常常与自怜混杂在一起。26 岁的日耳曼学学生萝赫·沃尔布（Lore Walb）在 5 月 2 日写道："他现在得到了安宁，这对他来说绝对是最好的。但是我们呢？我们被抛弃了，被交给所有人摆布，我们穷尽一生也无法重建这场战争所摧毁的一切。"最初，希特勒想实施他的"积极思想"，内政也确实发生了"一些好事"，但是希特勒在外交政策中以及作为最高军事首领却彻底失败了："人民现在必须赎罪。如果爸爸也能经历这些该多好！"[12] 汉堡一位同龄的商务办事员在同一天说："我们的元首向我们许诺了很多，现在他实现了以往德国统治者们都无法做到的事情，即他留下了一个完全被摧毁的德国（……），让数百万人丧生，简而言之，最终造成了可怕的混乱。我们这个可怜的民族必须再次为一切后果负责。"[13]

这些抱怨反映了希特勒的许多前追随者在获悉其死亡消息后的矛盾情绪。多年来对他的忠诚信任现在变成了失望和愤怒；或者转变为冷嘲热讽，比如19 岁的埃里卡·阿斯姆斯（Erika Assmus），这位年轻姑娘来自波罗的海乌泽多姆岛（Usedom）上的海滨浴场阿尔贝克（Ahlbeck），曾经是积极的希特勒青年团少女队的一个小组负责人。5 月 2 日她与家人一起逃往维斯马（Wismar）。最初，她因寄托在希特勒身上的希望破灭了而感到悲痛，接着则是冷静地算账："公司破产了。它的创始人逃脱了，并且留下了一个烂摊子。不是这样玩的！那不是营业的根本原则！哀悼直接变成了冷嘲热讽，它是被背叛者和无望者们的宣泄方式。"[14] 在后来的联邦德国，埃里卡·阿斯姆斯以卡罗拉·斯特恩（Carola Stern）为笔名成为德国最有名的左派自由主义时事评论家。

16 岁的希特勒青年洛塔尔·罗伊威（Lothar Loewe）和许多其他同龄人一样，是柏林人民冲锋队的最后一批成员。当他在马苏亨大街听到大德意志广播报道的希特勒在地堡丧生的消息时，只感到内心的空虚和手足无措："怎么办？我在想。现在谁将统治德国？没有了希特勒，我们这些希特勒青年将怎么办？"[15] 后来在联邦德国，作为德国电视一台驻华盛顿、莫斯科和东柏林的通讯员，洛塔尔·

罗伊威成了最著名的电视新闻记者之一。

来自上黑森州劳巴赫小镇的司法监察官弗里德里希·凯尔纳（Friedrich Kellner）是少数很早就预感到灾祸到来的希特勒反对者之一，他曾提醒同胞们不要将全部责任推卸给希特勒及其集团。数以百万计的纳粹党员都对这场灾难负有责任。凯尔纳在 1933 年之前是社民党党员，他在二战爆发时就开始记日记。他每天都会记录自己碰巧听到的或朋友告诉他的消息，最后记了十本。对纳粹新闻宣传的批判性阅读使他能够看穿宣传中的谎言，并对该政权的犯罪本质作出准确判断。在听到希特勒逝世的消息时，他评论说："这一最邪恶的政治制度，这个独特的元首国家，迎来了罪有应得的结局。历史将永远地证实，德国人民无法主动摆脱纳粹的枷锁。美国、英国和苏联的胜利对于摧毁纳粹的妄想和征服世界计划是必不可少的。"[16]

威廉·夏伊勒在 5 月 2 日也作出过类似的总结："这场造成了如此大的破坏并接近失败的战争将以一场彻底的胜利结束。墨索里尼被挂在米兰广场上。希特勒死了，毫无疑问是自我了断。（……）随着这两个发动且领导战争的人的死亡，几乎攻占并摧毁我们整个世界、比人类历史上任何运动都带来了更多痛苦的法西斯主义也将被送往坟墓。"[17]

*

5 月 2 日夜里，位于柏林的第 79 苏联卫队师无线站收到一封俄语的电报。"注意！注意！这里是德国第 56 坦克军团。我们请求停火。我们将派谈判代表于柏林时间凌晨 0 点 50 分前往波茨坦桥。识别标记：白旗。请回复。"不久后苏方回复："了解！了解！我们将把您的请求转告指挥官！"[18] 瓦西里·崔可夫上将随即命令在指定的路段停止战斗，并任命一名参谋部军官和一名口译人员负责接待谈判代表。他再次给出严格的指示，只允许进行无条件投降的谈判，并且在要求德国人立即投降方面不得作出丝毫退让。

与此同时，德方也终于认清这一现实，即在帝国首都继续斗争已毫无意义，并且除了投降别无选择。5 月 1 日晚 11 点左右，德军第 56 坦克军团司令、柏林最后一名战斗指挥官赫尔穆特·魏德林将军在他位于本德勒街区的指挥所里召集了所有能联系上的部队负责人。据一名目击者称，当魏德林宣布希特勒去世的消息并说明投降的必要性时，"这些男人发出了一阵呻吟"。即使那些早已知道或预感到战争即将结束的人，也被现实击溃，"对他们所有人来说，世界崩溃了"。[19]

最终，所有指挥官都同意魏德林的决定。前一天陪同克雷布斯将军执行任务的特奥多尔·冯·杜福文接下了投降谈判的任务。在一名口译和一名拿着白旗的士兵的陪同下，他前往约定好的会面地点。与前一天相比，这次谈判没有持续很长时间。苏联代表谢姆琴科（Semtschenko）上校表示，他的上级授权他接受德方投降。他允诺德国人"有尊严的条件"：军官可以佩带"小的随身武器"（军刀或匕首，但不能佩带手枪），并且允许随身携带尽可能多的手提行李。此外，苏方承诺"保护平民并照顾伤员"。至于柏林投降的时间，杜福文指出，几乎所有的通信连接都已被摧毁，通信人员必须前去通知仍在战斗的部队，这至少需要三四个小时。因此停火的开始时间定为上午6点。凌晨3点左右，杜福文回到本德勒大本营，并向聚集在此的同僚通报了谈判的结果。[20]

魏德林及其参谋部在凌晨5点30分至6点离开本德勒大本营，成为战俘。他被带到位于舒伦堡环路2号滕珀尔霍夫的崔可夫总部。他保证，他已经下令停止战斗；但由于通信不畅，他无法保证自己的命令已传达至仍在战斗的所有部队。应崔可夫的要求，魏德林于上午7点50分发布正式的书面命令："1945 年 4 月 30 日，元首自我了结了生命，抛弃了宣誓效忠于他的我们。你们在元首的命令下仍然坚持认为必须为柏林而战，尽管重型武器、弹药紧缺，尽管总体局势使这场战斗显得毫无意义。你们继续战斗的每个小时都会延长柏林平民和伤者强烈的痛苦。现在仍在为柏林而战的所有人都是在作无谓的牺牲。因此，在与苏联军队最高指挥部达成一致后，我要求你们立即停止战斗。"[21]

年轻的德裔苏联政治委员、当时仅 20 岁的史蒂芬·德恩贝格（Stefan Doernberg）在他的便携式打字机上打下了上述命令。德恩贝格于 1935 年随犹太父母移居苏联；1941 年德国入侵苏联后，他自愿加入红军，并在投降谈判中担任翻译（他在后来的民主德国成为知名历史学家）。[22] 魏德林带着一份投降令的副本乘车前往位于特雷普托－科佩尼克区（Treptow-Köpenick）的约翰尼斯塔尔（Johannisthal）的一间录音室。他在那里录下了投降令，接着通过车辆扬声器在柏林大街小巷播放。[23]

尽管如此，5 月 2 日当天战斗仍在几个核心区域持续进行。特别是党卫队仍然誓死激烈抵抗。下午 5 点左右，全面停火终于实现。到处都聚集着被击败的国防军残余部队，他们开始长途跋涉前往战俘营。苏联口译员叶琳娜·雷热夫斯卡娅（Jelena

Rzhevskaya）观察到"许多士兵仍戴着已经毫无意义的钢盔"，"他们筋疲力尽地走着，被出卖了，脸庞发黑，情绪低落。一些人垂头丧气，另一些人则松了口气，而大多数人看起来都是同样沮丧和冷漠"。[24] 魏德林将军在 5 月 8 日与另外 12 名国防军和党卫队成员乘飞机前往莫斯科，他辗转于不同的监狱，直到 1952 年 2 月接受审判。他被判处 25 年监禁。1955 年 11 月，他死于卢比扬卡医院；据称死因是心力衰竭。[25]

慢慢地，柏林市民带着恐惧不安的神情从地窖中走出来——他们整天躲藏在拥挤的地下，没有电灯、煤气或水。在他们面前呈现的是一幅恐怖的画面：天空乌云密布，到处能看到残留的炮火，建筑的外墙纷纷坍塌。被毁的房屋废墟堆积成山，中间夹着士兵的尸体，既有苏联人的也有德国人的。中弹的坦克、倒下的大炮、烧毁的有轨电车表明了之前战斗的激烈。马的尸体也随处可见，马肉便成为颇受柏林人欢迎的一道菜。

记者玛格丽特·博韦里（Margret Boveri）没有像她的同事乌尔苏拉·冯·卡尔多夫那样逃到德国南部，而是留在她位于夏洛滕堡区（Charlottenburg）温特街（Wundstraße）的公寓耐心等待。她在 5 月 2 日早上听说有人在分发马肉。

"我（……）跑过去，发现在人行道上有半匹还残留体温的马，人们拿着刀和斧子围着它割肉。我掏出大水果刀，抢占了一个位子，也割了一块肉。这并不容易。我拿到四分之一的肺和一块后腿肉，马皮仍留在上面，当我把刀拔出时血溅了出来。"[26]

在柏林重获和平的最初几天，对商店和食品摊的洗劫成为一种普遍现象。普伦茨劳贝格（Prenzlauer Berg）的舒尔泰斯啤酒厂（Schultheiß-Brauerei）情况尤其混乱，因为德国国防军在那里有大量储备。一名学生在一年后回忆说，"男人、女人和孩子拿着黄油、人造黄油、罐头食品、肥皂、饼干、面包、巧克力、糖果、水果卷糖、酒和许多其他东西从地堡（啤酒厂）走出来"，"抢劫如此肆无忌惮，以致苏联士兵不得不向空中开枪"。[27]

备受吹捧的"人民共同体"自始至终都只是宣传理想而非现实，如今已荡然无存。每个人都只顾自己，只忙着为自己和家人获取生活必需品。"人们互相攻击，殴打对方，抢夺贴身物品，将能碰到的东西都据为己有。"[28]

躲在地下室的人们重获自由后注意到的第一件事就是那不同寻常的、极度的寂静。炮火的隆隆声和机关枪的轰鸣声已经停止，也不再有空袭。"难以置信。再也没有警报声响起，也不会再有炸弹落下，

69

1945 年 5 月 2 日柏林战斗结束后，柏林市民正从一匹马的尸体上分肉。（Berliner Verlag/Archiv/dpa/ZB/Picture-Alliance, Frankfurt/Main）

人们将渐渐重新习惯脱下衣服后再上床睡觉",柏林市民玛塔·米伦多夫(Marta Mierendorff)在 5 月 2 日高兴地写道。她很惊讶地发现人们已经开始清除人行道上的瓦砾了。"很明显,大家轻轻地舒了一口气。"[29]

在柏林,5 月 2 日对于红军士兵来说是一个庆祝日。"这是巨大的胜利。人们在一个大型方尖碑旁自发地庆祝。坦克淹没在鲜花和红旗的海洋中(……)",作家瓦西里·格罗斯曼(Wassili Grossmann)在一份报告中写道。"所有人都在跳舞、唱歌和欢笑。彩色的信号弹升上天空。冲锋枪、步枪和手枪射出欢乐的子弹。"[30]像现在这样,他"已经很长一段时间没有睡觉了——像个死人一样",苏军少尉尼古拉·贝罗夫(Nikolai Below)在给他怀孕的妻子利迪娅的信中写道。"我不知道之后是否还会再有激烈的战斗,但我觉得应该没有了。在柏林,一切都结束了。"贝罗夫没有活着看到战争的结束。5 月 4 日,他被派往易北河畔的伯格(Burg)执行任务,于第二天战死。[31]

*

5 月 2 日早上,在魏德林将军签署投降令的同时，"乌布利希小组"成员在苏联政治军官的陪同下，乘坐多辆汽车驶向柏林。他们见到的景象令人震惊："火灾、废墟、穿着破烂衣服四处游荡的饥饿人群。不知所措的德国士兵们，似乎并不理解发生了什么事。红军士兵们则唱歌、欢呼，常常喝得酩酊大醉。在红军的监视下，成群结队的妇女开始清洁工作。人们排着队耐心地站在水泵前，为的是接上一桶水。每个人看上去都非常困倦、饥饿、筋疲力尽，或者可以说是支离破碎。"[32] 房屋的窗户上悬挂着白旗，原来的工人社区也悬挂着红旗。许多柏林人戴着白色或红色的袖章，有些人甚至同时戴着两种。

他们的第一站是位于老弗里德里希菲尔德街（Alt-Friedrichsfelde）1~3 号的苏维埃中央司令部。参与柏林战斗的市区指挥官尼古拉·贝沙林（Nikolai Bersarin）大将亲切地问候了这些来自莫斯科的德国使节，并给他们下了第一道指令。对苏联方面来说，恢复公共秩序是头等大事。要清除街道上的瓦砾和军事装备，处理掉人和马的尸体，确保水、电和气的供应，商店和企业要重新开业。"请您帮助恢复正常生活。请帮助红军。这也是在帮助您的同胞"，贝沙林解释说。[33]

"乌布利希小组"接到的第一个任务是帮助重

建柏林的 21 个市政管理机构并成立市政府。成员
以两人为一组，要探访分配给他们的市区，并按
照苏联占领国的意思制定人事政策路线。沃尔夫
冈·莱昂哈特陪同瓦尔特·乌布利希来到新克尔恩
区（Neukölln），在那里有一座半毁的公寓楼，一
群在希特勒独裁统治迫害中幸存的老共产党员聚集
其中。莱昂哈特在他的《革命抛弃了它的孩子们》
一书中生动地描述了当时的问候场面："突然有几
个人跳了起来，喊着'乌布利希'。很快他就被围
住了。这些同志的脸上映出惊喜和喜悦。与之相对
的，乌布利希仍保持严肃和客观的样子。他向他们
打招呼——在我看来他的问候相当冷静——介绍我
是他的同事。两分钟后讨论继续，但改由乌布利希
主持（……），他提问的方式虽不像警察审问那样，
但也与我的期待大相径庭——那并不是一位移居国
外者十二年后与多年生活在希特勒恐怖统治下且幸
存下来的同志们重逢时应有的说话语气。最终，他
介绍了当前的政治'路线'，并以不允许反驳的语
气和不允许质疑的方式，表明党的政策将由他，而
不是柏林共产党（……）决定。"[34]

　　5 月 2 日晚上，该小组在布鲁赫缪勒的"柱
屋"再次碰头。他们互相交流经验；乌布利希随后
就行政区部门组成作出指示：在工人阶级区，应任

71

命社会民主党人为市长；在资产阶级区，包括威尔默斯多夫（Wilmersdorf）、夏洛滕堡、采伦多夫（Zehlendorf），则应任命"资产阶级的反法西斯主义者"，最好拥有博士学位。食品、经济、社会和交通部门负责人则还是由社民党人担任，乌布利希认为"他们对地区政治有所了解"。共产党人应当占少数，但要担任第一副市长（Erster Stellvertretender Bürgermeister），以及人事、教育和公安部门负责人。"很明显：一切得看起来民主，但我们必须掌握一切"，乌布利希对任命安排作出精辟总结。[35] 在 5 月的最初十天里，根据这一模式着手建立以共产党为主导的政府便成为主要目标。

从一开始，乌布利希就与柏林红军总政治部（PUR）负责人加拉德肖（Galadshew）将军及其副手谢罗夫（Serow）上将合作密切。他是苏联占领区代表们最重要的联系人。并且由于他能保障忠诚、高效地执行斯大林方针，因此，如果事关任命要职，他的建议通常能够得到采纳。仅两周后，他就向在莫斯科的党主席威廉·皮克报告："现在柏林各区的指挥官如遇到复杂的问题，都会通过电话与我们联系，请求指派一位可以帮忙理清这些问题，并正确组建行政部门的专业指导。通过一开始就将所有精力集中到各行政区，我们已经结识了足够多的干部，以便为中央行政机构、警察以及其他必要的一切提出我们的建议。"[36]

在攻占柏林的最初几天，红军士兵也是暴行不断，尤其是强奸妇女。但是，乌布利希断然拒绝了柏林共产党人的要求，避免开诚布公地对这一隐晦的话题表态。是的，他反而明确反对因强奸而怀孕的妇女堕胎。[37] 乌布利希对曾留在"第三帝国"并在那里进行非法抵抗的共产党人深表不信任。在他看来，他们仍然没有摆脱魏玛共和国时代的符号和口号，仍要求立即实行社会主义，这与斯大林的立场背道而驰。"我们必须作出解释，大多数同志存在宗派主义的倾向"，乌布利希在 5 月中旬给威廉·皮克的信中写道。"有些同志仅靠眨眨眼来执行我们的政策，有些同志出发点是好的，但后来他们竟使用'红色阵线'的口号，还有一些（……）谈论着苏联势力，诸如此类。我们已在同志队伍中大力反对错误观念，但总有不断重复旧错误的新同志出现。"[38]

乌布利希完全依靠在苏联流亡过的受过训练的干部，这些人对斯大林命令的服从已成为第二天性。在他眼中，这是严格执行苏联占领国意志的唯一保证。[39] 这些莫斯科密使对红军占领柏林后大部分城区组建的"反法西斯主义"委员会同样持不信任态度。这是由坚持不同意识形态的反法西斯主义者自发成立的组织，目的是协调最初的清理工作，分配生活住所，以及重启营业和供应设施。乌布利希对这些从基层发起的独立行动深表怀疑，在与苏联总部密切协商后，他竭尽所能地将其扼杀在萌芽状态。早在 5 月 5 日，他就向季米特洛夫汇报："我们关闭了这些挂着铭牌的办公室，并向同志们明确指出，现在必须集中所有力量在市政部门的工作上。"[40]

除了市区管理工作，"乌布利希小组"还负责为新的柏林市政府寻找合适的候选人。这里的关键也是要赢得社民党人和"资产阶级"的拥护，同时打出"反法西斯民主革命"的旗号，而实际上是共产党人掌握实权。社民党人、前工会秘书约瑟夫·奥洛普（Josef Orlopp）第一个同意加入新一届市议会。乌布利希成功说服前帝国部长、著名的中央党政治家安德烈亚斯·赫尔姆斯（Andreas Hermes）接管食品部门的工作。后者因参与 1944 年 7 月 20 日的刺杀行动而于 1945 年 1 月被判处死刑，但他幸运地逃过一劫。后来他成为苏占区基民盟的联合创始人，并在移居联邦德国后在那里的基民盟中发挥了重要作用。乌布利希在给谢罗夫大将的一封信中明确表达了他与赫尔姆斯合作所期望达到的目的："希特勒政权的罪行对他产生了极大的影响，因此他将支持对德国进行彻底的法西斯主义清洗运动（……）。我们的任务应当是系统地、耐心地影响赫尔姆斯博士，不惜一切代价巩固他与苏联的友谊。"[41]

随着外科医生、夏里特医院院长费迪南德·绍尔布鲁赫（Ferdinand Sauerbruch）担任卫生部门负责人，建筑师汉斯·沙朗（Hans Scharoun）担任基建部门负责人，市政班子成功纳入了两名"资产阶级"知名人物。新市长一职由时年68岁的无党派土木工程师阿图尔·维尔纳（Arthur Werner）接任，但他其实并没有担任这类高级职务的履历，而这正合乌布利希和苏联总部的意思。因为真正的工作是由他的副手卡尔·马龙负责的，市政管理工作的指挥权都掌握在他手中。威廉·皮克的儿子阿图尔·皮克（Arthur Pieck）担任人事部门负责人，奥托·温策尔担任公共教育部门负责人，这样共产党人又占据了两个关键职位。5月19日，在苏军城市警备司令官贝沙林的见证下，新一届市政府正式就职。[42]

几周后的6月10日，德国共产党领导层呼吁重建本党。"乌布利希小组"的任务就此结束。在两个月时间内，他们为苏联占领区的共产党统治打下了基础。

*

5月1日至2日夜间，威廉大街政府区的激烈战斗仍在持续。第二天早上，这里终于停火。前几天不断受到苏联大炮射击的总理府上空如今也陷入一片死寂。少数没有尝试突围而留在地堡的人员颤抖着等待第一批红军士兵的到达。

早上9点左右，一直维持着机组运转的地堡首席技术员约翰内斯·亨彻尔（Johannes Hentschel）听到了苏联人的声音。声音的来源并非男人，而是一群身穿制服的红军医疗队女队员。领队立即用德语问亨彻尔："希特勒在哪里？"他已经死了，这名土木工程师如实说，并描述了希特勒在帝国总理府花园里火化的情形。随后对方的兴趣迅速转移到传说中的"元首"情人和她的衣柜上："她的衣服在哪里？"亨彻尔多年后回忆说："我终于明白了这些苏联女人真正想要的东西。胜利者可以进行掠夺。经过漫长而激烈的战斗，这些女战士一心只想要体面的平民服装（……）。我松了一口气，看来没有那么可怕，接着我把她们带到了伊娃·布劳恩的更衣室。"43

当天，白俄罗斯第一方面军第三突击队的士兵占领了帝国总理府；先锋部队在地下墓穴中搜寻可能埋藏的炸药。紧随其后的是军事间谍防御部门施密尔舒的一支队伍。他们的任务是找到希特勒的遗体并对其进行辨认。虽然克雷布斯将军已在 5 月 1 日晚上与崔可夫上将的谈判中汇报了希特勒已自杀的情况，魏德林将军也在 5 月 2 日上午再次明确证实了这一点，但是苏联方面仍然持怀疑态度：如果这条消息有诈，希特勒得以逃脱，该怎么办？这一假设对施密尔舒来说无疑是一场噩梦。他们承受来自莫斯科的巨大压力，《真理报》（Prawda）已经宣称希特勒之死的消息是法西斯主义者的诡计。[44]

下午，由伊万·克利缅科（Iwan Klimenko）中校领导的施密尔舒小组开始了搜查工作。在初步检查了地下迷宫后，他们来到总理府花园。"无数的炮弹将地面炸裂，树木被毁。我们踩在烧焦的树枝上，在被烟熏黑的草坪上走动。到处都是玻璃碎片和碎砖瓦砾。"担任口译员的叶琳娜·雷热夫斯卡娅报道说。[45]

下午 5 点左右，防卫军官在地堡入口附近发现了约瑟夫和玛格达·戈培尔烧焦一半的尸体。显然，史瓦格曼副官没能找到足够的汽油把尸体烧完。白俄罗斯第一方面军防卫军负责人亚历山大·瓦迪斯（Alexander Wadis）中将在报告中写道：

"该男子的尸体身型矮小，右脚半弯曲地（内翻足）安在一个烧焦的金属假肢上；尸体上盖着烧焦的纳粹制服，上面镶着金色的纳粹徽章。在该女子的烧焦尸体上发现一个金色烟盒，尸体上有金色的纳粹党徽章和一根烧焦的金胸针。"[46] 5 月 3 日，总理府地堡中还发现了戈培尔六个孩子的尸体——五个女孩和一个男孩。就像两天前临死时那样，他们穿着睡袍躺在床上。

被捕的海军中将沃斯、总理府厨师威廉·兰格（Wilhelm Lange）以及车库守卫卡尔·施耐德（Karl Schneider）被传唤来辨认尸体。三人都证实，可怕的尸体是宣传部部长及其家人。沃斯表示，希特勒在自杀前三天还将金色徽章授予玛格达·戈培尔。[47]

但是，希特勒在哪里？沃斯也被问到了这一点，他说，在他试图逃跑时从希特勒的副官那里听到这位独裁者自杀了，尸体在帝国总理府的花园里被焚毁。5 月 3 日晚上，在一个已经干涸的消防水池里，人们在众多尸体中发现有一具与希特勒有些相似。但经过仔细检查，发现该男子穿着修补后的袜子，故应该不会是这位独裁者的尸体。[48] 于是，寻找尸体仍在继续。叶琳娜·雷热夫斯卡娅表示，"我们一次次地探测废弃的地堡，一米都不放过"，

"到处都是翻倒的桌子，碎裂的打字机，脚下踩到的玻璃叮当作响、纸张发出沙沙声。我们搜索着各个房间和长长的走廊。我们摸索着走过受损的混凝土墙和过道里的水坑。空气潮湿且压抑，风扇不再运转。让人呼吸困难"。[49]

　　5 月 4 日，克利缅科的手下从距地堡紧急出口几米远的弹坑中拉出两具烧焦到无法辨认的尸体，一具男尸和一具女尸。不过由于没有任何迹象证明它们是阿道夫·希特勒和伊娃·布劳恩的尸体，这些遗骸再次被埋了起来。但是第二天，克利缅科感到担忧，于是命令防守部队的一名排长阿列克谢·帕纳索夫（Alexej Panassow）中尉再次挖出这两具尸体。它们被包裹在毯子里，放在两个弹药箱中被送往位于柏林布赫地区（Buch）的第 496 号野战外科医院。[50]

　　与此同时，在海军中将沃斯之后，苏联侦察指挥官还逮捕了魏德林将军和希特勒的首席飞行员汉斯·鲍尔，并就纳粹高官的下落对他们进行了详细的审讯。5 月 5 日，白俄罗斯第一方面军的施密尔舒指挥官特鲁索夫（Trussow）少将向军事情报负责人费奥多尔·库兹涅佐夫（Fjodor Kusnezow）将军提交了一份总结报告。后者立即将报告呈交给斯大林。内容清楚表明希特勒已经自杀，并曾下令

77

将其遗体火化。[51]

在 5 月 7 日至 9 日，法医在福斯特·尤西福维奇·舒卡拉夫斯基（Faust Jossifowitsch Schkarawski）上校的要求下首先对戈培尔夫妇及其六个孩子的遗体进行了尸检。死因均确定为"氰化物中毒"。在疑似希特勒和伊娃·布劳恩尸体的口腔中也发现了安瓿瓶碎片，死因也被确认为氰化钾中毒。[52] 但这一发现与克雷布斯将军和魏德林将军说希特勒是用枪自杀的说法有出入。进一步的研究十分必要，这时被发现的牙齿残骸在其中起到了关键作用。

从给希特勒做过两次声带手术的夏里特医院耳鼻喉科主任医师卡尔·冯·艾肯（Carl von Eicken）教授口中，调查人员得知了曾给这位独裁者进行治疗的牙医的名字：雨果·布拉施克（Hugo Blaschke）教授。但是调查人员没能找到他，因为在战争的最后几天，他就逃到了上萨尔茨堡山。不过 5 月 9 日他们找到了布拉施克的助理凯特·海瑟曼（Käthe Heusermann）。她按照记忆描述了希特勒假牙的特征——布拉施克已将 X 光片随身带走。她的描述与发现的牙齿部位情况一致。牙科技师弗里茨·埃希特曼（Fritz Echtmann）也证实了发现的树脂牙桥属于伊娃·布劳恩。这些重要的证据表明，被发现的遗体残骸确实属于希特勒和他的妻子。[53]

5月13日，调查人员终于找到一名目击者，他能够说出4月30日下午在帝国总理府花园发生的事：帝国安全局党卫队分队长哈里·门格斯豪森（Harry Mengershausen）从他的岗亭观察到希特勒和伊娃·布劳恩的尸体是如何被运送到外面，并被汽油浸泡和点燃的。在审问中他能够指出烧焦尸体的埋葬地点。[54] 再也没有理由对希特勒之死，以及尸体已被焚毁的事实提出质疑。

直到1945年5月底，白俄罗斯第一方面军军事防卫长官亚历山大·瓦迪斯中将才将调查结果汇报给情报部门负责人拉夫伦蒂·贝里贾（Lavrenti Berija）。[55] 但斯大林仍然保持怀疑。5月26日，在与美国特使哈里·霍普金斯（Harry Hopkins）会谈时，他猜测希特勒可能与鲍曼一起逃离了柏林，并躲藏在某个地方。必须竭尽所能找到他。也许他乘坐潜水艇逃到了日本。[56] 朱可夫元帅在6月9日于柏林举行的新闻发布会上宣布，无法断言希特勒的下落。他有可能在最后一刻逃出柏林，然后去了西班牙。[57] 即使在1945年7月的波茨坦会议上，斯大林也顽固地认为希特勒还活着。苏联的所有后续调查都没有发现他的遗体，也没有证明其死亡的直接证据。[58] 这位苏联统治者真的相信自己的版本

78

吗？还是故意误导西方盟友？

苏联的这场猜谜游戏如往常一样又持续了一段时间。1945 年秋天，希特勒的勤务员林格、个人副官君舍、首席飞行员鲍尔和电话员米施被转移到卢比扬卡，并在那里受到了密集审问。1946 年初，"内务人民委员会（NKWD）"领导层决定成立一个代号为"神话（Mythos）"的特别委员会，以审查迄今为止找到的所有关于希特勒自杀的信息是否属实。1946 年 5 月，参与调查的人员与被捕者一起前往柏林现场再次进行检查。他们在地堡中仔细检查了希特勒书房沙发上残留的血迹，在对总理府花园进行重新挖掘时发现了两块男性头骨碎片，其中一部分明显有子弹打穿的痕迹。现在可以确切地证实希特勒亲信们反复说过的证词：这位独裁者开枪自杀。他很可能同时还咬碎了氰化物胶囊。[59]

经过法医检查后，戈培尔一家的尸体以及希特勒和伊娃·布劳恩的尸体残余被装在木箱中，然后草草掩埋在柏林布赫地区。但是它们再次被挖了出来，并随施密尔舒部队辗转多站：菲诺（Finow）、拉特诺（Rathenow）、施滕达尔（Stendal），最后在 1946 年 2 月埋在了马格德堡（Magdeburg）的一块军事用地中。它们在这里躺了二十多年。但是，当 1970 年春季马格德堡的苏联驻军即将撤离，这块地皮将移交给民主德国的局势已定时，克格勃负责人尤里·安德罗波夫（Yuri Andropow）在给党主席列昂尼德·勃列日涅夫（Leonid Breschnew）的一封信中建议："应挖出遗骸，将其最终焚毁"。[60] 1970 年 4 月 4 日，克格勃军官打开墓穴，确认了木箱和里面剩下的东西。总结报告中说："残骸被点燃的木柴堆烧毁。残骸被完全烧掉，与煤块一起粉碎成灰烬后倒入河中。"[61]

*

　　1945 年 5 月 2 日晚，英国广播公司发布了一条惊人的消息：早在 4 月 29 日，德国陆军 C 集团军就已在意大利北部投降，现在才公布于众。大约有 60 万人放下武器。这是二战末期的第一次局部投降，也是希特勒在世时唯一的投降——尽管他对此一无所知。英国首相温斯顿·丘吉尔（Winston Churchill）中断了正在召开的下议院会议，并将这一事件称为历史性时刻。在华盛顿，战争部部长亨利·刘易斯·史汀生（Henry Lewis Stimson）在日记中写道，意大利战斗的壮丽结束树立了"了不起的榜样"，希望不久后能迎来德国的全面投降。[62]

　　在德国陆军 C 集团军投降之前，作战双方曾秘

密进行数月的复杂谈判。起决定性作用的发起人是
希姆莱的前任参谋长卡尔·沃尔夫（Karl Wolff）。
自 1943 年 9 月以来，他被任命为"驻意大利党卫
队和警察最高领导人"；自 1944 年 7 月起，他还
担任意大利的"德国国防军全权代表"，这意味着
除党卫队和警察部队外，后方的陆军部队也由他控
制。由此，沃尔夫被提升至与西南总司令陆军元帅
阿尔贝特·凯塞林同等重要的职位。他是对意大利
游击队进行残酷镇压的主谋之一，成千上万的平民
也在其中丧生，因此他应该预料到了战后会被指控
犯有战争罪。他在战争的最后几个月里尝试就 C 集
团军的局部投降与盟国进行谈判，应当是希望借此
从绞刑架上逃过一劫。的确，后来在纽伦堡审判中
他作为证人而不是被告出庭。[63]

在意大利和瑞士中间人——主要是卢塞恩情
报官马克斯·威贝尔（Max Waibel）——的帮
助下，他成功地与美国战略情报局（Office of
Strategic Services，缩写为 OSS）驻伯尔尼办
事处主任艾伦·杜勒斯（Allen Dulles）建立了
联系。[64] 在同意接见沃尔夫之前，杜勒斯要求他
释放两名被监禁的意大利抵抗运动的领导人费鲁
乔·帕里（Ferruccio Parri）和安东尼奥·乌斯
米亚尼（Antonio Usmiani）以表诚意。在这两人

从党卫队监狱被释放并被送到瑞士后，沃尔夫于1945年3月8日在苏黎世与杜勒斯和他的同事格罗·冯·舒尔策－盖维尼茨（Gero von Schultze-Gaevernitz）首次会面。从一开始，这位党卫队将军就表示他并非受希特勒或希姆莱的任命而来。杜勒斯再次明确强调，只有德国人承认无条件投降原则，继续谈判才有意义。沃尔夫宣布自己已准备好，并承诺将说服仍在犹豫不决的凯塞林总司令。

这位党卫队将军显然给杜勒斯留下了深刻印象，他向美国战略情报局局长威廉·多诺万（William Donovan）报告说：他是位绅士，属于党卫队中的温和派。必须抓住这个机会，因为它会迅速结束在意大利北部的战争。多诺万向华盛顿提出该建议，这为杜勒斯的继续试探开了绿灯，该行动代号为"日出（Sunrise）"。[65]

紧接着，美军少将莱曼·兰尼兹尔（Lyman Lemnitzer），驻意大利盟军总司令副参谋长哈罗德·亚历山大（Harold Alexander）和盟军总部情报局局长、英军少将泰伦斯·艾尔瑞（Terence Airey）前往瑞士。3月19日，沃尔夫和杜勒斯在马焦雷湖（Lago Maggiore）畔的阿斯科纳（Ascona）与他们举行了严格保密的会议。这是二战中盟军和德军第一次在谈判桌前会面。杜勒斯报告说，沃尔夫没有试图"讨价还价"，而是表示自己将因为此举"立住或倒下"。沃尔夫借助地图向与会者介绍了他对在他指挥下结束战争的具体细节的设想。[66] 看起来，德军在意大利战场的最终投降即将到来，但随后却遭遇了意想不到的困难。

3月11日，凯塞林被希特勒从意大利召回，并被任命为西部战场总司令。他的继任者海因里希·冯·维汀霍夫-舍尔（Heinrich von Vietinghoff-Scheel）大将直到3月底才抵达意大利，而他对投降计划的态度尚不明朗。此外，柏林的党卫队领导层也知悉了沃尔夫的瑞士之行。4月17日，正在柏林北部霍恩利琴（Hohenlychen）党卫队战地医院的希姆莱召见了沃尔夫，并在帝国安全局局长恩斯特·卡尔滕布伦纳（Ernst Kaltenbrunner）也在场的情况下责备其单独行动。显然，沃尔夫努力地说服了这位党卫队首领，表明他与杜勒斯接触的目的绝非让C集团军投降。[67]

4月18日，沃尔夫直接面见希特勒。这位独裁者谴责了他的自作主张，并且一如既往地拒绝任何投降的想法。不过，他允许沃尔夫继续与杜勒斯对话，因为他认为这样可以在盟军阵营中撒下不和的种子。"再过两个月，"他解释说，"盎格鲁撒克逊人和苏联人之间就会决裂，然后我将与先接近我的一方结盟，无论哪一方对我来说都一样。"[68]

实际上，在瑞士举行的秘密会谈并没有导致盟军内部分裂，但是引发了苏联与西方盟国之间严重的信任危机。斯大林嗅到美英与德国人密谋的味道，他在 4 月 3 日的电报中向美国总统富兰克林·罗斯福（Franklin D. Roosevelt）强烈抗议，谴责西方背着他与战争对手进行谈判：德国人事实上已经停止了西线作战，同时却继续全力对付苏联。罗斯福对该指控显然感到愤怒，他试图平息对方疑虑：没有进行直接谈判，只不过是进行了一些不具约束力的谈话，它们没有任何政治意义。由于华盛顿和伦敦非常担心斯大林的强硬反应，于是决定中断在瑞士的试探。罗斯福 4 月 12 日突然去世后，丘吉尔和他的继任者哈里·S. 杜鲁门（Harry S. Truman）达成一致，为避免与苏联关系复杂化，禁止杜勒斯与德国谈判代表进一步接触。[69]

其间，沃尔夫获得新任西南总司令冯·维汀霍夫对 C 集团提前投降计划的支持。4 月 23 日，他们作出了最终决定；沃尔夫和维克多·冯·史威尼茨（Viktor von Schweinitz）中校（作为维汀霍夫的全权代表）出发前往卢塞恩（Luzern）。杜勒斯最初拒绝与他们会面，因为华盛顿禁止他们之间进一步接触。但是，在瑞士调解人威贝尔告诉

82

他，这些德国特使已为驻意大利德军的投降获得全面授权后，杜勒斯向陆军元帅亚历山大求助，解除了 4 月 20 日颁布的接触禁令。4 月 27 日传来消息称，德国谈判代表冯·史威尼茨和党卫队二级突击大队长奥尔根·维纳（Eugen Wenner，作为沃尔夫的授权代表）将到访卡塞塔（Caserta）的盟军总部。第二天，他们二人飞往意大利南部，并于 4 月 29 日与亚历山大的参谋长威廉·摩根（William Morgan）将军共同签署了投降书。两名苏联总参谋部军官也出席了签字仪式。[70]

"仪式开始前，桌子上有经过精心摆放的墨水罐和钢笔"，格罗·冯·舒尔茨－盖维尼茨回忆道。"一些记者盯上了这些笔，因为它们可能成为具有历史价值的纪念品。但是当另一位纪念品搜集者，即一名负责本次会晤仪式礼宾工作的年轻苏联军官，将自己的钢笔递给德国人签字时，他们显然很失望。（……）摩根将军宣布仪式结束时是 14 点 17 分。德国人被带出房间，灯光熄灭。突然陷入一片漆黑和沉闷，仿佛演出结束后的舞台。"[71]

根据投降文件第 1 条，德国西南总司令宣布已准备好"无条件移交在其指挥或控制下的所有陆、海、空军"，并将"这些武装部队无条件移交给地中海战区的盟军最高统帅"。第 2 条责成西南总司令于 5 月 2 日中午 12 点（西欧时间）停止 "陆、海、空的所有敌对行动"，并为此采取必要步骤。[72]但是，德国方面仍然有人反对投降。蒂罗尔州大区领袖弗朗兹·霍弗（Franz Hofer）撤回了他的许可，并在电话中将沃尔夫和维汀霍夫的行动告知了凯塞林——希特勒在最后一次官方行动中任命这位陆军元帅为整个 "南部地区" 所有德国部队的总司令，其中也包括 C 集团军。凯塞林得到消息后颇感愤怒，于 4 月 30 日免除了维汀霍夫及其参谋长汉斯·罗提格（Hans Röttiger）的职务，任命弗里德里希·舒尔茨（Friedrich Schulz）将军和约翰·韦策尔（Johann Wetzel）中将为继任者。然而，后者在经历了激烈的战斗后，也不得不承认，驻意大利军队进一步抵抗是没有希望的。随着希特勒 5 月 1 日晚去世的消息传出，他们感到无须再效忠，也不必担心遭到报复。在 5 月 1 日到 2 日夜间持续几个小时的电话交谈中，沃尔夫终于成功地说服凯塞林同意 C 集团军的投降。[73]

　　5 月 2 日，在给海军元帅邓尼茨和武装部队最高统帅部的电传中，凯塞林揽下了在意大利停火的责任，虽然这一行动是在他并不知情且未经他批准的情况下完成的。他表示，他很清楚这可能会给 "整个德国战线带来最严重的冲击"。但另一方面，

84

这将使在西部的军团局部投降成为可能，"同时与布尔什维克主义的斗争力度没有丝毫减弱，反而能进一步加强"。[74] 这正好呼应了 5 月 1 日晚邓尼茨的电台演说和向国防军传达的日令：应尽快停止与西方的战斗，同时继续推进"与布尔什维克主义的战斗"。虽然海军元帅最初担心此举可能影响到其他战线的纪律，但他还是批准了维汀霍夫自作主张的行动，因为他认为这与他结束战争的计划相适应。[75]

*

5 月 2 日上午 10 点 30 分，邓尼茨召唤新任外交部部长什未林·冯·科洛希克伯爵、刚任命的总理府负责人保罗·魏格纳（Paul Wegener）、威悉河—埃姆斯河地区（Weser-Ems）大区领袖和北德最高国防专员，到他的临时政府所在地普伦兵营进行详细的讨论。他们浏览了一遍整个战场局势。相连的战线已不复存在。由国防军占据的地区在不断缩小。东普鲁士的库尔兰半岛（Kurland）和维斯瓦河（Weichsel）河口处的狭窄沿海地带仍在德国人手中。在库尔兰还有一个军团在坚守；但已经可以看到结局了，因为弹药和燃料供应已被截断。"崩溃的到来就像倒塌时发出的沉闷的隆隆声。但是工作和服务仍在继续。地堡仍在搭建，仿佛什么也不会发生"，一名驻扎在温道（Windau）的士兵在日记中写道。[76] 在前波美拉尼亚和梅克伦堡（Mecklenburg），维斯瓦河集团军群已完全解散。靠南的布塞将军麾下第 9 军和温克将军率领的第 12 军残余部队正尝试突出重围，越过易北河向西突破。在德国西北部，东弗里斯兰（Ostfriesland）和石勒苏益格－荷尔斯泰因（Schleswig-Holstein）地区尚未被占领，但英军已经在劳恩堡（Lauenburg）的易北河上修建了桥头堡，准备向北进军。

在意大利北部，C 集团军已经投降。这使与其北部相接的、舒尔茨将军带领的 G 集团军也坚持不住了。奥地利大部分地区，即"东马克"，由伦杜利克（Rendulic）将军领导的南方集团军进行防守。由舍尔纳元帅指挥的中央集团军仍坚守在波希米亚和摩拉维亚保护国（Protektorat Böhmen und Mähren），而勒尔（Löhr）大将在巴尔干地区的 E 集团军则全面撤退。荷兰、丹麦和挪威的大部分地区仍被德军占领，还有若干海外据点，例如比斯开湾、敦刻尔克和海峡群岛的一些港口。[77]

"军事形势令人绝望"，邓尼茨的私人副官瓦尔特·吕德－诺伊拉特在会议纪要里写道。海军元帅一如既往地拒绝"全面无条件投降","因为这样就会突然将数百万德国士兵和平民移交苏联人"。因此，目标必须是"只向西方投降"。但是，鉴于盟国之间的政治协议，他们无法"由最高权力机构通过官方渠道"达成，因此必须设法"通过局部行动，例如以军团为单位行动"，为这一计划铺平道路。在东部，应"用尽一切手段"继续战斗，以便"从布尔什维克主义的歼灭战中拯救尽可能多的德国人"。[78] 因此，维斯瓦河集团军群开始遵循继续战斗的命令，以使强大的陆军力量能够撤回到英美势力范围。另一方面，西北总司令恩斯特·布施（Ernst Busch）元帅被指示施行"拖延"战术，以尽可能争取时间与英军进行谈判。[79]

什未林·冯·科洛希克伯爵在当天对德国公众发表了广播讲话。讲话一开始就提到了"铁幕"，它随着红军的进军不断逼近，"在铁幕之后，摆脱全世界的目光，落入布尔什维克手中的人们将面临毁灭"。[80] 在这里，这位新任外交部部长引用的是宣传部长戈培尔在 1945 年 2 月的《帝国》（*Das Reich*）周报社论中回击雅尔塔会议时用到的提法：如果德国投降，苏联占领的领土前将"立即降下铁幕，在幕后将开始民族大屠杀"。[81] 1945 年 5 月 12 日，在国防军无条件投降仅几天后，丘吉尔在一封致杜鲁门总统的电报中也采用了该关键词："在他们的前线，一幅铁幕已经降下。我们不知道背后会发生什么。"[82]

什未林·冯·科洛希克伯爵对于党卫队和国防军在波兰和苏联被占领土，以及在希腊、巴尔干、意大利和其他国家所犯下的罪行只字未提。相反，他不吝辞藻地将德国人描绘成战争的真正受害者："在世界上的所有民族中，我们德国人最深刻地体验到战争在其毁灭一切文化方面意味着什么。我们的城市被摧毁了；在德累斯顿和纽伦堡、科隆和拜罗伊特以及其他享誉世界的德意志精神文明城市里，我们的文物古迹都成了废墟；我们的大教堂成了炸弹的牺牲品；成千上万的妇女和儿童被战火吞噬，而几百万德国男子和青少年在前线阵亡。"和邓尼茨5月1日的讲话一样，科洛希克也竭力强调"欧洲布尔什维克"的恐怖前景："只有当布尔什维克浪潮不在欧洲泛滥时，世界才能安定下来。四年来，通过无与伦比的英勇斗争，德国竭尽最后的力量形成欧洲堡垒，同时也为世界抵抗赤潮的侵袭。如果没有腹背受敌，我们就能保护欧洲免受布尔什维克的侵扰。"[83]这简直就是未加掩饰地邀请西方国家改变立场，和被击败的德国一起对抗苏联。

5月2日下午，普伦得到消息，伯纳德·劳·

蒙哥马利（Bernard Law Montgomery）元帅的第
21军已从劳恩堡附近的桥头堡发起进攻，并已突
进至吕贝克。同时，在其南边的美军部队越过易北
河到达维斯马（Wismar）附近的波罗的海，途中
几乎没有遇到任何抵抗。根据当天下午4点的战局
会议纪要，"至此，德国人从梅克伦堡和波美拉尼
亚地区逃到自己的势力范围的大门已经关闭"。[84]
邓尼茨及其顾问从中得出两条结论：一方面，他们
决定将总部迁至弗伦斯堡，因为英军坦克从吕贝克
到达普伦只需不到一小时；另一方面，应执行上午
讨论过的计划，即就西北地区的部分投降与蒙哥马
利开始谈判。邓尼茨任命其海军司令一职的继任
者汉斯－格奥尔格·冯·弗里德堡（Hans-Georg
von Friedeburg）大将为谈判代表。

晚上9点左右，邓尼茨在北上途中与弗里德
堡在勒文绍尔高架桥（Levensauer Hochbrücke）
上会合——它坐落于基尔附近的威廉皇帝运河
（Kaiser-Wilhelm-Kanal）上——并作出了与蒙哥
马利进行谈判的指示："努力使尽可能多的德国士
兵和欧洲人民免受布尔什维克化和奴隶化的毒害。
因此，维斯瓦河集团军群应撤回到盎格鲁撒克逊人
的势力范围。保护石勒苏益格－荷尔斯泰因地区的
人们免于屠杀和饥饿。为该地区提供医疗用品。保

护大片区域免遭轰炸破坏。此外，要努力找到办法，防止中欧和北欧陷入进一步混乱。"[85]

5 月 3 日晚，邓尼茨、科洛希克和吕德－诺伊拉特乘坐他们的梅赛德斯装甲轿车抵达弗伦斯堡。他们入住由"帕特里亚号（Patria）"客轮改造而成的住所。第二天，他们搬进弗伦斯堡－米尔维克（Flensburg-Mürwik）海军学校大楼，它将作为他们的新总部。海军上校沃尔夫冈·吕特（Wolfgang Lüth）为此急忙准备了应急物资。[86]这里一直作为政府总部所在地直到邓尼茨内阁 5 月 23 日被捕。

*

88

5 月 2 日上午，在巴伐利亚－奥地利边境作战的美军第 44 步兵师坦克防御部队司令官、来自威斯康星州的弗雷德·施耐克特（Fred Schneikert）惊讶地遇到一名骑着自行车靠近的德国人，他自称马格努斯·布劳恩（Magnus Braun），并表示 V2 火箭的发明者在上约赫山（Oberjoch）上，他希望与艾森豪威尔将军谈话。该名男子被带到位于蒂罗尔州罗伊特（Reutte）的美军战斗情报中心（Counter Intelligence Corps，缩写为 CIC）总部。经过短暂审讯后，查尔斯·斯图尔特（Charles Stewart）中尉签发了通行证，并命这位使节回去，将山上的人带过来。[87]

1945 年 4 月，佩内明德陆军试验所（Heeres-versuchsanstalt Peenemünde）的火箭研究小组转移到上阿默高（Oberammergau）地区，该小组由沃尔特·多恩贝格尔（Walter Dornberger）和韦恩赫尔·冯·布劳恩（Wernher von Braun）二人领导。在战争的最后几天，他们在上约赫山的体育酒店"英格堡（Ingeburg）"中度过了舒适的时光。5 月 1 日晚，他们从广播中听到了希特勒死亡的消息。多恩贝格尔和冯·布劳恩决定投靠美国人，因为他们相信美军会对他们的专业技术很感兴趣。布劳恩的兄弟马格努斯受托为特派员，因为他的英语说的最好。当马格努斯下午 2 点左右返回时，他们收拾行装，沿着山路开车下山。美国士兵陪同他们前往罗伊特的一栋别墅，斯图尔特中尉在那里接待了他们，并让他们吃了顿便饭。第二天早上，他们面见了媒体。韦恩赫尔·冯·布劳恩对受到的友好接待感到非常惊喜，于是他以举着石膏绷带这一姿势拍下了纪念照——几周前他在一次车祸中摔折了肩膀和手臂。

冯·布劳恩于 1950 年在美国的一次采访中说，

他不认为美国人会"像对待战犯一样对待他"。"是的，那完全合乎逻辑。V2只有我们有，他们没有。他们当然想知道关于它的一切。"[88] 这位德国火箭设计师自愿将相关信息提供给美国人。从一开始，冯·布劳恩就完美地扮演着非政治科学家的角色，他不希望与纳粹及其大规模犯罪扯上任何关系。但他绝非像公众和他自己认为的那样干净。

韦恩赫尔·冯·布劳恩于1912年出生于波森省的威尔希兹（Wirsitz），在波美拉尼亚地区的一个德意志贵族家庭长大。[89] 他的父亲，骑士封地拥有者马格努斯·冯·布劳恩男爵（Magnus Freiherr von Braun），曾担任帝国总理弗朗兹·冯·帕彭"男爵内阁"的农业部部长——帕彭作为希特勒的前任决定性地推动了魏玛共和国的毁灭。韦恩赫尔从小就对与火箭技术有关的一切很感兴趣。1930年进入柏林工业大学学习之前，他就加入了太空飞船协会，在那里与其他年轻的研究者一起开始尝试制作由汽油和液态氧助推的小型火箭。1932年，才20岁的他就加入了陆军武器局的导弹计划。实验最初在柏林以南的库默斯多夫（Kummersdorf）试验场进行，从1936年开始转移到波罗的海乌瑟多姆岛（Usedom）上的佩内明德。

火箭专家韦恩赫尔·冯·布劳恩（打着石膏绷带）和佩内明德陆军试
验所所长沃尔特·多恩贝格尔（前排左侧）于 1945 年 5 月 2 日投靠
美国人。（akg-images, Berlin）

这位才华横溢的技术员和管理者晋升迅速。1937 年 5 月，他成为佩内明德陆军试验所（HVA）的技术总监。同年，他申请加入纳粹党。1940 年，他还加入了党卫队。三年后，希姆莱将他提拔为二级突击队大队长。他最重要的任务是研制远程弹道导弹。1942 年 10 月，对付同盟国的"报复武器"A4 火箭——后来以 V2 著称——首次测试成功。1943 年 7 月，布劳恩和他的直属上级、HVA 负责人沃尔特·多恩贝格尔拜访了元首的"狼穴（Wolfschanze）"总部，希特勒对新式"奇迹武器"的潜能非常期待，并授予 31 岁的布劳恩教授头衔——1950 年代的冯·布劳恩仍然很高兴别人这么称呼他。

1943 年 8 月 17 日至 18 日夜里，英国皇家空军轰炸了佩内明德，破坏力度相当之大。之后，批量生产线被迫转移到哈茨山南部的隧道——诺德豪森附近的科恩施泰因（Kohnstein bei Nordhausen）。在这里，米特堡 - 朵拉集中营（KZ Mittelbau-Dora）的囚犯不得不在极为恶劣的条件下安装 V2 火箭。冯·布劳恩多次访问这座化名为"米特尔维克（Mittelwerk）"的工厂，还参加过有关使用奴隶工人的会议。如果说他在 1945 年之后表示自己对这些人所遭受的残酷对待一无所知，那纯粹是出于自保。

据保守估计，在米特堡－朵拉营地中有 16000 名至 20000 名囚犯死亡。这里大约制造了 6000 枚 V2 火箭，其中一半以上被发射，大部分射向了伦敦和港口城市安特卫普。V2 在英国使将近 3000 人丧生，比利时的受害者人数也不低于这个数字。[90]

但是，美国人对雄心勃勃的佩内明德导弹计划所付出的高昂代价并不感兴趣。他们最关心的是利用专业知识为未来关键的军事技术作准备。火箭专家不是他们唯一想要抓住的专业人才。早在 1944 年 7 月盟军登陆诺曼底后，美军高级司令部就成立了所谓的目标部队（Target-Forces），即规模较小的独立作战单位，其任务是搜寻重要目标，将参与其中的科学家和技术人员置于自己的监护之下并带回美国。1945 年 3 月底跨过莱茵河以及占领德国西部和中部大部分地区之后，他们便开始了狩猎行动。这一行动的代号为"阴天（Overcast）"。美国人还从被临时占领的萨克森州和图林根州带走了许多专家——这些地区本应属于苏联占领区——这样苏联人就无法获得他们的技能和知识了。到 1952 年，在"阴天"行动和 1946 年 3 月的扩大行动"回形针（Paperclip）"之中，美国一共"进口"了 642 名德国和奥地利专家。[91]

韦恩赫尔·冯·布劳恩和他的团队在 1945 年 9 月就抵达了得克萨斯州的布利斯堡（Fort Bliss）。"我的国家输掉了两次世界大战。这一次，我想站在胜利者一边"，他宣布道。[92] 他毫不费力地改变了立场。在 1950 年代，他在位于亚拉巴马州亨茨维尔（Huntsville）的美国导弹中心担任技术总监。1960 年，他晋升为美国宇航局（NASA）的首席专家。在他的领导下，为阿波罗登月计划所使用的巨型土星 5 号运载火箭被研制出来。随着 1969 年 7 月 20 日美国人首次登月成功，冯·布劳恩声名鹊起。他作为杰出的火箭设计师的声誉和拥有的太空旅行之父的美名在他 1973 年去世后很久——即在 1990 年代具有批判眼光的历史学家开始审查他早期在纳粹时代所扮演的角色的时候——才逐渐破灭。

*

"冰冷彻骨的严寒，覆盖在田野和屋顶的积雪，雪停不下来。再加上持续的供电不足，生活越发艰难。不过，获救的感觉还是占据了主导。"1945 年 5 月 2 日早上，维克多·克伦佩雷尔（Victor Klemperer）在下贝恩巴赫（Unterbernbach）的一间小阁楼中写道。他和妻子在这里暂住了下来。[93]
纳粹上台后，这位出生于1881年的德累斯顿工业
大学罗曼语言文学教授和他所有犹太同事一样，被
迫离开职位，并一步步地与社会隔离。1940年5月，
他和妻子不得不交出在德累斯顿－德茨申的房子，
并搬入"犹太人之家"，在那里他们和其他受难的
同胞一起度过了战争岁月，每天都在希望与恐惧之
间交替，不停地担忧受到袭击或被驱逐。克伦佩雷
尔能幸存下来只有一个原因：他在1906年与非犹
太人钢琴家伊娃·施莱默（Eva Schlemmer）结
婚，属于未被驱逐的所谓"异族通婚"群体。即使
在极度窘迫的情况下，他的妻子也站在他身边，正
是她冒着风险定期将他的日记移送到她的一位住在
皮尔纳（Pirna）的医生朋友那里，这些日记都保
存在一个手提箱内而未被发现。直到1995年，这
些日记才得以出版。这些记录比任何文件都更有说
服力地再现了1933年至1945年间德国犹太人的
命运——从权利被剥夺、被社会孤立到遭受驱逐和
种族灭绝。[94]

　　1945年2月13日至14日，此前一直幸免于
难的德累斯顿遭到盟军轰炸，城市损毁严重。大约
25000人因此丧生。对于克伦佩雷尔一家来说，这
一灾难意味着有机会获救。他们决定在混乱中逃

离。他把黄色六角星标从外套上取下，然后开始了真正的冒险之旅，最终他们于 4 月 12 日抵达巴伐利亚州艾夏赫（Aichach）附近的村庄下贝恩巴赫。在逃亡途中，这对夫妻目睹了人们如何与长期以来一直信奉的纳粹主义以及"元首"划清界限的。"最终胜利的乐观情绪"几乎"完全沉默下去"，到处都可以听到叹息声——"美国人快点来就好了！"，维克多·克伦佩雷尔 4 月初在慕尼黑中途停留时写道。在普法芬霍芬（Pfaffenhofen），人们也不再以"希特勒万岁"的口号打招呼。"所有人都重新说着以前慕尼黑人也说的'你好'和'再见'。"95

　　1945 年 4 月底，在美国人还未到达时，最先收留并照料克伦佩雷尔一家的下贝恩巴赫村长和当地农民领袖弗拉门斯贝克（Flamensbeck）就命人移除了悬挂在办公大楼山墙上的纳粹十字标志。这一现象在正走向灭亡的"第三帝国"中十分普遍。希特勒的肖像从办公室和私人公寓中消失了，各个版本的《我的奋斗》从书柜上被清走，纳粹制服、党徽和十字旗被烧毁。"风能把外套翻转到什么程度，人能够信任别人到什么程度？"维克多·克伦佩雷尔在5 月 1 日质问道。"现在，这里的每个人都'自始至终'是党的敌人。但如果他们真的一直是的话……"93

几天后，他写道，他"越来越困惑"于希特勒是如何做到只手遮天的："现在大家有时表现得好像希特勒主义本质上是一种非天主教、非巴伐利亚的普鲁士军国主义，比如弗拉门斯贝克就是这样。"[96]可是，正如克伦佩雷尔回忆的那样，慕尼黑恰恰是纳粹主义运动的发源地，希特勒就是在这里取得了他的首次胜利。

5月2日下午，克伦佩雷尔走到距离下贝恩巴赫4公里的屈巴赫（Kühbach）买东西。在教堂广场，他第一次遇到美国人——他们应该是一支美国维修队："黑色，更确切地说，棕色皮肤的黑人士兵穿着无法讲清楚的灰、绿、土色外套和裤子，头上都戴着钢盔忙碌着，村里的孩子们紧挨他们站着，或者索性挤在他们中间。后来我还看到几个穿着深色皮夹克的金发士兵，佩带着左轮手枪，步枪（……）被皮带绑着，挎在肩上。"一个年轻的德国人告诉他，士兵们把商店搬空了，但除此之外表现得"相当得体"。"黑人也一样？"克伦佩雷尔问道。"'他们比其他人更友好'，没有什么可害怕的。"两名与他交谈的老年妇女也证实了这一印象。"关于这些敌人残暴的传言不过是'谣言'，是'玩笑'。"克伦佩雷尔评论道："这是怎样的公众启蒙啊！"[97]

与美国人首次相遇时的类似经历还有很多。[98]
戈培尔所宣传的恐怖场景，例如西方的"犹太财阀"
也意图歼灭德国人民，显然在许多德国人中并未奏
效。就算有谁轻信了戈培尔的宣传，也会很快受到
现实的教导。乌尔苏拉·冯·卡尔多夫目睹了 1945
年 4 月底美国军队进驻施瓦本村庄叶廷根的场景，
她写道："美国士兵很友好。我们中的一些人不时地
隔着栅栏张望。我们喜欢与他们聊天（……），他
们随身带着巧克力，我们用蹩脚的英语尽可能客观
地谈论政治。"[99]

1945 年 5 月 3 日

1945 年 5 月 3 日上午，位于弗伦斯堡 - 米尔维克的邓尼茨指挥总部气氛紧张不安。前一天夜里传来消息，称英军正在加速进攻德国北部。海军元帅邓尼茨担心他们很快就会到达弗伦斯堡，并不假思索地擒住他和同事。为此，他在凌晨 4 点发出指示，要求"用尽一切办法尽可能长时间地保卫威廉皇帝运河这一最后防线，以确保政府的移动和行动自由"。[1] 不过警报在当天就解除了。盟军显然还没有占领弗伦斯堡这块飞地的打算，只要邓尼茨政府愿意就德军投降一事与他们谈判。

邓尼茨派遣冯·弗里德堡海军大将前往蒙哥马利指挥部，提出整个德国北部地区部分投降的条件，接着他叫来了负责仍属于德军占领区的行政和军事指挥官。波希米亚和摩拉维亚国务部长卡尔·赫尔曼·法兰克（Karl Hermann Frank）和中央集团军群参谋长奥尔德维希·冯·纳茨默（Oldwig von Natzmer）中将从布拉格乘飞机赶来。法兰克是来自卡尔斯巴德（Karlsbad）的政客，是生于苏台德地区的讲德语的居民，在所谓的"捷克剩余地区（Rest-Tschechei）"被攻占后，于 1939 年 3 月被任命为波希米亚和摩拉维亚保护国总督康斯坦丁·冯·牛赖特男爵的国务秘书。他同时担任波希米亚和摩拉维亚党卫队高级长官和警察局局长。在1942 年 5 月底帝国安全局局长和波希米亚和摩拉维亚保护国副总督莱因哈德·海德里希（Reinhard Heydrich）被成功刺杀后，法兰克伙同盖世太保及党卫队对捷克人民进行疯狂报复。利迪策村（Lidice）成为恐怖的代名词：总共 196 名男性居民全部被枪杀，妇女被遣送到拉文斯布吕克集中营（KZ Ravensbrück），98 名儿童中的大多数在切尔姆诺（Chelmno）被杀害，村庄被夷为平地。²

帝国总督约瑟夫·特博文（Josef Terboven）和国防军司令弗朗茨·博姆（Franz Böhme）从挪威赶来。出生于奥地利的博姆曾在 1941 年担任塞尔维亚的全权指挥官，发起过众多针对平民的大屠杀，其中包括成千上万的犹太男性以及辛提人和罗姆人（Sinti und Roma）①。³ 特博文早期就加入了纳粹党，二战前是埃森地区的大区领袖和莱茵省省长，在德军占领挪威后于 1940 年 4 月被任命为帝国总督。他始终掌握实权直到战争结束，而总理维

---

① 辛提人和罗姆人分别指生活在西欧、中欧以及东欧、东南欧的少数族裔，是对"吉卜赛人"和"茨冈人"的非歧视性种族称呼。和犹太人一样，他们在纳粹德国时期亦遭受种族灭绝政策的迫害。

德孔·吉斯林（Vidkun Quisling）只是德国占领者手中的傀儡。特博文十分热衷于对挪威的经济剥削，对待挪威人民的任何抵抗也毫不手软。[4]

维尔纳·贝斯特（Werner Best）和格奥尔格·林德曼（Georg Lindemann）上校从哥本哈根赶来。贝斯特是来自黑森州的法学博士，1933年之后事业平步青云，后来成为继希姆莱和海德里希之后党卫队以及纳粹恐怖机器的第三号人物。在与海德里希闹翻后，他于1940年在法国担任军事指挥官，之后于1942年11月担任德国在丹麦的帝国全权代表。与挪威的特博文不同，贝斯特走的是温和路线。他试图将对占领区镇压的严酷程度降到最低，力图使丹麦成为纳粹统治下理想的欧洲新秩序典范。自1943年以来，丹麦人民开始抵抗，罢工和破坏活动的数量增加，贝斯特不得不采取更为严厉的方针，但没有完全遵照希特勒的要求，即对德国士兵的每一次袭击都必须以残酷的"反恐"手段来反击。在战争的最后几个月，这位帝国全权代表主要忙于为从东普鲁士和波美拉尼亚拥入丹麦的数万名难民安置临时住所。[5]

96

阿图尔·赛斯-英夸特从荷兰乘坐快艇抵达，因为与德国北部的陆路交通已经中断。这位高中教师的儿子和法律专家曾在1938年3月与奥地利的

"合并"中发挥了推动作用。在他 1939 年 10 月起担任"东马克"地区帝国代理人以及波兰占领区总督汉斯·弗兰克的副手期间，也就是 1940 年 5 月他被希特勒任命为荷兰占领区帝国总督之前，就已经参与了对犹太人的进一步迫害行动。他是一个高效的幕后主使者，用严厉的手段镇压一切抵抗，确保荷兰的犹太人被顺利驱逐到集中营，并命令将数十万男女派往德国从事强制劳动。希特勒在遗嘱中任命其为外交部部长的事实表明，此人肆无忌惮的执政方式完全符合独裁者的意图。[6]

　　5 月 3 日的会谈是根据所谈论的区域分开举行的，除邓尼茨外，什未林·冯·科洛希克伯爵、魏格纳以及国防军最高统帅部负责人凯特尔和约德尔出席了会议，施佩尔和希姆莱也参与了个别会议。上午 9 点 30 分，首先被提上议程的是"波希米亚问题"。国务部长法兰克报告称，这个帝国保护国正处于"革命的前夕"。长期来看，"无论在军事上还是政治上都不可能保住"。为了平息局势，应该宣布布拉格为"开放城市"。法兰克还建议与捷克的资产阶级圈子建立联系，这些人更希望看到自己的祖国被美国人解放，而不是苏联人。应当试着与他们一起，向艾森豪威尔将军提议接受中央集团军群投降，请求他占领这个国家。邓尼茨和科洛希克都不相信该行动能成功，因为他们认为盟国早就对捷克斯洛伐克的未来达成了一致。不过他们还是委派法兰克勘察情况，在可能的情况下，派遣德国和捷克代表去见艾森豪威尔。

另一个问题，即邓尼茨政府是否该逃往保护国，从而避免被英国人抓捕，让上一个问题的争论气氛缓和了些。凯特尔、约德尔和希姆莱表示赞同，冯·纳茨默中将也保证中央陆军还能再防守两周。但是，邓尼茨拒绝了，因为他不能在国外统治这个国家，而且波希米亚的政治状况非常不稳定。[7]

上午11点开始讨论斯堪的纳维亚诸国的情况。特博文表示挪威目前的政治局势是"有利的"，因为"所有努力"都是为了从"德国即将到来的溃败和即将结束的战争"中顺利脱身。关于丹麦，贝斯特的论调也是一样。在丹麦虽然"有激烈的争取自由运动"，但不会发生起义。就军事局势而言，两位武装部队指挥官博姆和林德曼都很乐观。他们表示，部队的战斗力和战斗意志没有动摇。据说林德曼甚至叫嚣道："海军元帅先生，请您来北石勒苏益格，我们将封锁关卡，在那里打上最后一场光荣的战役。"但是，科洛希克和贝斯特都反对在最后一战中寻求"英雄的毁灭"。贝斯特认为，这将激起丹麦抵抗军的大规模起义运动，许多德国难民将在毫无保护的情况下被驱逐出去。邓尼茨对这两个被占领区的指令如下："保持平静与秩序，因为内部动荡只会给我们带来不利。要表现得强大而充满活力，但要准备在个别情况下作出让步。"[8]

下午 3 点 30 分，"荷兰问题"终于被提上议事日程。赛斯－英夸特在 4 月就开始与艾森豪威尔的参谋长沃尔特·比德尔·史密斯（Walter Bedell Smith）将军接触，寻求食品供应以改善荷兰人民灾难性的饥饿问题。[9]他报告称谈判"进展令人满意"，"因为各方都希望一个有秩序的过渡"。然而，这位帝国总督对能否局部投降持怀疑态度，因为盟国互相之间必须要求德国全面投降的承诺看起来依然有约束力。尽管如此，他们仍将继续试探。邓尼茨指示赛斯－英夸特在停战协议缔结前仍履行"战斗任务"，但不要炸毁堤坝，以免破坏和淹没整个地区。"体面的过渡将是我们的一个小小筹码。"[10]但赛斯－英夸特无法再执行此命令了，由于天气恶劣，他的船无法离开港口。在试图通过陆路前往荷兰时，他于 5 月 7 日在汉堡被英国军警逮捕。[11]

5 月 3 日晚，在弗伦斯堡－米尔维克海军学校还发生了一件值得记录的事情，尽管它无疾而终。希姆莱令人惊讶地伙同帝国国外保安局局长、党卫队旅队长瓦尔特·施伦堡（Walter Schellenberg）

向邓尼茨建议，让德国在挪威占领区的部队向瑞典政府投降。这样他们就可以避免做盟军的俘虏，而是逃往瑞典，在那里被关押拘留。事实上，施伦堡已经和瑞典政客有过接触。但邓尼茨对该行动的意义表示怀疑："在完全无能为力的情况下，我们怎么还能企图'绕过'盟国，让德国在挪威占领区的军队不是向他们，而是向一个中立国家投降！"不过，在科洛希克的建议下，他同意施伦堡继续对瑞典进行试探，但不授予他谈判缔结权。施伦堡的任务没有结果，因为事态发展很快就超出了计划。[12]

同样在 5 月 3 日，弗伦斯堡电台播出了阿尔伯特·施佩尔的讲话，讲话的重要内容早在他 4 月 21 日访问汉堡大区领袖卡尔·考夫曼（Karl Kaufmann）时就被记录下来——在某种程度上作为希特勒死后的一种安慰剂。施佩尔在回忆录中说，他讲话的目的是使德国人民从麻木中走出来，鼓励他们全力以赴地将重建工作掌握在自己手中。然而，他所说的话实际上远远超出了这个意图。讲话一开始就散发的具有民族和国家主义倾向的基调丝毫不逊色于邓尼茨和科洛希克在 5 月 1 日和 2 日的讲话："从未有一个文化民族受到如此重创，从未有国家像我们这样遭受如此大的战争破坏和损失，也从未有一个民族具有如此巨大的毅力、韧性和信念来忍受战争的苦难。"这些将会"在不久的将来被载入正义的历史而受人景仰"。

施佩尔也从未对德国人带给欧洲人民的深重苦难表示遗憾。对此他应承担相当大的责任，因为是他肆无忌惮地消耗资源来扩大武器生产，从而延长了战争。他反而呼吁盟国宽容以待，不要阻碍德国人的重建意志："现在全都要看对手在多大程度上愿意给予德国人民与其作为虽然被击败但是英勇战斗的敌人相匹配的荣誉和机会，这样他们也能以仁慈和高尚的形象被载入史册。"最后，施佩尔以他曾经敬佩的"元首"风格呼唤"天意"降临，希望德国人命运能够好转。[13] 他的讲话在盟军听来，仿佛从前的那个纳粹恶魔仍然存活在邓尼茨政府中。

*

5月3日，汉堡的战役结束了。电台整天都在广播有关英军即将和平进驻的消息。大幅海报通知人们，从下午1点开始全面禁止外出活动，仅电力、天然气和自来水厂员工除外。[14] 下午，这座汉萨同盟城市陷入一片死寂。所有的交通都停了，商店全部关闭。除了驻守在十字路口和桥梁上的汉堡警察，街道空无一人。

直到 1945 年 4 月中旬，都没有任何迹象表明这座城市将不战而降。相反，自 1944 年秋天起，这里开始搭建内外防御圈。人们挖建战壕，并用石头和铁梁搭建防坦克屏障。1945 年 2 月 19 日，在没有通暖气的汉堡市政厅宴会厅内，面对党内高官、经济领袖和政府要员，大区领袖卡尔·考夫曼宣布，根据希特勒的命令汉堡将成为"要塞（Festung）"，必须抵抗到最后一刻。[15]

考夫曼是这座汉萨同盟城市最有权势的人。这位克雷费尔德（Krefeld）洗衣店老板的儿子出生于 1900 年，是纳粹党中老一批近卫军成员。1929 年 5 月，希特勒任命这个当时年仅 28 岁的莱茵兰人为"红色"汉堡的大区领袖。1933 年，他晋升为帝国总督（Reichsstatthalter），负责在汉堡市执行严格的纳粹政策。与他相比，由纳粹任命的市长卡尔·文森特·克罗格曼（Carl Vincent Krogmann）仅作为资产阶级的门面发挥有限的作用。1936 年，考夫曼被正式任命为州政府首脑，自战争开始以来还担任帝国国防专员一职。[16] 一方面，这位坚定的纳粹党人到了战争最后几个月还在公开场合表示会忠实执行希特勒的命令。另一方面，他也非常现实地意识到把汉堡作为"要塞"抗争到最后将导致这座城市的彻底覆灭。到 1945 年春天，这座易北河上的大都市已经遭受了 200 多次空袭，其中最严重的要数 1943 年 7 月 25 日至 8 月 3 日，英美轰炸机将汉堡大片地区夷为废墟。据保守估计，有 34000 人在"火攻"中丧生。数以万计的人逃离了这座城市。[17] 1945 年初，仍有约 100 万人居住在汉堡，其中许多人住在地下室或紧急避难所。尽管官方呼吁坚持到底，但社会上的情绪已经达到了冰点。"现在，汤米① 快来做个了结吧，以便我们能够再次过上有理有序的生活"，这样的言论四处可以听到，无论是哪个阶级。[18]

　　在上述背景下，考夫曼开始想办法不让汉堡陷入军事上毫无意义的"最后战斗"。此外，他肯定还有如下的考量：鉴于纳粹统治即将结束，他可以把自己打造成汉堡市的"拯救者"，以这种方式减少他在过去十二年里的负面影响。首先，他获得了艾尔温·沃尔茨（Alwin Wolz）少将的支持，也是在他的推动下沃尔茨于 4 月 2 日被任命为该市作战指挥官。一天后，这位汉堡大区领袖同西北陆军总司令恩斯特·布施一同前往柏林的帝国总理府最后一次与希特勒会面。关于他们之间的谈话的情况，只有一份考夫曼的事后记录可供参考，鲍曼、

101

---

　　① 指英美人。

凯特尔、约德尔、邓尼茨和希姆莱也在场。如果他的记录属实，那么当时谈话的气氛应该降到了冰点。当布施问到西北陆军是否可以获得更多防御支持时，希特勒非常粗暴地拒绝了。所有的储备力量都必须用于温克新组建的军队，它将在决定性的柏林战役中发挥关键作用。考夫曼接着表示，鉴于当前战争局势，他不认为汉堡应该防御。这个城市仍然有68万妇女和儿童。要疏散他们是不可能的，因为从东部拥入的难民已经使石勒苏益格－荷尔斯泰因州负担沉重。这份记录最后提到，希特勒"严厉地"拒绝了他的反对意见，并坚持要求无条件执行他的"设防令"。[19]考夫曼是否真的像他所说的那样公然地反对过这位独裁者，还有待商榷。但是，很可能这次与"元首"的会面，让他意识到"元首"已经看不清现实了，从而坚定了他不加抵抗地将汉堡交给英国的决心。

4月20日，希特勒的最后一个生日当天，蒙哥马利的第7装甲师在刘易斯·莱恩（Lewis O. Lyne）少将的带领下挺进汉堡的南部郊区。"现在我们正面临最后的灾难（……）"，英语语言文学家埃米尔·沃尔夫（Emil Wolff）的妻子玛蒂尔达·沃尔夫－门克伯格（Mathilde Wolff-Mönckeberg）给孩子们写信道："你们根本无法想象最近这几天！灾祸在不断逼近，到处持续弥漫着紧张和骚动的气息，成百上千的谣言满天飞，只能守在广播旁不错过任何一条新消息，预警和警报从早到晚不断交替出现（……）。"[20]

英国炮兵从汉堡的前沿阵地哈尔堡区（Harburg）开始进行炮击。凤凰工厂也遭到炮击，这里自1944年底以来搭建了一家野战医院。工厂负责人阿尔伯特·舍费尔（Albert Schäfer）和医生赫尔曼·布尔夏德（Hermann Burchard）教授决定前往英国军营要求停火。作战指挥官沃尔茨批准了这一行动，并给他们二人配备了参谋部的奥托·冯·劳恩（Otto von Laun）少尉作为翻译陪同，他是著名国际律师鲁道夫·冯·劳恩（Rudolf von Laun）的儿子。4月29日晚，经过一个多小时的跋涉，他们得到了第7装甲师情报官托马斯·马丁·林赛（Thomas Martin Lindsay）上尉的接待。他答应保护哈尔堡的医院，但提出交换条件：其中一位谈判者要将装甲师指挥官莱恩少将的信转交给汉堡的作战指挥官，莱恩在信中"以人道主义的名义"要求汉堡投降，并要求对方派出一位军官作为全权代表。[21]

4月30日中午，沃尔茨收到了要求投降的信。他立即与大区领袖考夫曼商谈。双方都同意没有更多时间可以浪费了。在给邓尼茨的电报中，考夫曼表明了要把汉堡拱手交给英国人的意图，但遭到了海军上将的断然拒绝：必须以坚定的姿态对抗西方、捍卫易北河要塞，汉堡市可以在"关系到我们人民的命运之战"中作出"最大的贡献"。[22]但是考夫曼和沃尔茨决心独立采取行动。5月1日晚，两名来自沃尔茨指挥部的谈判代表彼得·安德拉（Peter Andrae）少校和格哈德·林克（Gerhard Link）上尉驱车前往第7装甲师总部，并将作战指挥官的信交给莱恩少将，信中同意"讨论移交汉堡的问题以及由此带来的深远影响"。[23]莱恩设定了24小时的期限，在这段时间内他们必须无条件投降。5月2日晚，两名代表返回后将谈判结果告知了沃尔茨。他随后命令撤出驻守在汉堡南部的陆军和党卫队武装部队。

103　　　汉堡市民对城市的命运仍然忐忑不安。不过5月2日下午，一份《汉堡日报》（*Hamburger Zeitung*）特刊被张贴在鹅市广场（Gänsemarkt）的商店橱窗中，内容是考夫曼致汉堡市民的号召，里面宣布汉堡市即将投降："那些不愿辜负荣誉的士兵可以到本市以外继续战斗。但是在清楚了解现状后，本着对汉堡市负责的想法，我的内心和良知要求我必须保护本市的妇女和儿童免遭无意义的和不负责任的毁灭。我知道我在做什么。我有信心将这一决定的评判权交给历史和你们。"[24] 这份号召原本应该直到第二天英军进驻前一刻才公布。现已无法查证是谁提前发布的。这一消息很快在这座汉萨之城传播开来。一位汉堡市民记录道:"鹅市广场(……)充满了愉悦的气氛。人们互相拥抱,许多人哭了出来。"[25]

邓尼茨海军上将最初对考夫曼的自作主张表示抗议。但是,当蒙哥马利的军队突破易北河阵地向吕贝克进军后,他也不得不在5月2日下午承认汉堡的抵抗毫无意义,并同意了不战而降。当天晚上,最高统帅部总司令凯特尔和西北陆军总司令布施也发出了相应的命令。[26]

也是在当晚,卡尔·考夫曼在面向民众的广播讲话中宣布汉堡为"开放城市":"敌人明天占领汉堡之时,将是我一生中最艰难的时刻。我要求你们在这一刻保有尊严和纪律。"考夫曼在负责汉堡行政工作方面的副手——国务秘书格奥尔格·阿伦斯(Georg Ahrens)因为在无数个轰炸夜晚用广播传递沉稳的声音,被汉堡市民称呼为"颉草叔叔(Onkel Baldrian)"①。在广播的结束语中,他依然用他独具一格的声音说道:"您刚刚听到的是我们

---

① 颉草的根茎可用作镇静剂。

的大区领袖对汉堡市民的决定命运的讲话。"[27]

玛蒂尔达·沃尔夫–门克伯格写道:"考夫曼的讲话十分激动、真诚、简单和礼貌,就像他一直以来对待汉堡市民那样。"[28] 考夫曼把自己塑造成负责任的政治家形象,好像他所做的一切都是为了"他的"城市变得更好,这一策略似乎奏效了。在战后流传着从希特勒的追随者转变为其疯狂毁灭计划的反叛者的"良心大区领袖传奇",同时也为另一个传说奠定了基础:汉堡是独裁统治时期野蛮纳粹党人中的"相对理性之岛"。[29]

5月2日晚9点刚过,指挥官沃尔茨在安德拉少校、林克上尉和前市长威廉·布尔夏德–莫茨(Wilhelm Burchard-Motz)的陪同下出发前往前线。英军第131步兵旅指挥官约翰·M. K. 斯普林(John M.K.Spurling)护送这些密使前往莱恩少将的指挥所。当被询问是否获得无条件投降的授权时,沃尔茨表示肯定,并允诺将颁布5月3日禁止外出的命令,以及清除在通往汉堡的道路上和易北河大桥上埋下的地雷和炸弹。但是,投降书直到5月3日中午时分才在位于吕讷堡附近黑克林根(Häcklingen bei Lüneburg)的英国陆军第二集团军总部正式签署。由弗里德堡将军领导的国防军最高统帅部谈判代表团从弗伦斯堡赶来,在沃尔茨的陪同下前往签署地点。之后沃尔茨才回到汉堡，恰好赶在了英国人占领城市之前。[30]

英军于下午 4 点后不久进驻汉堡。第 7 装甲师的士兵分成三队穿过易北河大桥，并于下午 6 点前到达市政厅广场。6 点 25 分，沃尔茨和布尔夏德 - 莫茨在市政厅大门前与斯普林旅长及参谋部的其他军官会面，并将汉堡市移交英军。然后，他们陪同英国军官进入皇帝大厅，考夫曼大区领袖和克罗格曼市长在那里接待了他们。[31]

直到第二天，大多数汉堡市民才注意到新主人的出现。玛蒂尔达·沃尔夫 - 门克伯格在几乎没有受到损坏的温特胡德（Winterhude）别墅区中观察到，"突然间英国士兵簇拥而来，像蚂蚁一样在街道穿行"，"接着出现了大量的汽车、装甲车、坦克和摩托车，他们很快在这里安家，四处都竖立起巨大的木牌，上面用英语写着军队邮局、裁缝、撤离中心（Leave Center）等。很多好奇的人整天站在阳台观察下面发生的事情。我们正忙着将差不多 6 年里我们在地下室里积攒的所有东西拿出来"。[32]

已经到了 5 月 4 日晚 7 点，汉堡广播电台在罗滕鲍姆大道（Rothenbaumchaussee）完好无损的广播站用英德双语播报，成为全德第一个恢复广播的电台："这里是汉堡广播，盟军政府的电台。"[33]

1945 年 5 月 3 日汉堡市政厅前：作战指挥官艾尔温·沃尔茨将汉堡市交给英军的斯普林旅长（系白色腰带）。（bpk-Bildagentur, Berlin）

同样是 5 月 4 日，佐丹诺（Giordano）一家从他们位于汉堡阿尔斯特多夫区（Alsterdorf）的地下室爬了出来，他们在那里躲藏了近三个月。1945年 2 月初，犹太出身的母亲莉莉与一名意大利音乐家"异族通婚"，当局要求她前往格林德霍夫（Grindelhof）的原塔木德－妥拉学校（Talmud-Tora-Schule）所在地，她将从那里被驱逐、带走。她的一个儿子，出生于 1923 年的拉尔夫·佐丹诺（Ralph Giordano）在《一名幸存者的回忆》（*Erinnerungen eines Davongekommenen*）一书中描述了解放的时刻："当我走近母亲时，我看到了躲藏在昏暗隐秘处时没有注意到的东西——她的头发变白了，黑色的光彩只停留在几缕发丝上。但是，当我在蓝天下看到埃贡（兄弟）时，我才哭了出来——他的棕色头发也有部分变成了银色。"[34]

在佐丹诺一家重见自由之光的那天，英国人逮捕了大区领袖考夫曼。他一直被拘留到 1948 年 10月，之后由于健康原因被释放。这位希特勒在汉堡的代理人曾无情地压迫政治反对派，并对成千上万汉堡犹太人的驱逐负有责任，但却从未出现在法庭的被告席上。1950 年代末，他以高层经理的身份加入了一家保险公司，并成为一家化工厂合伙人。直到 1969 年 12 月去世时，他在这座汉萨同盟城市始终是一名富有的、受到很多人尊重的市民。[35]

*

当沃尔茨少将在吕讷堡附近的黑克林根签署汉堡市投降书时,吕贝克湾正发生着二战期间最严重的船难之一,上千名集中营囚犯在战争的最后一刻丧生。这场悲剧的主角名字叫"开普艾柯纳号(Cap Arcona)"。这艘由汉堡—南美蒸汽轮船公司生产的旗舰于1927年在汉堡的布洛姆福斯造船厂(Blohm & Voss)启用,战前曾用作豪华游轮行驶于汉堡和里约热内卢之间,1940年作为德国海军的住宅船停靠到了哥腾哈芬(现称格丁尼亚港,Gdynia)。1945年春,这艘快船与其他众多船只一样被用来运送德国东部难民和受伤的士兵前往石勒苏益格–荷尔斯泰因州和丹麦。在最后一次航行中,"开普艾柯纳号"引擎发生了故障。自4月14日起,它就一直抛锚停靠在诺伊施塔特市(Neustadt)附近的吕贝克湾。[36]

1945年4月中旬,党卫队头目海因里希·希姆莱对尚未解放的集中营的指挥官下令,不要让任何囚犯活着落到敌人手中,要及时地清理集中营。[37]自1940年以来,在汉堡–诺因加默区

（Neuengamme）的某个砖厂原址上建成了一座大型集中营，并与广布的附属营连接成网络。4 月 20 日开始对这个中心营地进行清理。汉堡大区领袖卡尔·考夫曼和北海党卫队及警察头目格奥尔格·海宁·冯·巴斯维茨－贝尔伯爵（Georg-Henning Graf von Bassewitz-Behr）负责此事。他们这么做同时也是为了确保逼近的英军不会目睹他们在汉堡附近犯下的罪行。由于没有其他地方可以容纳诺因加默集中营的囚犯，考夫曼建议将他们安置在船上。作为负责航运的帝国代理人，他从吕贝克湾征用了三艘船：除"开普艾柯纳号"外，还有"蒂尔贝克号（Thielbek）"和"雅典号（Athen）"货船。[38]

从 4 月 21 日至 26 日，共有 9000 多名囚犯乘货车、卡车甚至步行被带往吕贝克。他们在党卫队二级突击大队长、诺因加默集中营管理人克里斯托弗·格里希（Christoph Gehrig）的指挥下被押到船上。我们不确定党卫队的意图。他们是想通过船只自行下沉还是由英军飞机击沉来处理这些囚犯？[39] 抑或是希姆莱想把它当作与西方单独和平谈判的筹码？还是说党卫队领导人在这几天的混乱中尚未就"游动中的集中营"的命运作出决定？

"开普艾柯纳号"船长海因里希·贝尔特拉姆（Heinrich Bertram）最初拒绝接受囚犯上船。党卫队二级突击大队长格里希威胁说要在现场射杀他，于是他屈服了。[40] 4 月 28 日，"开普艾柯纳号"上已经有 6500 名囚犯。船上的恶劣状况无法描述。幸存者之一鲁迪·古格尔（Rudi Goguel）回忆说"几乎没有食物和水"。"到处都是奄奄一息的囚犯。尸体开始堆积在甲板上，每天有三十人至五十人死亡。到最后，死亡人数急剧上升。病人的处境尤其糟糕：他们被关在船舱中，没有药或绷带，几乎得不到像样的救助。没有人清理积压的粪便，整艘船都散发着一股恶臭。"[41] 由于"开普艾柯纳号"拥挤不堪，党卫队命令将 2000 名囚犯押到"雅典号"上。5 月 2 日，"蒂尔贝克号"被牵引到吕贝克湾并停靠在"开普艾柯纳号"附近，共收容了 2800 名囚犯。

基尔湾和吕贝克湾集中的船只没有逃过盟军的空中侦察。英军领导人担心邓尼茨政府与剩余部队会迁往挪威并在那里继续战斗。因此，英军决定消灭德国舰队的残余势力。瑞士红十字会关于这些船只上有上千名集中营囚犯的消息没有及时传递出去。[42]

5 月 3 日下午 2 点 30 分左右，英国战斗轰炸机袭击了"开普艾柯纳号"和"蒂尔贝克号"。两艘船都遭受多次袭击并迅速起火。船上的场景令人恐惧。演员、共产主义者埃尔温·格绍内克（Erwin

Geschonneck）自 1933 年以来被关押在多个集中营，最后一次就在诺因加默。他后来在民主德国加入布莱希特的柏林剧团并饰演过众多电影角色。他亲身经历了"开普艾柯纳号"被袭击的瞬间："一声轰隆巨响，然后爆炸物四散。几枚炸弹落在船体中部。我冲到通道，那里弥漫着烟雾，受伤的人尖叫着，不安的囚犯跑上楼梯，惊慌失措。大家从四面八方拥上楼梯，近乎疯狂的人们因为害怕而都想挤到上层甲板。有些人被撞倒在地，被后面的人踩踏。掩体区都是苏联人，他们没法再上去了。下面病患区的 600 名患者也被阻隔开来。"[43]

　　"蒂尔贝克号"在几分钟内就沉没了，"开普艾柯纳号"则是逐渐被烧毁并侧翻。囚犯们几乎没有活下来的机会。少数完好的救生艇都被船上的党卫队、海军士兵和船员占用了。救生圈也只提供给船员。大约有 6600 名囚犯被烧死，或者在尝试游到岸边的过程中死去——要么在寒冷的波罗的海淹死，要么被枪杀。只有大约 450 人得以从地狱中逃脱出来，其中包括埃尔温·格绍内克，他之所以幸存下来，是因为他往回游向了"开普艾柯纳号"的残骸，并与其他一些囚犯一起耐心等待着海岸落入英国人之手，然后被摩托艇运回诺伊施塔特。[44]几周后，尸体才被冲到吕贝克湾的海滩上。

*

　　"我们开始慢慢地以幽默的态度接受被凌辱的事实，一种绞刑架上的幽默。"当5月3日，一位30岁出头的柏林女性在日记里写下这一观察时，"进行凌辱"——苏联红军入侵后对妇女实施的大规模强奸——的事态已达到了第一个高峰。这位女性也遭到多次强奸，她把无法说出的话说了出来："凌辱是什么？当我第一次说出这个单词时（……），我感到脊椎发冷。现在我已经可以思考它了，甚至用冰冷的手写下来，我对着自己说话，以便习惯这声音。它听起来像是最后和最外在的声音，但事实并非如此。" [45]

　　《一个在柏林的女人》（*Eine Frau in Berlin*）这本日记的情况非常特别。1945年4月20日至6月22日，日记的主人抽空记录下了她当时所经历的炸弹袭击、强奸和食物短缺的情形。1945年7月，她开始将三本手写稿用打字机打印出来。后来，她把121页密密麻麻的手稿转交给了她的一位作家朋友库尔特·W.马雷克（Kurt W. Marek），后者因1949年用笔名C.W.策拉姆（C.W.Ceram）出版的考古学畅销书《神祇、陵墓与学者》（*Götter,*

Gräber und Gelehrte）而广为人知。马雷克说服她出版这本日记。但是，出于可理解的原因，她坚持要求保持匿名。《一个在柏林的女人》于1954年首次在美国出版，随后的德文版在1959年由日内瓦的一家小型出版社发行。尽管该书在美国和英国大受好评，它却在德国读者中遇冷。显然，公开谈论这个问题的时机尚未成熟。多年以来这都是人们不想触碰的禁忌。[46]

情况在2003年春天发生了改变，当时爱希博恩出版社（Eichborn Verlag）推出了汉斯·马格努斯·恩岑斯贝格（Hans Magnus Enzensberger）出版的"不一样的图书馆"系列，其中就有《一个在柏林的女人》新版本。该书成为当季最成功的畅销书之一，并获得评论家一致称赞，认为这是对苏联占领期间德国妇女遭受暴力的最令人印象深刻的见证。导演马克斯·法贝尔布克（Max Färberböck）于2008年将这本书搬上了银幕，由妮娜·霍斯（Nina Hoss）担任主角。

《南德意志报》编辑延斯·比斯基（Jens Bisky）在2003年9月的揭露结束了公众对作者身份的持续猜测，当时她已去世两年。这位"匿名作家"叫玛塔·希勒斯（Marta Hillers），于1911年出生在克雷菲尔德。她在1925年到1930年上中学，之后多次出国旅行，目的地包括苏联。在此过程中，她学会了一点俄语，这使她在柏林被占领期间受益。从 1934 年夏天开始，她作为自由记者为《柏林本地指南》（*Berliner Lokalanzeiger*）和其他报纸杂志供稿。自 1941 年 4 月到战争的最后几个月，她一直活跃在纳粹教师协会主办的学生杂志《一起帮忙！》（*Hilf-mit!*），主要负责指导"讲故事比赛"，并为《德国教育者》（*Der Deutsche Erzieher*）杂志撰写文章。她显然不是百分之百的纳粹主义者，但她充当了纳粹国家的"小小宣传家"，鼓舞德国年轻人为战争服务。[47] 在日记中，她更多地掩饰了这个角色，比如当她这样问自己："我自己的态度是支持，还是反对？无论如何，我都处在其中，呼吸着包围着我们、影响着我们的空气，即使我们并不愿意这样做。"[48]

随着"匿名作家"身份的暴露，突然有人怀疑这本书是否真的如出版商所称，是真实的时代记录。作者在誊抄原始笔记时，是否对文本进行了超乎想象的润色？她，或者为第一版撰写后记的库尔特·马雷克，是否在发表之前重新编辑了文字？这些问题当时引起了热烈讨论，但最终由于马雷克的夫人作为遗产管理人拒绝公开原稿而不了了之。[49]

最后，爱希博恩出版社委托作家瓦尔特·肯博夫斯基（Walter Kempowski）进行调查。作为一名勤奋的日记收集者和出版人，他似乎很适合完成这项任务。他在 2004 年 1 月的鉴定报告中证实，玛塔·希勒斯的原始日记以及 1945 年夏天完成的誊清稿都是真实的。但是，肯博夫斯基并没有回答关键问题：原始文本究竟经过了哪些加工？日记的性质在多大程度上发生了变化？[50]

肯博夫斯基留下的空缺被历史学家尤利娅·冯·萨尔（Yuliya von Saal）2019 年发表在《当代史季刊》（*Vierteljahrsheften für Zeitgeschichte*）的一篇论文所填补。判断的依据是玛塔·希勒斯的个人遗物——马雷克夫妇的儿子在 2016 年将其捐献给慕尼黑当代史研究所。结果是：玛塔·希勒斯非常仔细地将她的手写笔记转录为打字稿。两者之间的差别很小，通常只是在修辞上进行了细微调整。与之相比，作者在 1950 年代出版的图书版本则比原稿丰富了近一倍。此外，作者本人对原始日记进行了大幅的文学改编和补充：人物全部匿名化，想法、观察和感受被重新表述，经历被重新诠释，故事场景加入了大量虚构的戏剧元素。此外，所有在某种程度上显示亲纳粹态度的段落均被删除。因此，这本书不是真实的历史记录，而是日记形式的报告文学。[51] 尽管如此，《一个在柏林的女人》仍

然是重要的历史见证，因为它关于强奸的核心内容
与原手稿是一致的。[52]

随着 1945 年 4 月 27 日苏联士兵的出现，作者
体会到不受保护的滋味。她以一种相当简洁且冷峻
的口吻描述她的遭遇："麻木。不是恶心，只是冷。
脊椎冻结了，后脑勺一阵冰冷的晕眩。我感到自己
深深地滑落下去，经过了枕头和地板。跌落在地面
上——就是这样。"[53] 在经过几次强奸后，她得出结
论："让一只狼过来，从而把其他狼从我身边赶走。
越高级的军官越好。司令、将军都行。我的才智和
一点点外语知识有什么用呢？"[54] 有一名少校阻止
了其他士兵强奸玛塔·希勒斯，还给她提供食物。
强奸和卖淫之间的界限越来越模糊："不能说少校
强奸了我。我相信，只要我说一句冰冷的话，他就
再也不会来了。因此，我自愿为他服务。"[55]

作者对占领者的看法并没有摆脱刻板印象。但
她避免对"苏联人"整体进行评判。在描写实施抢
劫和强奸的士兵群像之外，也出现了个人的名字和
故事——佩特卡、阿纳托尔和安德烈。"我和他们
之间进行的是人与人之间的交谈，我将最恶心的人
和可以忍受的人区分开，对这群人进行分类，形成
对他们的印象。"[56]

德国男人的帮助是指望不上的。他们大多数胆

小怕事，躲在女性身后。"一种集体的失望感正在女性中间悄然形成。由男性统治、称颂男性力量的纳粹世界摇摇欲坠，同样幻灭的还有'男人'的神话。"[57] 一位在排队打水的妇女讲述了一名苏联士兵拉拽她时，她的邻居对她喊的话："'您赶快跟着去吧，您妨害了我们所有人！'这就是西方走向衰亡的小小注脚。"[58] 当她给 1945 年 6 月底从前线回来的男朋友看她的记录时，他的反应是不理解，并默默地离开了她。他的做法预示了 1950 年代的整体氛围——对女性所遭受的无力感以及暴力的集体沉默。

*

玛塔·希勒斯的记录是她寻求内心安定、自我确证的一种途径。这些文字帮助她应对自我认知的冲击。同时她也明白，她描绘了反映集体命运的个人苦难，这正是她的日记受到如此关注的原因。在战争的最后几天和战后的最初日子里，柏林数以万计的妇女成为性侵犯的受害者。记者埃里希·库比（Erich Kuby）在《1945 年在柏林的苏联人》（*Die Russen in Berlin 1945*）一书中估计，大柏林地区百分之八十的强奸发生在 4 月 24 日至 5 月 3 日。[59]

113

尽管斯大林和朱可夫元帅曾告诫部队要保持纪律并集中精力执行军事任务，但占领柏林期间还是发生了肆无忌惮的性暴力行为。[60] 在战斗仍在进行的同时，红军士兵闯入地窖和公寓强奸妇女，而且常常是轮奸，并且当着丈夫、孩子和邻居的面，上至古稀老人下至儿童都未能幸免。露丝·安德里亚斯－弗里德里希在5月6日写道："我们的胜利者军队纵情而贪婪地冲向了柏林妇女（……）。男人们说：'他们侵犯了我们的女儿，强奸了我们的女人。'除此之外再无其他对话。"[61]

苏联士兵行为的原因是多方面的。他们在柏林之战中遭受的巨大损失进一步刺激了报仇的决心。当他们看到许多德国人尽管饱受战争之苦，却仍享受着繁荣的日子的时候，也产生了仇恨和愤怒。"为什么这些日子过得这么好的人要向我们进攻？"一些苏联士兵问道。1945年4月底，一名苏联军官被安顿在柏林附近扬斯菲尔德（Jahnsfelde）的一名铁路工人的公寓时感到惊讶："储藏间里装满了自熏火腿、水果罐头和草莓酱。我们越深入德国，就越为到处可见的富足而恼怒（……）。我很乐意把拳头打到这些码得整整齐齐的瓶瓶罐罐上。"[62]

这些暴力行为常常受到酒精的催化。埃里希·库比认为："红军士兵为胜利而陶醉，为西方文明而陶醉，事实上，他们也喝醉了。（……）醉酒与暴力行为之间通常存在因果关系。在这种失控状态下，（在多年没有假期、没有女人之后）苏联士兵做了他们贪求的事情，但他们这样做既不是为了苏联的荣光，也不是为了羞辱德国。他们以最原始的方式做了这件事。"[63]

通过占有他们的女人来羞辱战败者也是诱因之一；还有德国人持久的优越感，即使被打败也有不少德国人在占领者面前仍然如此表现。在过去十多年里，政府的反苏宣传塑造了一种原始的"亚洲低等人"的种族主义形象，其影响仍在持续。

不过，苏联士兵绝不是全都在欺凌柏林妇女。除了关于大规模暴力的报道，还有很多他们慷慨大方以及乐于助人的事迹在流传。希特勒青年团的洛塔尔·罗伊威在被捕后，收到了一位较年长的苏联士兵的炊具，里面装满了牛肉汤，还有一个汤匙："这是我第一次遇到苏联人。这次相遇、这种具有人情味的举动使我永生难忘。"[64]尤其在孩子面前，红军士兵经常表现出最好的一面。"由于（……）宣传，我们作了最坏的打算。当一名苏联警官出现在我们的庭院，请求我们保持理性并且这样做什么都不会发生时，我们感到非常惊讶"，柏林普伦茨劳贝格的一名女士几个月后回忆道。"他们把孩子抱在怀里，给他们糖和巧克力（……）之后，我们的孩子还从苏联人那里得到了不少食物和点心。"[65]

另一方面，认为柏林妇女完全束手就擒的想法也是错误的。她们想出了一系列计策来避免被强奸或再次被强奸。因此她们整天藏在阁楼里，穿上脏衣服，用烟灰把脸涂黑，假装有传染病，或者像玛塔·希勒斯那样找个苏联庇护者。女人们尝试用轻率和玩世不恭的态度来对抗这一可怕的经历。在拜访朋友或在商店前排队时，她们以前所未有的开放的方式来讨论这个话题。[66]聊天一开始的问题就是："多久一次？"玛格丽特·博韦里没有遭到强奸，但从她的朋友们那里得知了她们的遭遇。她在5月6日写道："人们现在说的话太奇怪了。就算是纯洁无辜的埃尔斯贝斯，尽管她有丈夫和两个成年儿子，她也暂时放下了一部分矜持。当然有很多可笑的地方。"[67]

尽管强奸在大柏林地区尤其频繁，但苏占区的许多城镇也没有幸免。总共有多少女性沦为性暴力的受害者，已无法查证。据估计，这一数字可高达200万。[68]虽然苏联当局采取了更严厉的举措来管控士兵并惩处肇事者，但强奸还是没有停止。最后，军政府从1947年开始命令军队驻扎在营地，并远离德国居民，以期解决这一问题。[69]对德国共产党和后来的德国统一社会党（Sozialistische Einheitspartei Deutschlands，缩写为 SED）领导层来说，战争结束时的大规模强奸一直是一种负担。害怕苏联人的日子已深深地嵌入集体记忆，使共产党推行的路线很难获得支持。"三年之后，仍是这样，"贝托尔特·布莱希特（Bertolt Brecht）[①]在 1948 年 10 月的"工作日志"中写道，"工人们害怕得颤抖，处处能感受到由柏林被占领后的抢劫和强奸所引起的恐慌。在工人区，人们曾极为喜悦地等待着解放者，他们伸出了双臂，但迎来的却是暴力，上至七十岁、下到十二岁的人都不能幸免，而且是在光天化日下进行的（……）。"[70] 而且，德国共产党或者统一社会党当权者无法在不冒犯占领军的前提下公开触及这个话题。在整个民主德国的历史中，这仍然是一个不可触碰的禁忌。[71]

强奸不局限于红军占领地区。盟军士兵进驻时也犯下了强奸妇女的暴行，而且人数远远超过长期以来的设想。[72] 法国—摩洛哥部队尤其血腥暴力，在占领初期，他们强奸了许多妇女，特别是在斯图加特地区。[73] 而美国和英国士兵也并非传闻中那样总是表现得很正派和守纪律。但是，从规模上看，

116

①　贝托尔特·布莱希特（1898~1956），德国著名剧作家、诗人。

西部地区的暴行远不及苏占区。其原因在于，美国人和英国人之前在德占区没有遭受德国人的恐怖对待，他们的战争伤亡也远少于苏联。另一个因素是美国和英国士兵常常不需要使用武力。他们靠钱、香烟和巧克力就能吸引不少德国女性自愿献身。[74]尽管最初明令禁止他们往来，但一些美国兵和德国"小姐（Fräuleins）"之间迅速发展出固定的性关系，很多后来还结了婚。

*

5月3日上午，国防军最高统帅部代表团抵达位于吕讷堡附近黑克林根的迈尔斯·C.邓普西（Miles C. Dempsey）将军的军营。代表团成员包括海军大将汉斯－格奥尔格·冯·弗里德堡、艾博哈德·金泽尔（Eberhard Kinzel）将军、海军少将格哈德·瓦格纳（Gerhard Wagner）和约兴·弗里德（Jochen Friedel）少将。他们从那里被带到附近的提梅罗山（Timeloberg），那里驻扎着蒙哥马利元帅下令兴建的帐篷村，他的露营车成了它的中心。这位英国陆军总司令在回忆录中描述了见面时的场景："他们被带到我的露营车旁，正好站在了英国国旗下，旗帜骄傲地随风飘扬。我先让他们等了几分钟，然后走出露营车，向他们走去。他们都站在国旗下，所有人把手举在帽子旁敬礼。那是一个难忘的时刻。德国人来投降了——战争结束了。"[75]蒙哥马利没有提到，在他出现之前，就已经用一根木棍标记出德国谈判代表站立的确切位置——这一隐晦的做法让德国人感到"失去尊严"。[76]

首先，冯·弗里德堡宣读了最高统帅部总司令凯特尔的信，他在信中提出包括维斯瓦河集团军群在内的德国西北部武装部队投降的决议。蒙哥马利拒绝了这一提议，理由是他不能接受投降的部队仍在与红军作战。维斯瓦河集团军群必须向苏维埃高级司令部投降。不过他缓和了一下，表示不会将个别高举双手前往英军战线投降的东线德国士兵赶走。冯·弗里德堡提出反对意见，他担心没有德国士兵会自愿被苏联人俘虏，因为他们害怕被送往西伯利亚进行强迫劳动。蒙哥马利冷言以对："德国人在挑起战争前就应该考虑到这些，特别是在1941 年 6 月袭击苏联人之前。"[77]

蒙哥马利还拒绝就梅克伦堡地区的难民命运进行谈判，因为在维斯马与德米兹（Dömitz）之间的前线以东的地区不再属于他的管辖范围，所有相关问题必须与苏联当局讨论。谈判似乎走到了死胡同，接着蒙哥马利向德方提出条件："你们是否

117

准备好将所有的德军交给我在西部和北部两翼的军队，其中包括在荷兰、弗里斯兰、弗里西亚群岛和赫尔戈兰岛以及石勒苏益格－荷尔斯泰因州和丹麦的部队？"为了进一步强调他的要求，他借助地图阐明了整个西线的战况，让德方认识到任何反抗都毫无希望。最高统帅部谈判代表要求时间考虑。蒙哥马利安排他们在其中一个帐篷里用餐。一位英国军官报告说："吃饭时，冯·弗里德堡的泪水顺着脸庞流下来，几乎没人说话。"[78]

晚饭后，蒙哥马利发出最后通牒：指定地区的所有德军必须放下武器无条件投降。武装部队的军事装备不得销毁，必须原封不动地移交英国。如果德国人拒绝他的要求，战斗将会继续。冯·弗里德堡表示，他没有获得如此大的权限，必须先回到弗伦斯堡报告。那天晚上，他和弗里德少校启程返回。瓦格纳海军少将和金泽尔将军留在原地。蒙哥马利设定第二天下午为最终期限。[79]

1945年5月4日

1945年5月4日上午9点，在弗伦斯堡－米尔维克海军学校举行了具有决定性意义的会议。前天晚上返回的海军上将冯·弗里德堡详细汇报了他与蒙哥马利的谈判情况。出席会议的有邓尼茨、什未林·冯·科洛希克伯爵、凯特尔、约德尔及其副官赫尔曼·布鲁德穆勒（Hermann Brudermüller）中校。与会者基本都同意将荷兰和丹麦划入投降范围。会议记录指出，那里的德国军队再也无法支撑更长时间，"顽固的抵抗"只会导致"声望进一步下降以及沉重的政治负担"。[1]只有约德尔大将反对：他还不愿意将"荷兰这张王牌"拱手相让。[2]邓尼茨则担忧将德国舰队交付出去将无法继续运送难民和部队穿越波罗的海。冯·弗里德堡打消了他的忧虑，表示蒙哥马利向他保证回程运输可以继续。[3]

关于将所有军事装备原封不动交付的要求则激发了更长时间的讨论。凯特尔和约德尔认为这一要求有违"德国武器的尊严"，并建议立即销毁。但是什未林·冯·科洛希克伯爵抗议道：这将违反投降协议的精神，并会导致蒙哥马利取消整个协议并采取报复行动。邓尼茨采纳了这一观点，命令国防军最高统帅部指示指挥官们将所有武器移交敌人，不得销毁。命

120 令基本得到了执行。唯一的例外是北海和波罗的海港口的一些潜艇于 5 月 4 日至 5 日夜间自行沉没。[4]

会议记录记载了 5 月 4 日的商讨结果："海军元帅批准了投降条件的签署，并要求善待战俘并且以有尊严的方式投降。"同时，冯·弗里德堡受命在与蒙哥马利达成协议后，前往艾森豪威尔将军在法国兰斯（Reims）的总部，"目的是磋商向西方的进一步局部投降的议题"。[5]

与此同时，蒙哥马利正在准备签字仪式。他确信德国人会接受他的要求，并在提梅罗山架起一个巨大的军用帐篷。"帐篷里的摆设非常简单：一张铺着羊毛毯的带有支架的桌子，上面放着一个墨水瓶和一支在任何商店花两便士就能买到的普通钢笔。"[6]下午 5 点，蒙哥马利举行新闻发布会并邀请记者出席签字仪式。

下午 6 点左右，当新闻发布会还在进行时，从弗伦斯堡而来的两名德方谈判代表抵达那里。蒙哥马利请冯·弗里德堡进入他的露营车，并确定他已被授权无条件接受所设定的条件。在士兵、战争通讯员和摄影师的好奇注视下，四名德国军官被带到帐篷里。蒙哥马利进来时，他们站了起来。"德国人感到紧张，这可以理解，其中一个人拿出一支烟想使自己平静下来。但是当我看着他时，他又把香烟收了起来。"这位英国陆军元帅回忆道。

蒙哥马利没有说太多开场白就宣读了包含七个要点的投降文件，并要求德国代表团的四名成员在文件上签字。最后，他签上了自己的名字。仪式于下午 6 点 30 分结束。5 月 5 日早上 8 点，荷兰、德国西北部（包括弗里斯兰群岛）、石勒苏益格－荷尔斯泰因州和丹麦停火。[7] 国防军报告称："在海军元帅邓尼茨的命令下，近六年的光荣战斗宣布停火，因为对抗西方势力的战争已经失去了意义，只会造成德国人献出宝贵的生命（……）。然而，对苏联的抵抗仍将继续，以使尽可能多的德国人民免受布尔什维克的恐怖袭击。"[8]

5 月 4 日晚上，英国广播公司报道了德国在西北欧投降的消息。在荷兰和丹麦，人们自发地举行欢庆集会。在哥本哈根，以非法身份成立的抵抗军成员以蓝白红袖章公开露面。5 月 5 日上午，帝国全权代表维尔纳·贝斯特向丹麦外交大臣请求保护。起初他能够在被监视的情况下待在自己的住处；5 月 21 日，他遭到逮捕并被送往哥本哈根城堡监狱。1948 年 9 月，哥本哈根市法院判处他死刑。在上诉后，他被判处五年监禁，其中有四年被视作已服刑。丹麦国内对这一判决爆发了激烈的抗议，丹麦司法大臣因此不得不将该案提交丹麦最高法院重新审理。该法院在 1950 年 3 月判决贝斯特有期徒刑十二年。在仅仅一年半后的 1951 年 8 月，他就被释放，并被遣返联邦德国。[9]

随着"北部地区"的投降，又陆续发生了局部投降。随着 5 月 2 日意大利军队的投降，邻近的 G 集团军和 E（东南）集团军也难以坚持。因此就在当天，陆军元帅凯塞林也请求就这两个军团的投降达成协议，但海军上将邓尼茨仅授予了他签订 G 集团军停战协议的权限，该军队正在波希米亚森林和因河（Inn）之间与雅各布·L. 德弗斯（Jacob L. Devers）将军的美国第 6 军团对峙。凯塞林任命第 1 集团军步兵上将赫尔曼·弗奇（Hermann Foertsch）为谈判代表。与美国人的谈判于 5 月 4 日在萨尔茨堡进行。5 月 5 日，费奇在慕尼黑附近的哈尔（Haar）签署了 G 集团军的投降书；停火于 5 月 6 日下午 2 点正式生效。[10]

不仅是整个集团军，单独的军队和师团都试图逃到美国和英国的战线后面去，以免沦为苏联人的俘虏。例如，温克将军领导的第 12 集团军以及布塞将军领导的第 9 集团军残余，这些军团被敌军步步紧逼并困在易北河的东岸，与正在迫近的苏联人继续作战。5 月 3 日，温克将军的密使、装甲部队将军马克西米利安·冯·埃德尔斯海姆帝国男爵

（Maximilian Reichsfreiherr von Edelsheim）乘坐水陆两用车越过易北河，向西岸的美国第 9 军团第 102 步兵师提出投降。尽管美国人出于对苏联的义务拒绝接受正式投降，但在 5 月 4 日于施滕达尔市政厅举行的投降谈判中，他们同意将西岸的第 12 集团军和第 9 集团军中举起双手或白旗的个别士兵收为战俘。

在唐格明德（Tangermünde）附近的易北河岸上演着恐怖的场景。美军第 102 步兵师的记录员报道说，"乱作一团的部队怀着共同的且近乎迷信的恐惧等待着苏联人的到来"，"他们推搡着来到河边，恳求渡河，他们跳入河里，扑向任何一个能浮在水面的物体（……），用浮木、匆忙组装的木筏、橡胶轮胎、洗澡盆和木板渡过河流"。一位驻扎在第 102 步兵师的美联社记者观察到："党卫队装甲部队的人——曾经是德国的精英——乘应急木筏划着桨过河。他们有时也会游泳，于是就把挂着勋章的军服抛在一边。成千上万的士兵蜂拥一团逃向东岸，他们比被击败的军队还要糟糕。这是一群被恐惧支配的人，他们害怕苏联人，无法逃脱良心的谴责。"[11]

*

5 月 4 日，在夺下巴特赖兴哈尔（Bad Reichenhall）

后，美军第 3 步兵师和第 1 空降师 ① 部队迅速向贝希特斯加登挺进，紧随其后的还有由雅克 – 菲利普·勒克莱尔（Jacques-Philippe Leclerc）将军率领的一支法国装甲师。前一天，该地区纳粹党领导人伯恩哈德·斯特雷德尔（Bernhard Stredele）在和县长卡尔·特奥多尔·雅各布（Karl Theodor Jacob）交接职务后逃跑了。雅各布高举白旗靠近美国人，提出贝希特斯加登不战而降。几个小时后，卡尔·桑德罗克（Karl Sandrock）市长正式移交该市。[12]

但是，美军的真正目标不是这座田园诗般的山区城镇，而是希特勒的住所，它坐落在比此地高出几百米的上萨尔茨堡山上。5 月 4 日下午，美军第 3 步兵师的一支先头部队抵达这座山庄（Berghof）。几乎同一时间到达的还有法国装甲师士兵，其中包括演员让·迦本（Jean Gabin），他是德国好莱坞影星玛琳·迪特里希（Marlene Dietrich）② 的爱人。上萨尔茨堡山的党卫队司令官伯恩哈德·法兰克（Bernhard Frank）也及时逃走了，逃走之前他命令士兵放火将这座十天前曾遭空袭的希特勒宅邸烧成灰烬。[13]

---

① 此处原文疑有误，应为第 101 空降师。——编者注
② 其更广为人知的中文译名为马琳·黛德丽。——编者注

希特勒自 1928 年秋租下了这栋名为"瓦亨费尔德别墅（Haus Wachenfeld）"的房子，在被任命为德国总理后他将其买了下来，并在 1935 年至 1936 年将其改造成气派的山庄。时任纳粹党副手鲁道夫·赫斯（Rudolf Heß）的办公室主任马丁·鲍曼从中帮了不少忙。尚在建造过程中，他就已经着手购买希特勒庄园周围的土地，并对那些不想自愿放弃地产的人施以高压。鲍曼使原来的农庄被新的建筑物所取代：一座供党卫队成员入驻的营房，一座示范性农庄，一个可以在夏季和冬季为素食主义者希特勒提供新鲜水果和蔬菜的温室，一间位于莫斯拉讷靠普夫山头（Mooslahnerkopf）的小茶室，而花费最多的项目则是位于鹰巢（Kehlstein）山顶、比山庄高出 800 米的第二间大型茶室。

在"第三帝国"的最初几年，希特勒的追随者仍然可以自由前往上萨尔茨堡山朝圣，并可以近距离看到他们的偶像。但在 1936 年之后，上萨尔茨堡山成为"元首禁区"；只有持特别证件者方可进入。[14]

这个山庄对希特勒来说一直有两个功能：一是作为可防止私生活被窥探的藏身之所，二是充当柏林总理府之外的第二处政府核心办公场所。在这里，他接待外国客人，策划宏大的计划，作出重大决策，例如 1940 年 7 月入侵苏联的决定。在这里，他召集

124　　一批手下和亲信，一个效忠于己的圈子，它扮演着家庭替代品的角色。能否进入该群体的决定性因素不是在纳粹党内所担任职务的级别，而是希特勒对其人的好感程度。这还取决于这个人是否知道如何与他的情人伊娃·布劳恩融洽相处，以及接受她在山庄扮演的"女主人"角色。这大概可以解释为什么希特勒的建筑师、后来的装备部部长阿尔伯特·施佩尔和他的妻子玛格丽特能享有如此恩宠。

　　战争期间，当山庄成为元首司令部所在地，同时国防军总司令在那里作或短或长的停留的时候，它的职能发生了变化。随着战争持续的时间越来越长，希特勒预想到上萨尔茨堡山很可能成为盟军轰炸机的目标。于是这里开始紧急修建防空保护设施。直到1943年圣诞节，施工的第一阶段已完成：在山庄地下修建了130米长的隧道，里面有为希特勒和伊娃·布劳恩安排的独立起居室和卧室，为工作人员安排的公共休息室，一间厨房，物资充足的储藏室，还有存放艺术品、文件和书籍的仓库。然而，直到战争结束前不久，上萨尔茨堡山的上空还没有落下过一颗炸弹。

　　但是1945年4月25日，英国皇家空军动用359兰开斯特轰炸机袭击了此地。英军直到现在才采取行动和听到的一个传闻有关，即希特勒打算和他的追随者以及仍保有实力的国防军和党卫队撤退到山上，目的是在这里给盟军最后一击。尽管关于这个巨大"高山堡垒"的传言并不真实，但它仍对盟军总部产生着影响。他们认为通过对上萨尔茨堡山进行大规模袭击，就能切断希特勒的撤退空间，并摧毁最后一战的核心要塞。[15]

英国轰炸机完成了整个任务。希特勒的秘书克里斯塔·施罗德（Christa Schroeder）就在几天前刚刚乘坐最后几班飞机之一逃离了柏林，她回忆道，"山庄遭受了重创"。"墙壁虽然还在，只有一面被打破了，但铁皮屋顶被炸得粉碎。门窗都没了。房子的地板上覆盖着厚厚的瓦砾，大部分家具都损坏了。所有的附属建筑都被摧毁，小路被覆盖，树木被夷平。再也看不到绿色了，那里的景象就像一片不毛之地。"[16] 戈林和鲍曼的房子、党卫队营房以及温室都被完全摧毁了。只有鹰巢等少数建筑完好地保存了下来。[17]

一天后，希特勒长年以来的副官尤利乌斯·绍布（Julius Schaub）抵达了山庄。他的任务是销毁独裁者的所有私人文件。4月25日至26日夜里，他从柏林的加图（Gatow）机场飞往慕尼黑，先去清理了希特勒位于摄政王大街（Prinzregentenstraße）的私人公寓里的保险箱。

之后，他带着两个手提箱驱车前往上萨尔茨堡，清空了希特勒书房里没有损坏的钢柜，并在山庄的露台上烧毁了所有文件。克里斯塔·施罗德说："绍布在阴云密布的天空下进行焚毁工作是一幅令人绝望画面。"她趁人不注意的时候从火焰中救出了几份资料，其中有一套希特勒画的建筑图纸。[18]

在 4 月 25 日空袭发生后，"元首禁区"的管理部门解散。数千名被迫进行大规模建筑工作的强制劳工被释放，他们努力回到自己的祖国。大部分的工作人员，包括党卫队都逃走了。以前被严格封锁的禁区现在每个人都可以进入，一些掠夺者也嗅到了这个机会。"山上乱成一团"，在上萨尔茨堡山负责建设工程管理的约瑟夫·盖斯（Josef Geiß）说。"民众蜂拥而至，有些甚至带上马车来这里扫荡。人们惊讶地看着堆成山的食品和满仓库的衣服、鞋子、餐具、洗涤剂等，并将其据为己有。艺术品被烧毁或抢走。在鲍曼的储藏室中，成堆的黄油、糖、面粉和其他物资漫过了脚踝。"[19]掠夺者中有当地供应商和工匠，他们知道不会有人来算账了，所以通过这种方式来弥补自己受到的损失。

5 月 1 日，当希特勒死亡的消息在山庄传开时，那里的秩序彻底瓦解了。克里斯塔·施罗德注意到，曾经顺从的工作人员在那天突然像变了一个人，好像他们现在是新主人一样。任何人都不会放过搜罗有用的东西的机会以便逃走。留下来的刑警试图消除伊娃·布劳恩存在过的所有痕迹。印有她名字首字母组合图案的瓷器被砸碎，她的衣服在露台上被烧毁。[20]

5月4日下午，美国士兵率先抵达上萨尔茨堡，同行的人中有记者李·米勒（Lee Miller）。时年38岁的她曾是著名摄影师曼·雷（Man Ray）的学生，从1944年6月诺曼底登陆到"第三帝国"结束一直跟随着盟军部队。她拍摄的解放布痕瓦尔德和达豪集中营的照片被世界熟知。5月1日，就在独裁者去世的消息公布于众的当天，她正在希特勒位于慕尼黑的私人公寓里，和她的同事、《时代生活》（*Time Life*）杂志摄影师大卫·E.舍尔曼（David E. Scherman）拍摄了一张著名的照片：李·米勒赤身裸体地躺在希特勒的浴缸里，身旁放着"元首"肖像——这场黑色幽默式的表演只能用"洋溢着胜利的喜悦"来解释。[21]

李·米勒在上萨尔茨堡拍下了山庄的残骸，她将对这个场景的印象写进了一篇刊登在《时尚》（*Vogue*）杂志的报道中："尽管该地区遭到了严重炸毁，房屋就像煮熟的鸡蛋壳一样被碾碎，山坡被轰炸得坑坑洼洼，但希特勒的房子仍然屹立，屋顶略微歪斜，同时党卫队所放的作为最后的礼炮的大火，从窗户蔓延出来。我爬过被炸毁的山丘和隔壁戈林房子的废墟，看到一支空旗杆，上面曾经悬挂着纳粹的最后一面旗帜，飘扬在这座堡垒之上。撤走的党卫队把中间的十字标志取了下来，只留下一块红色的布。"[22]

第二天早晨，李·米勒再次回到上萨尔茨堡，并考察了地下隧道，美国和法国士兵此时也正在那里寻找纪念物件。"成箱的镶有鹰、十字标志和首字母缩写 A.H.① 的银器和衣物落入收藏爱好者之手。没有藏书签、题词或个人痕迹的书籍都被扔掉了。这就像一场狂野的聚会，在这里香槟酒的瓶塞弹到旗杆上发出声响，而我们头顶上的房屋正在倒塌。"她有预判性地补充道："没有一件物品留下来，以便能建造一个关于这个大战犯的博物馆，它们分散到世界各地，未来人们只能看到某个据说是曾经被希特勒使用过的纸巾环或黄瓜专用叉。"[23]她的观点对于持续至今的关于希特勒崇拜的研究都很有预见性。

5月8日，托马斯·曼的长子克劳斯·曼（Klaus Mann）也绕道去了上萨尔茨堡。[24]他在 1942 年 12

---

① A.H. 是阿道夫·希特勒（Adolf Hitler）的姓名首字母缩写。

1945 年 5 月 1 日，美国记者李·米勒在希特勒位于慕尼黑摄政王大街的私人公寓的浴缸里摆拍，由摄影师大卫·E. 舍尔曼拍摄。（©Lee Miller Archives, England 2019. All rights reserved. www.leemiller.co.uk）

月加入美国军队，在终于入籍后，他于 1944 年 1 月初随部队抵达卡萨布兰卡。他被分配到心理战部门，主要任务是撰写传单呼吁德国士兵自愿投降，以支援盟军进军意大利。1945 年 2 月，他被调任到罗马，就职于军报《星条旗报》(*The Stars and Stripes*) 的编辑部。5 月初，他在报纸上写了一篇希特勒的讣告，可以算是关于这位反人类罪犯的最富有见地的文章之一。[25] 他向父亲讲述了探访上萨尔茨堡的经历："'山庄'在两天时间里被我们的士兵——美国兵和法国兵——洗劫一空；这注定是一场极其放纵的抢劫和胜利狂欢（……）。我们发现，军警在守卫着这座著名的乡村庄园，但其实完全没有必要。此前的空袭已使这里遭到极大的毁坏，在这之后掠夺者们又将这里扫荡一空。裂开的墙壁和烧焦的横梁，深深的弹坑里都是瓦砾和灰尘，破损的家具、碎片和污垢到处都是，成了一片废墟。除此之外什么都没有了。"[26]

　　直到 1949 年春天，德国人都不被允许进入以前的"元首禁区"。禁令解除后，上萨尔茨堡的废墟成了最具吸引力的旅游胜地之一。到 1951 年夏天，已经有 136560 名游客来过此地。记者尤尔根·内文·杜·蒙（Jürgen Neven du Mont）引用了一名导游对于山庄大厅里的壁炉每天都在变小这一现象的评论："许多人都想从元首的火焰中取一部分带回家。"他的这篇题为《上萨尔茨堡的宣传室》（*Propagandazelle Obersalzberg*）的报道刊登在《慕尼黑画报》（*Münchner Illustrierten*）上，引起巨大反响。1951 年 11 月 1 日，美占区首领满足了巴伐利亚州政府的意愿，归还上萨尔斯堡的土地使用权，但条件是该处的众多建筑物，包括希特勒、戈林和鲍曼的住所要被完全拆除。1952 年 4 月 30 日，即希特勒自杀七年后，山庄废墟被炸毁。[27]

*

联邦德国前总理康拉德·阿登纳（Konrad Adenauer）在 1965 年写回忆录时对他的秘书安妮莉丝·波平加（Anneliese Poppinga）说："战争结束时，我的梦想是再次成为科隆市长。"[28] 这个梦想在 1945 年 5 月 4 日实现了：科隆的美国驻军司令约翰·K. 帕特森（John K. Patterson）让当时已经 69 岁的莱茵兰出身的阿登纳再次担任市长一职，此前他曾从 1917 年到希特勒上台之前担任此职，并且成绩斐然。1933 年 3 月，纳粹罢免了这位颇受欢迎的市长和德国中央党政治家，他们将其视作可恶的"魏玛体系"的代言人，并对他

129 发起了正式的职务犯罪刑事诉讼。即使判决对阿登纳有利，此后他也一直被雪藏，并始终在盖世太保的监视之下。这位退休者搬回到他位于勒恩多夫（Rhöndorf）的住所里，并试图尽可能不受干扰地熬过战争。1944 年 8 月 23 日，他还是被逮捕了，理由并不是怀疑其参与了 7 月 20 日的政变，而是因为他被牵扯进希姆莱在希特勒被暗杀未果后下令展开的"网格行动（Aktion Gitter）"中，这一行动逮捕了众多原魏玛共和国各政党的政治人物。阿登纳被送到在科隆博览会场地所建的集中营，在一次冒险逃生后再次被捕，被关进位于布劳韦勒（Brauweiler）的盖世太保监狱。幸运的是，他得以于 1944 年 11 月底被释放。阿登纳和妻子格西（Gussie）以及五名逃出来的法国战俘在位于勒恩多夫房子的防空洞中经历了美军 1945 年 3 月 7 日跨越雷马根（Remagen）未受损坏的桥之后在中莱茵地区的最后几场战役。[29]

　　早在 1945 年 3 月 16 日，两名美国占领军军官就找到了他，以帕特森长官的名义请求他再次出任科隆市长。在美国人列出的在 1933 年和 1945 年之间没有作出妥协并且有资格担任行政管理职务的德国人"白名单"上，康拉德·阿登纳的名字排在最前列。但是阿登纳有些犹豫不决：他担心他的三个儿子，他们仍效力于国防军，如果父亲返回原职，他们可能会遭到报复。亚琛市长弗朗茨·奥本霍夫（Franz Oppenhoff）的遭遇也令人害怕，他在几天后被"狼人运动（Werwolf-Bewegung）"——一个由狂热的年轻纳粹分子组成的游击队性质的组织——所杀害。因此阿登纳最初提议仅作为"顾问"留在幕后，帕特森接受了这一建议。[30]

阿登纳对他第一次返回科隆的记忆依然鲜活："莱茵河上的桥梁被炸毁，街道上的碎石堆了几米高。被炸弹、枪弹摧毁的建筑物废墟高高堆起。被毁的教堂（……），被亵渎的科隆大教堂，莱茵河上的美丽桥梁也成了高耸的废墟，毁坏的房屋汇成一片没有尽头的大海，这一切让科隆这座城市变得阴森恐怖。"[31]

阿登纳怀疑，这座仅存 32000 人的城市（战前是 760000 人）能否重建。但是，在帕特森 5 月 3 日与其进行重要会谈后，他宣布绝对会接任市长一职，但保留随时可以离职的权利。一天后，阿登纳正式履职。

他从一开始就不仅仅重视家乡城市的管理，还考虑到整个德国的未来发展。根据对局势的现实评估，他认为苏联将按照自身意愿对占领区进行管理，因此必须暂时接受德国的分裂。他在 1945 年

130

俯瞰被摧毁的科隆市，科隆大教堂也在视野中。这张照片拍摄于 1945 年 3 月初美军刚刚进驻时。（ullstein bild/dpa Picture-Alliance, Frankfurt/Main）

7 月初写道："我怀着越来越多的担忧关注着德国局势的发展。苏联正在拉下铁幕。"[32] 阿登纳由此得出结论，西部的三个占领区应合在一起，并努力寻求与西欧，特别是与法国在经济和政治方面的紧密联系。这里已能看出他之后作为联邦德国总理所坚定实施的外交政策的大致轮廓。

尽管阿登纳时不时向亲信抱怨美国军政府的无能，但双方很快建立了信任的合作关系。但在美国人于 1945 年 6 月 21 日从科隆撤军，英国人接管指挥权后，情况发生了变化。自 8 月初以来，工党开始统治英国，与该党亲近的英国占领军对这位立场偏保守的莱茵天主教徒和前中央党政治家充满了不信任。[33] 1945 年 9 月底便发生了第一次冲突，因为英国军政府要求阿登纳砍掉他于 1933 年前命人在科隆周围的绿化带上所种的树，以便为居民提供燃料。市长拒绝了，并反过来要求英国人交出没收的储备煤。

10 月 6 日，北莱茵省军事指挥官约翰·巴拉克拉夫（John Barraclough）准将召见了阿登纳，用无礼的方式通知要罢免他：尽管他知道身为市长必须面对哪些困难，但他没有使用必要的力量来维修建筑物和清除瓦砾，因此"未能履行对科隆居民的职责"。[34] 阿登纳对被罢免的事情怨恨了很久。但是后来证明，这次冲突对他的职业生涯是件好事。
因为在对他的政治活动禁令解除后，他能够将精力
集中在新成立的政党基督教民主联盟（Christlich-
Demokratische Union，缩写为 CDU）的工作上。
勒恩多夫成为这一党派发展的起点。党内有人打趣
说，他们是去"莱茵河畔的上萨尔茨堡"。[35] 早在
1946 年春天，他就已经成为英国占领区的基民盟
主席，这是通往重要政治舞台的踏板。1948 年 9
月初，他成为议会理事会主席，负责起草即将成立
的联邦德国的《基本法》。最终，1949 年 9 月 15 日，
他达成了自己的目标：在 73 岁的年纪以比半数多
一票的结果（包含他自己的一票）当选德意志联邦
共和国第一任总理。

132

*

即使在柏林投降后的两天，也到处都能看到
此前战斗过的痕迹。丹麦记者雅各布·克罗尼卡
（Jacob Kronika）在 1945 年 5 月 4 日记录道："街
道上到处都是烧毁的汽车、坦克、摩托车、枪支之
类的残骸（……）。""到现在，人们还是没有时间
去埋葬这些尸体。不过一切都在进行中。苏联人只
管自己的牺牲者。德国人必须自己埋葬死者。"[36]

苏联占领军发出的第一批命令被张贴了出来：从晚上10点至早上8点对平民实行宵禁。收音机、照相机和武器都必须上缴。此外，柏林人还被要求参加清理工作。5月4日清晨，在柏林蒂尔加滕区（Tiergarten）有上千人在勃兰登堡门和胜利柱之间的东西轴线上开始清理瓦砾，填平因手榴弹和炸弹袭击造成的弹坑。希特勒曾于1939年4月20日50岁生日之际在这里举办过大型军事表演，现在红军的胜利阅兵式也将在这里举行。[37]

大城市居民主要关心的是如何弄到食物。人们到处寻找可以吃的东西。大多数商店仍然关门，或已经被洗劫一空。仍然没有电力、天然气和水供应。仅有的几台水泵前每天都排着长长的队伍。"每个人都耐心地站着，只是一小步一小步地往前挪动。到达水管前并将清水倾泻到桶中的那一刻，总有种受洗的感觉，这一刻真是美好。"[38] 提着装满水的桶踏着铺满瓦砾和碎石的路回去，对于女性而言，比如新闻记者玛格丽特·博韦里，是一件麻烦的苦差事："每天从远处提回来四到六桶水，然后还要上许多台阶，真是非常耗时。"[39]

为了煮熟少得可怜的食物，还需要燃料。人们在废墟中搜寻木材；破碎的门和窗框被搜寻出来，并被费力地弄成小块。露丝·安德里亚斯－弗里德里希这样描述这项不同寻常的工作："我们像苦力一样忙活着。点火、收集木材、砍柴、清扫瓦砾。清扫、不停地清扫。"[40]

无数公寓都被摧毁或严重损坏。许多柏林人住在临时住所中，住在空间极小的地下室、掩体或园圃小屋中。但是很多人根本没有住处。雅各布·克罗尼卡观察到："无数人露宿在蒂尔加滕公园，周围到处都是损坏的战争物资。"[41]

即使那些有瓦遮头的人也不能免受侵扰。实际上，个人庇护所已不存在。红军士兵随时可能侵入。露丝·安德里亚斯–弗里德里希在5月4日抱怨道："时不时有苏联人来访。""他们从一个房间到另一个房间，环顾四周，看到喜欢的东西就装进口袋里。他们四处看，视线穿过我们，好像我们不存在似的。他们有时会说'Uhri'、'Uhri'①。还有'烈酒'和'自行车'。"自行车尤其受欢迎。"我们的自行车消失不见了。墓地后面有一条柏油路。胜利者们在那里学习骑自行车。像孩子一样。坚持、努力，就算骨折了也毫不在意。"[42]

偷盗和抢劫的不止苏联士兵。在混乱、崩溃的社会中，确定规则和秩序的法律已然失效，许多

---

① 此处应指手表，钟表的德语为 Uhr。

德国人也肆无忌惮地抢夺别人的财产。"财产的概念已荡然无存，"玛塔·希勒斯说，"每个人都偷东西，因为每个人都被偷了，每个人都需要一切东西。"[43] 在许多其他大城市中也有类似的情况。在1945年后恢复参议员职务的不来梅自由派政治家特奥多尔·斯皮塔（Theodor Spitta）说："那些想要重建自己被毁掉的住宅的人们肆无忌惮的样子真令人惊讶，他们从其他房子取走了所有可能需要的东西：砖瓦、门窗、木材，等等。"[44]

公共交通尚未恢复正常。没有电车，没有公共汽车，没有地铁，没有火车。所有的路程都必须步行。柏林及其他被摧毁城市中的人们始终在路上，他们在废墟中踏出了路。挪威驻柏林记者西奥·芬达尔描述了他从达勒姆（Dahlem）走到蒂尔加滕的旅程①："我们没有其他前行的办法，除了用腿。"[45]

5月4日，演员古斯塔夫·格伦德根斯（Gustaf Gründgens）——"第三帝国"时期在赫尔曼·戈林的庇护下担任普鲁士国家剧院院长——决定去见1936年与之结婚的女演员玛丽安·霍普（Marianne Hoppe）。他与音乐家朋友卡拉·霍克从夏洛滕堡出发，朝格鲁内瓦尔德（Grunewald）

134

---

① 蒂尔加滕区靠近柏林市中心，达勒姆区则位于柏林西南郊区，两地相距大约8.7公里。——编者注

方向行进。他的同伴说："这是一条奇怪的路，可怕而美丽。""可怕的是战争留下的混乱的痕迹，展览厅和铁路桥周围的废墟，还有死人。美丽的是那风，是我们可以自由走动，是活动所带来的轻松与轻快的感觉。顺便说一句，格伦德根斯戴着顶硬挺的帽子，身穿大衣，戴着山羊皮手套，打扮得非常像上流社会的人物。我惊讶地问他是否真的想这样走过去，他只说：'穿其他的都有失体面！'"[46]

除争夺食物、生存的不安全感和行动自由受到限制外，令当时的人同样印象深刻的还有可靠信息的缺乏。当时仍然没有报纸，没有电话，没有邮局，很多人也听不到广播。"人们想象过多少次、想象过多少幅纳粹的终结时的画面，而现在人们坐在那里，和世界切断了一切联系的可能性，没有广播、没有报纸——什么都没有（……）。如果我可以亲耳听到今天的新闻该多好啊！"埃里克·雷格（Erik Reger）在 5 月 2 日写道。这位作家因其 1931 年出版的关于莱茵工业大亨的小说《管制下的联盟》（*Union der festen Hand*）而出名，并于 1943 年 8 月与妻子搬到柏林以南 15 公里、人口为 2500 人的小镇马洛（Mahlow）。回顾 1945年 5 月初的日子，这位后来的柏林《每日明镜》（*Tagesspiegel*）联合创始人兼总编辑表示，"在这些日子里与重要的世界历史相隔绝"的经历让他可能再也"无法从中恢复过来"。[47] 玛格丽特·博韦里的感受也是如此:"我们仍然一无所知(……)。所以我们留在柏林,为的是在事件的中心亲身经历这一切。"她在5月6日这样倾诉自己的失望之情。[48]

但许多德国人正忙于应付紧迫的日常生活问题,以至于他们不能或不想去关注那些在自己狭窄视野之外发生的事情。民主德国最重要的历史学家之一弗里茨·克莱因(Fritz Klein)在吕讷堡荒地上的蒙斯特营地(Munsterlager)作为战俘经历了战争的终结。他回忆说,相比关注"重大事件",他更关心"如何饱餐一顿或找到能遮风挡雨的住处"。"得知希特勒自杀或德国投降的那一刻,对我来说并没有留下特别的印象。"[49]

由于真实的消息无从知晓或者人们只听到只言片语,因此各种谣言满天飞。"谣言。我们以它为食。"玛塔·希勒斯写道。[50] 特别是水泵前排队的人群成为消息的集散地,真实的、半真半假的以及虚假的信息混杂在一起。在水泵前排了几个小时队之后,露丝·安德里亚斯－弗里德里希的一位熟人告诉她听到的消息:"正当我们在'往返通勤'中将八桶水搬回家时,他眉飞色舞地说'有消息!'他在家中激动地公布了这个大新闻:希特勒死在了总理府，并且戈培尔夫妇毒死了自己和孩子。希姆莱还在布雷斯劳战斗，埃普则在慕尼黑发动了政变。"[51]

　　直到 1945 年 5 月 15 日，柏林才发行了第一份报纸——由苏联占领国许可的《每日评论》（*Tägliche Rundschau*），头版刊登了斯大林的公告。两天后，卡拉·霍克在自己的公寓里再次用上了自来水——"真是像童话一般！"6 月 8 日，电也通了："我们像孩子一样，不停地打开又关闭电源，期待着夜晚的来临。人们不再在黑暗中摸索，而是在交谈时可以看到彼此！"交通也慢慢恢复正常。"行人在少数几个车站前聚集在一起（……），通常需要等待几个小时。但是一些城区的情况已经比夏洛滕堡好多了。"[52]

＊

　　在康拉德·阿登纳恢复科隆市长职务的那一天，一位日后也会成为联邦总理的年轻军官正在比利时的英军战俘营中，他就是赫尔穆特·施密特（Helmut Schmidt）。在五月的最初几天，他在随身日志中写道："许多人发现他们从来都不是纳粹分子：有些人是出于机会主义，但也有人感到自己对德国人民承受的灾难负有共同责任。"[53] 赫尔穆特·施密特自己是怎么想的呢?

施密特出生于 1918 年 12 月,父亲是汉堡的一位老师,1937 年从利希特瓦克中学(Lichtwarkschule)毕业后,他自愿加入国防军。1937 年 11 月,他在不来梅韦格萨克(Vegesack)的防空(高射炮)炮兵部队开始服役。他在回忆起这两年服役期时说:"感谢上帝,现在我们终于进入了一个唯一正派的集体。"[54] 一直到战争结束及战后,施密特都对国防军积极认同,同时自称未受纳粹主义意识形态影响。

施密特表示,他"自然而然地接受了"第二次世界大战的开始。他回顾往昔时坦白说,一方面,他对纳粹主义持拒绝态度,并预料到"战争的结局会很糟糕",另一方面,他毫不怀疑自己"作为德国士兵"所应尽的义务。[55] 他在多大程度上对纳粹持拒绝态度,以及他是否很早就相信希特勒德国的失败,是很难查证的。他的上级证实他尽管在战争过程中一再表现得有些傲慢自大,但其"纳粹主义的姿态是无可争议的"。[56]

在升为预备役少尉后,施密特于 1940 年秋被派往柏林克尼斯贝克街(Knesebeckstraße)加入高射炮司令的教学视察四队,然后从那里被临时派

往位于施道尔普明德（Stolpmünde）的高射炮炮
兵二校担任讲师。这把他推到了前线："但我感到
羞耻，与大多数柏林街道上的士兵不同，我的制服
上没有佩戴任何勇敢勋章，因为我没有参加过任何
战役。我对在柏林默默无闻地打笔仗很不满意，于
是我申请调往战斗部队。"[57]

1941 年 8 月底，时机来了：施密特乘坐 JU52
运输机飞往东线的北部陆军。作为排长，他指挥一
支轻型空军高射炮部队，参加第 1 装甲师的战斗，
并协助包围列宁格勒。根据希特勒的意愿，他们不
是要夺取这座位于涅瓦河畔的城市，而是要围困至
弹尽粮绝。到 1944 年 1 月，当红军终于能够冲破
封锁线时，已经有近 100 万人成为这场恶意灭绝行
动的受害者。[58]

施密特的部队也参与了 10 月初开始对莫斯科
的进攻，两个月后战斗在苏联首都门前一败涂地。
红军发动的进攻迫使德军撤退。原本计划在短短几
个月内打败苏联的"巴巴罗萨"行动失败，这是第
二次世界大战的决定性转折点。在战俘营期间，施
密特总结了他在东线作战的经历，关于 1941 年年
末他写道："对元首的个人信任首次瓦解了。"[59]但
是这也说明了他和大多数德国人一样，在过去几年
中对希特勒充满信任，至少在批判纳粹主义时会将

元首个人从中择出来。

1942 年 1 月，施密特在前线的任务结束了。这位 23 岁的年轻人在 4 月 1 日升为中尉，回到之前服役的位于柏林克尼斯贝克街的部队，再次负责制定针对轻型高射炮的操作和射击方案。1943 年 7 月柏林遭到炸弹袭击后，施密特的部队搬到了贝尔瑙（Bernau）。1944 年 9 月，施密特被指派参加 7 月 20 日在人民法院举行的针对谋反者的审判会。这个令人反感的场面对这位年轻军官来说是一次关键的经历，他在 2010 年与历史学家弗里茨·施特恩（Fritz Stern）的一次对话中说，直到那时，他才意识到纳粹是罪犯，并补充道："太晚了。"[60]

几周后，施密特被指控"削弱军事实力"——因为他对赫尔曼·戈林发表了无礼的言论。他善解人意的上司海诺·冯·兰茨奥（Heino von Rantzau）中将把他转移到西线，调查后来也无疾而终。1945 年 1 月，当施密特到达艾弗尔山（Eifel）执行第二次前线任务，指挥一个防空炮兵中队时，阿登战役（Ardennenoffensive）失败。这场战役是希特勒为扭转局面而作出的最后尝试。德军开始后撤。1945 年 3 月底，炮兵中队被美军彻底击垮；残余人员试图分成小组绕开美军阵线，回到自己的家乡。施密特和两名战友用了整整三周向北行进了

138

500公里，直到4月24日在索尔陶（Soltau）附近的森林睡觉时被英国士兵惊醒并抓获。[61]

最初，英军怀疑他是附近卑尔根－贝尔森集中营（Bergen-Belsen）的看守，该集中营几天前被英国人解放。在怀疑解除后，施密特被转移到布鲁日（Brügge）附近的亚贝克营地（Jabbeke），此地仅关押被俘的德国军官。在被俘的最初几天和几周里，他在笔记中试图阐明自己的处境。和同时代的许多人一样，他认为自己所承担的"军事职责"被希特勒及其亲信所滥用。[62]他几十年来一直抵制一种观点，即认为他曾为国防军这种犯下最严重战争罪的组织服务，而如果没有他们的参与，东欧地区就不可能被德国人攻占从而犯下屠杀犹太人的罪行。这也解释了为什么他在1990年代仍然会对汉堡社会研究所举办的国防军展览反应强烈。[63]

对施密特来说，囚禁绝不是浪费时间。尤其是战俘营中的年轻军官，他们感到有很多需要追赶的，充满了求知的渴望。他们组织"定期的讲座活动"。施密特完成了会计课程，还重温了英语知识。"我是英语说得最好的人之一，除了那些早就说得很好的。"他不无自豪地强调。[64]更重要的是与52岁的汉斯·博能坎普（Hans Bohnenkamp）中校的相识，这是他知识分子和政治生涯的重大事件。

多年后他回忆说，他要感谢这位原教育学教授最先给他带来的"关于民主、法治国家和社会主义的正面的基本思想"。因此，"成为社会民主党人"对他来说成了"几乎顺理成章"的事。[65]

在施密特被俘之初，他没想到这么快就会被释放——"我（……）心里已作好被关五年的准备。"[66]后来他成为1945年8月23日首批获释的人之一。一周后，他回到了家乡。年底，他开始在重新开放的汉堡大学学习国民经济学，并于1946年3月加入社民党。施密特战后职业生涯的腾飞终于开始了。

*

和其他在英军战俘营中的囚犯一样，施密特也不得不忍受饥饿，等他回家时已经瘦得皮包骨了。但与美军战俘营的条件相比，他的情况相对好一些。1945年春，随着盟军占领莱茵兰以及包围鲁尔区并将其瓜分，落入英美军队手中的国防军士兵人数激增。在5月8日投降后，更是一下子增加了数十万的战俘，到1945年年中，仅美军关押的战俘总数就增长到340万。如此庞大的数量让美军始料未及。因此，他们不得不放弃原计划，即将战俘运送到西欧，主要是法国北部战俘营进行看管，而决定将这些人暂时安置在"战俘临时围场（Prisoner of War Temporary Enclosures）"中。在1945年4月至6月，莱茵河沿线建立了20个战俘营，绵延超过300公里，这些营地以"莱茵草地营（Rhein Wiesenlager）"之名以及其背后令人悲伤的事实而为人们所知。[67]

自愿被美军俘虏的德国士兵预想的是胜利者会按照《日内瓦战俘公约》对待他们。但是他们想错了。莱茵河谷的战俘营通常位于村庄或小镇边缘地带，一般是用铁丝网围起来的开放耕地。邻近的农场或工厂通常用作行政办公场所、厨房或病房。每个战俘营都被划分为十至二十个营地，或"笼子"，每个营地都关押着五千至一万名囚犯。只有极少数人——妇女、将军、病重的人——拥有固定住所；大部分人只能住在帐篷里，或在地面上挖洞甚至露宿野外。1945年春天的气候整体上温暖而晴朗；只在4月底、5月初有暴雨，把营地变成了泥泞的沙漠。"数千双脚疲惫无力、吧嗒吧嗒地穿过被泡软的田野，黏稠的泥土四溅开来并发出咯吱咯吱的响声。"[68]

在5月最开始的日子里几乎没有什么食物，即使之后粮食供应逐渐得到改善，分配的口粮也不足以基本缓解饥饿。一名来自臭名昭著的巴特克罗伊茨纳赫（Bad Kreuznach）战俘营的囚犯说："饥饿是把人变成动物的一种恶魔手段。人们曾经关心十字勋章和奖牌，而现在都只关心面包皮。"[69] 在这样的条件下，曾经的同志友谊和团结协助都化为乌有。每个人都只为自己着想。盗窃成为稀松平常的事情，如果当地富有同情心的妇女把食物扔过篱笆，就会出现大家为争抢食物而互相殴打这样令人作呕的场景。

莱茵草地营由美军第 106 步兵师专门负责。由于人手不足，美军无法有效地进行看管，于是营地内部的管理工作被交给了德国囚犯。这群做着营地警察工作的人享受着一些特权，尤其是得到了更好的照顾，也因此招致了其他人的仇恨。

卫生条件从一开始就一言难尽。供水不足，没有厕所，或只有十分简陋的厕所。大多数囚犯刚来的时候就处于虚弱和情绪低落的状态。由于营养不良、卫生条件差和医疗设施不足，疾病迅速传播开来。此外，对持续受到屈辱和看不到头的囚禁的担忧，让那些精神稳定的囚犯也陷入了暴怒情绪。"连续六周的泥泞、雨水和寒冷；连续六周的屈辱和匮乏；连续六周我们都是一个任人摆布、没有功能的团块中的某个无名且空洞的原子，只是靠铁丝

141

网围起来的正方形狭窄空间才聚集在一起，其效果达到了。"一名囚犯这样指出，并补充说："对身心的折磨每天都在加剧。"[70]

战争结束后仅两周，美军开始释放那些政治上没有疑点的囚犯。1945年6月，第一处战俘营关闭。然而，由于法国政府要求交出一大批德国战俘，释放不得不中断。这些战俘将被用作重建国家的强制劳工。美国人则借此减轻了莱茵草地营的负担。直到7月10日，其余战俘营均已移交法国人。而在此之前，英国人已事先接管了一些美国占领区的战俘营。到9月底，法国和英国手中的营地也悉数关闭。只有巴特克罗伊茨纳赫战俘营直到1948年仍被用作从法国返回的战俘的中转营地。

莱茵草地营的一百万名战俘中究竟有多少人死去，到今天仍然有争议。加拿大时事评论员詹姆斯·巴克（James Bacque）在1989年发表的轰动一时的《计划死亡》（*Der geplante Tod*）一书中写道，美国人故意让成千上万的人丧生。[71] 但这一说法已被专业历史学家反驳，认为言过其实。不能说这是大规模灭绝行动，甚至别有用心的策划。根据可靠估算，美军战俘营的死亡人数大约在8000至40000之间。[72] 与苏联战俘营的死亡率相比，这是一个相当低的数字。而且，莱茵草地营的德国战

1945 年 4 月，位于雷马根附近辛齐希的莱茵草地营上的德国战俘。
（akg-images, Berlin）

俘命运更是无法与德军关押的苏联战俘命运相提并论。到战争结束时，有 570 万红军士兵落入德军手中，其中超过 300 万人丧生；他们中的大多数人都是被故意饿死的。历史学家乌尔里希·赫伯特（Ulrich Herbert）公正地评论这是"第二次世界大战期间德国人犯下的除屠杀犹太人外最严重和最可怕的罪行"。[73] 虽然美国占领军对待战俘的方式有时并不符合战争法，但他们绝没有推行种族灭绝政策的意图。

*

1945 年 5 月 4 日下午，美国第 7 军团的沃尔特·斯坦因（Walter Stein）少尉在两名美军士兵和一名德国警察的陪同下来到施利尔湖畔（Schliersee）诺伊豪斯（Neuhaus）的"贝尔格弗里登别墅（Haus Bergfrieden）"，惊讶地撞见了正在那里悠闲喝咖啡的汉斯·弗兰克（Hans Frank）总督。这位令人生畏的"波兰屠夫"未加抵抗就被逮捕了。在纽伦堡服刑期间，他在回忆录中写道："我与希特勒将近 25 年的征途结束了。"[74]

实际上，他的征途在 1919 年就开始了，这位时年 19 岁的法学院学生在慕尼黑加入了主张民族主义的图勒协会（Thule-Gesellschaft），并参与"埃普"志愿军镇压慕尼黑苏维埃共和国的行动。他当时作为德国工人党（Deutsche Arbeiterpartei，缩写为 DAP）党员——该党后来发展出了纳粹党——在 1920 年 1 月的一次集会上第一次亲眼见到希特勒，并为其演讲的感染力所着迷："他所说的一切都是源自灵魂，并触及了我们的灵魂。"[75] 作为 1923 年 11 月 9 日希特勒和鲁登道夫政变的参与者，弗兰克属于"老斗士（Alter Kämpfer）"圈子。弗兰克与希特勒有着密切的信任关系，他在 1933 年之前作为希特勒私人法律顾问为其出席了诸多诉讼。在希特勒"夺权"后，弗兰克成为巴伐利亚州司法部长以及负责统筹各州司法的帝国专员。此外，从 1934 年到"第三帝国"末期，他还担任不涉及具体领域的帝国部长。

1939 年 10 月，希特勒任命这位党内法学家为尚未并入帝国的波兰西部的总督。弗兰克在位于克拉科夫（Krakau）的瓦维尔山（Wawel）上的办事处，也就是波兰国王的古老城堡里建立了一个恐怖政权，令迄今为止所有已知的德国在占领区的统治方式都黯然失色。"弗兰克的举止就像个狂妄自大的君主"，前德国驻罗马大使乌尔里希·冯·哈塞尔（Ulrich von Hassell）在 1939 年 12 月底写道。[76]

从第一天起，这位直接听命于希特勒的总督就发布了许多命令，目的只有一个：无所顾忌地榨干该国的资源，把波兰人压迫为受奴役的民族，并剥夺任何反抗的可能性。他在 1940 年 1 月宣布："我与波兰人的关系就像蚂蚁与蚜虫的关系。"[77] 尤其是落在德国人统治下的 170 万犹太人遭受了肆无忌惮的恐怖对待。1941 年 12 月 12 日，希特勒在帝国与省党部领导人大会上为屠杀欧洲犹太人开了绿灯，弗兰克在四天后对总督府的工作人员说："我要和你们开诚布公地说，必须解决犹太人（……）。先生们，我必须请您收起所有同情心。无论何时何地遇见犹太人，都必须消灭他们。"[78] "莱因哈德行动（Aktion Reinhardt）"中涉及的三处灭绝营——贝尔泽克（Belzec）、索比堡（Sobibor）、特雷布林卡（Treblinka）——都位于总督府辖区内。1942 年在这里被杀害的人比在作为种族灭绝代名词的奥斯威辛-比克瑙（Auschwitz-Birkenau）集中营的还要多。[79]

汉斯·弗兰克肆无忌惮地搜刮艺术珍品和其他财产。在追求奢华和无耻敛财方面，他和妻子布里吉特完全可以与腐败的帝国元帅赫尔曼·戈林相提并论。[80] 当红军 1944 年 8 月占领总督府的三分之二时，他就已经命人将掠夺的财产转移走。他本人于 1945 年 1 月 17 日，即苏联军队占领克拉科夫的前一天逃离了瓦维尔山。他的逃亡路线经过布雷斯劳前往上西里西亚的塞乔（Seichau），到达曼弗雷德·冯·里希霍芬伯爵（Graf Manfred von Richthofen）的城堡，然后在 1 月 23 日从那里出发前往上巴伐利亚。尽管弗兰克的统治区已不复存在，但他在施里尔湖畔的诺伊豪斯建立了"波兰总督府分部"。在这里，在"贝尔格弗里登别墅"中，他还收集了许多掠夺来的画作，其中包括列奥纳多·达·芬奇、伦勃朗和鲁本斯的作品。[81] 当美国士兵 5 月 4 日抓到他时，他们没收了这些艺术品。在将其押送入狱时，他受到美军彩虹师的虐待。对于这些美国士兵来说，达豪集中营的恐怖场景仍然历历在目，他们便将恐惧和怒气发泄到这位囚犯身上。弗兰克曾多次尝试自杀并于 5 月 20 日被带到卢森堡公国的巴特蒙多夫（Bad Mondorf）①，在那里他与其他纳粹高官一起被拘禁，直到 1945 年 8 月底被转移到纽伦堡司法宫的监狱。[82]

＊

"下午 2 点——警报——美国人！"奥地利前

---

① 　也称作蒙多夫莱班（Mondorf-les-Bains）。——编者注

总理库尔特·许士尼格（Kurt Schuschnigg）在
1945 年 5 月 4 日写道。"一支美国前线部队接管了
旅馆，并把我们保护起来。我们解放了！"[83] 许士
尼格和妻子以及年幼的女儿属于一个由来自 17 个
国家的 137 名囚犯组成的"特殊囚犯"团体，希
姆莱命人在 4 月的最初几周将他们从各个集中营
带到达豪集中营。这名党卫队头目这样做的意图
并不明确。看来他认为可以把这些名人当作人质，
从而在与西方达成单独协议时作为讨价还价的筹
码。[84] 这些外国囚犯中有很多知名人士，如法国前
总理莱昂·布鲁姆（Léon Blum）；彼得·丘吉尔
（Peter Churchill）上尉，据称是温斯顿·丘吉尔的侄
子；英国秘密情报局特工西吉斯蒙德·佩恩·贝斯特
（Sigismund Payne Best），他因被怀疑发起 1939
年 11 月 8 日贝格勃劳凯勒啤酒馆暗杀希特勒行动而
被党卫队逮捕；意大利将军桑特·加里波第（Sante
Garibaldi）及其参谋部军官；荷兰前战争部长扬
尼斯·约翰内斯·科尼利斯·范·迪克（Jannes
Johannes Cornelis van Dijk）；希腊陆军元帅亚
历山德罗斯·帕帕戈斯（Alexandros Papagos）及
其参谋部高官；匈牙利前总理米克洛什·卡拉伊
（Miklós Kállay）；匈牙利临时国家元首之子小米
克洛什·霍尔蒂（Miklós Horthy Jr.）。

被拘禁的德国名人包括工业家弗里茨·蒂森（Fritz Thyssen）和其妻子，他们于1933年离开德国，在德国占领法国后被捕；前帝国经济部长兼帝国银行行长亚尔马·沙赫特（Hjalmar Schacht）和前陆军总参谋长弗朗兹·哈尔德（Franz Halder），他们都是因为与1944年7月20日未遂的暗杀行动有关而被捕；天主教中央党政治家、德国总理海因里希·布吕宁（Heinrich Brüning）和内阁国务秘书赫尔曼·彭德（Hermann Pünder，他于1945年10月接替阿登纳成为科隆市长）；马丁·尼莫拉（Martin Niemöller）牧师，他自1938年以来作为希特勒的"私人囚犯"被关押在萨克森豪森，之后被转移到达豪集中营。此外，还有36名所谓的"受株连的战俘"，其中大部分是7月20日之后被捕的，包括克劳斯·申克·冯·施陶芬贝格伯爵（Claus Schenk Graf von Stauffenberg）和卡尔·弗里德里希·格德勒（Carl Friedrich Goerdeler）①的亲人。85

4月27日晚，必须将这些"特殊囚犯"运送走。凌晨2点左右，五辆大巴车往南行驶。没有一

---

① 卡尔·弗里德里希·格德勒（1884~1945）：德国律师、政治家，曾参与1944年7月20日密谋案，企图推翻希特勒纳粹统治，后被纳粹以叛国罪处死。

名囚犯知道要去向哪里，以及他们将迎来怎样的命运。赫尔曼·彭德在回忆录中描写了当时内心的矛盾："一个令人焦虑的问题仍然笼罩一切：获得解放还是——在最后一刻——'被清算'？"[86] 威廉·卡纳里斯（Wilhelm Canaris）海军上将、汉斯·奥斯特（Hans Oster）将军和迪特里希·朋霍弗尔（Dietrich Bonhoeffer）牧师已于 4 月 9 日在弗洛森堡（Flossenbürg）集中营被处决的消息，以及被关押在达豪集中营的希特勒暗杀者格奥尔格·埃尔瑟（Georg Elser）也在同一天遭受了同样的命运的消息在囚犯中传开。

负责押送这些囚犯的是一支由 55 名精锐组成的党卫队小分队，由二级突击队中队长埃德加·施蒂勒（Edgar Stiller）领导。第一站是因斯布鲁克（Innsbruck）的特别营地。[87] 仅仅两天后他们就已爬到布伦纳（Brenner）山口。队伍离起点越远，党卫队士兵就变得越紧张，而囚犯面对他们就越有信心。"对党卫队的恐惧和尊敬像阳光下的雪一样融化掉了（……）"歌舞表演艺人伊莎·维梅伦（Isa Vermehren）回忆说，在她的弟弟埃里希·维梅伦（Erich Vermehren）——一名在伊斯坦布尔的守军特工于 1944 年投降英国后，她和家人作为"受株连的战俘"被逮捕。"党卫队在这段时间显然失去了脚下支撑的土地。当人们对他们的恐惧消失，他们也就失去了权力意识，很明显，他们失去了安全感和镇定力。他们整天躲在幕后，遇到人时就摆出一副高高在上的面孔，假装这里的所有事情都在他们的掌控之中，计划的实施丝毫没有受到影响，反而在不断推进。"[88] 显然，这些党卫队士兵不知道该如何对待这些名人囚犯。他们似乎没有接到明确的命令。赫尔曼·彭德观察到："我们好几次看到他们站在一起窃窃私语，检查并交换电报和名单。"[89]

4月29日，队伍抵达南蒂罗尔（Südtirol）普斯特山谷（Pustertal）的尼德多夫村（Niederdorf）。大多数党卫队士兵离开了，声称是去寻找临时住处，但实际上是为了填饱肚子，而囚犯们仍留在大巴车上。在经过数小时的煎熬等待之后，他们决定自行前往村庄，留下来的几名警卫也没有加以阻止。显然他们已无心恋战。[90] 在一阵混乱中，波吉斯拉夫·冯·博宁（Bogislaw von Bonin）上校主动出击。因为未遵守"元首命令"，这位前陆军总司令部作战部首领和他的两位同僚在希特勒的授意下被捕并被送往达豪集中营。在村庄里，他趁人不注意时与位于博岑（Bozen）的C集团军总参谋长汉斯·勒廷格（Hans Röttiger）将军通上了电话。后者答应立即派遣一队由维查德·冯·阿尔文斯莱本（Wichard von Alvensleben）上尉带领的士兵前往营救。4月30日下午，在一个旅店的大厅里，冯·博宁上校在押运指挥官施蒂勒在场的情况下宣布这些囚犯此后将受国防军保护。[91] 5月1日，这群囚犯被转移到坐落在海拔1500米处的"布拉耶斯湖（Pragser Wildsee）"运动酒店。而党卫队警卫队在此之前就已经逃走了。

5月4日是这些"特殊囚犯"的最终解放日，这一天，他们眼前的场景与此前完全不同："无数大大小小的军用车辆驶入宾馆的庭院，它们全都被漆成绿色，并且上面配有盟军星标。酒店入口处和大厅里挤满了士兵，他们是来自美国第五军团的先遣部队（……）。"伊莎·维梅伦注意到的第一件事是这些美国大兵随意的举止。"士兵们懒散地站在或躺在椅子上，腿翘在面前的桌子上，或者伸得很远，他们的手都深深地插在口袋里，有些人嘴里叼着烟，很多人的唯一动作则是下颌在嚼口香糖时缓慢地上下移动。"[92]

从党卫队的暴力中获救的喜悦并没有持续太久。因为仅仅两天后，一名美国将军通知这些囚犯说，他奉命要将他们带往意大利南部。他们乘坐40辆吉普车穿过冰雪覆盖的阿尔卑斯山山路到达维罗纳。已有五架飞机在那里等候，目的是将他们带往那不勒斯。从那里他们再被带到卡普里岛，隶属于国际囚犯联合会的德国成员被安置在那里的天堂酒店（Hotel Paradiso），并接受详细问询。又过了四周，伊莎·维梅伦才得以返回家乡美因河畔的法兰克福。"在法兰克福的这十四天，是我们归乡途中最艰苦、最困难的时期。过去的十二年里遮挡在这个国家之前厚重的帷幕似乎终于被拉开了，这背后究竟发生了怎样可怕的事情也终于暴露出来了。"93

148

1945 年 5 月 5 日

5月5日，邓尼茨召见了他最亲近的同事，外交部部长什未林·冯·科洛希克伯爵和希特勒的前军备部长施佩尔。最重要的议程是："讨论政府和内阁组建问题。"[1] 最初，这位海军元帅有些犹豫不决，鉴于有限的行动范围，他不确定正式组建政府是否仍有意义。但什未林·冯·科洛希克伯爵说服了他这样做的必要性。他认为，只能通过填补部门空缺来处理当今的紧急问题，其中最重要的是减轻难民的苦难、保障民众的粮食供应以及重新启动交通和经济活动。因此，最终决定成立一个由什未林·冯·科洛希克伯爵领导的"帝国临时政府（Geschäftsführende Reichsregierung）"。但是，科洛希克拒绝了邓尼茨想要授予他的帝国总理头衔。他称自己为"首席部长"。为了强调新政府的临时性，部长们未经过正式任命，只是受命承担"事务的领导工作"。[2]

在挑选部长时，应当只将专业能力作为决定性因素。但是实际上，什未林·冯·科洛希克伯爵任用的人基本上都是1945年4月底逃往"北部地区"的部长和国务秘书，其中还包括一些存在严重政治问题的人。他本人除了担任帝国外交部部长，还兼任自1932年以来一直担任的财政部部长一职。他身边有两位国务秘书：曾担任德国总理府秘书长的弗里德里希·威廉·克里钦格（Friedrich Wilhelm Kritzinger），担任过国务秘书的汉斯·海因里希·拉默斯（Hans Heinrich Lammers），以及古斯塔夫·阿道夫·斯特恩格拉赫特·冯·莫伊兰德（Gustav Adolf Steengracht von Moyland），他在1943年3月底接任恩斯特·冯·魏茨泽克（Ernst von Weizsäcker）外交部国务秘书的职位。魏茨泽克的职业生涯要归功于约阿希姆·冯·里宾特洛甫，后者于1936年带魏茨泽克一同到伦敦大使馆工作，并在1938年被任命为德国外交部长后，将魏茨泽克招至外交部担任使馆秘书。[3]

威廉·施图卡特（Wilhelm Stuckart）承担德国内政和文化部部长的职责。这位法学博士曾作为内政部长威廉·弗里克（Wilhelm Frick）的国务秘书，是制定1935年的《纽伦堡法案》（Nürnberger Gesetze）和之后的一系列相关法令的主要参与者。他起草了《关于奥地利和德国重新统一法》（Gesetz zur Wiedervereinigung Österreichs mit dem Deutschen Reich）以及建立波希米亚和摩拉维亚帝国保护国的法令。1942年1月20日，他参加了万湖会议，在该会议上，帝国安全部部长莱因哈德·海德里希（Reinhard Heydrich）以及当局高层代表在"最终解决犹太人问题"方案上达成了一致。弗里克的继任者海因里希·希姆莱自 1943 年 8 月起接任内政部长后，施图卡特继续以冷酷的管理者身份充当其得力助手，并被提升至党卫队全国副总指挥。[4]

什未林·冯·科洛希克伯爵任命赫伯特·巴克（Herbert Backe）承担帝国粮食、农业和林业部长的职责，其职业生涯同样不光彩。这位农学硕士自 1933 年 10 月起担任粮食和农业部长瓦尔特·达雷（Walter Darré）的国务秘书。他在该岗位上主要推动了 1941 年春季施行的冷酷的"饥饿计划"，导致苏联德占区 3000 万平民的死亡。当时他在写给妻子的信中说："你知道，在德国几乎没有第二个人能像我这样始终按照元首的旨意行事。"[5] 在 1942 年 5 月达雷告假后，巴克最初成为其临时继任者，之后在 1944 年 4 月正式接管部长一职。希特勒在他的遗嘱中也任命其继续担任该职。[6]

协助巴克在邓尼茨内阁中国务秘书工作的是汉斯－约阿希姆·里克（Hans-Joachim Riecke）——他也是一位农学硕士，很早就加入了纳粹党。作为戈林东部经济参谋部粮食和农业部门负责人，他也参与了对苏联德占区进行经济剥削的残酷计划。在达雷卸任后，他成为级别在巴克之下的帝国粮食和农业部国务秘书。他在弗伦斯堡继任该职务的事实表明，以前的关系仍然发挥很大作用。[7]

即使是时年 75 岁、被科洛希克任命为帝国交通部部长以及邮政部长的尤利乌斯·海因里希·多普穆勒（Julius Heinrich Dorpmüller）也绝非 1945 年后总被人赞誉的那样，是与政治不相关的专业人士。这位帝国铁路的总指挥在 1933 年 3 月向铁路工人发出呼吁，宣布无条件隶属"国家政府"，他于 1938 年 2 月被希特勒任命为交通部部长。但是直到三年后，他才加入纳粹党。在战争期间，他全力以赴地满足国防军对德国铁路日益增长的要求。他对运送整个欧洲的犹太人去往东部灭绝营负有责任。其国务秘书阿尔伯特·甘岑穆勒（Albert Ganzenmüller）更是如此。党卫队全国副指挥卡尔·沃尔夫（Karl Wolff）在 1942 年 8 月 13 日的一封信中感谢其对屠杀犹太人的支持："我非常高兴地从您那儿得知，14 天以来每天都有一列载有 5000 名被选中民族的成员的火车驶往特雷布林卡，用这种方式我们能够大大加快这样的人口流动。"[8]

继续担任帝国劳动部部长并兼任社会部长职责的弗朗茨·泽尔特（Franz Seldte）政治上也并不干净。他在 1914 年自愿参军，在 1916 年的索姆河战役（Somme-Schlacht）中失去了一只手臂，1918年12月他成立了"钢盔前线士兵联盟（Stahlhelm. Bund der Frontsoldaten）"，作为该组织的主席他极力反对魏玛共和国。1929年，他和德国国家人民党（Deutschnationale Volkspartei，缩写为DNVP）主席、传媒巨头阿尔弗雷德·胡根贝格（Alfred Hugenberg）以及纳粹党主席阿道夫·希特勒共同参与反对"杨格计划（Young-Plan）"[①]的运动，1931年10月参与反民主右派"哈尔茨堡前线（Harzburger Front）"的集会活动。在为使希特勒1933年1月登上总理宝座的权谋诡计中，泽尔特与弗朗兹·冯·帕彭以及胡根贝格一起发挥了重要作用。作为回报，他得以作为帝国劳动部长进入希特勒的"民族集中内阁（Regierung der nationalen Konzentration）"。直到战争结束他一直担任该职务。最近研究表明，他领导的劳动部比之前人们所以为的更多地参与了纳粹政权及其犯罪活动，主要罪行是在欧洲的德占区招募强制劳工。[9]

　　阿尔伯特·施佩尔也在"帝国临时政府"内，这在某种程度上是自然的事。这位希特勒曾经的爱将早在4月30日就来到邓尼茨的总部，考虑到为

[①]　由美国外交官欧文·D.杨格（Owen D. Young）提出的计划，借以要求德国在第一次世界大战后偿还赔款。

战后的职业生涯铺路，他选择从此一直留在海军元帅的身边。施佩尔承担的是帝国经济和生产部长的职能。几天后，他就离开了共同的办公区"帕特里亚号"驳船，搬到了几公里外的格吕克斯堡水上城堡（Wasserschloss Glücksburg），这是梅克伦堡公爵提供给他的，此举凸显了施佩尔的特别地位。他把那里安排得很方便——他的副官曼弗雷德·冯·波瑟（Manfred von Poser）和卡尔·克利维尔（Karl Cliever）以及秘书安妮玛丽·肯普夫（Annemarie Kempf）和伊迪丝·马圭拉（Edith Maguira）也陪同他在那里。每天早上，施佩尔都驱车前往弗伦斯堡参加内阁会议。[10]

　　经济部门的实际负责人是奥托·奥伦多夫（Otto Ohlendorf）。邓尼茨内阁成员应该几乎都不清楚，这位党卫队地区总队长从一开始就参与了1941 年 6 月到 1942 年 6 月的"巴巴罗萨"行动，他在苏联南部领导的 D 特别行动队造成了至少 9 万人被杀害。因此，他是罪行最严重的战犯之一。[11]除担任帝国安全部领导，负责"帝国消息"秘密舆论报告外，奥伦多夫还从 1943 年起担任由瓦尔特·冯克（Walther Funk）领导的经济部的司长和副国务秘书，主要负责制定战后经济规划。在施佩尔看来，这一经历显然令他有资格在弗伦斯堡担任新职务。

奥伦多夫并没有仅仅以经济专家的视角来分享经验，他还向邓尼茨提议，可以将与他一同迁到"北部地区"的那部分职位作为基础来建立一个新的德国情报部门。根据行政令，几天后设立的"情报办公室"主要负责获取和评估来自国内外的所有政治、经济和军事情报，以及出版和传播政府的声明及命令。与其他人力严重不足的部门相比，"情报办公室"的配置十分充足，由59名官员和军官以及大约170名士官、士兵和工作人员组成。这意味着"帝国临时政府"的工作人员主要由来自帝国安全局的情报人员组成。[12]

这绝不是一个全新的开始。相反，原先掌权的纳粹精英仍然延续了下来。在这种情况下，盟军从一开始就不可能把弗伦斯堡的"帝国临时政府"当作真正的谈判对象。

*

1945年5月5日早晨，捷克广播电台主持人用一个混合了捷克语和德语的奇怪句子开启当天的节目："Je sechs hodin"（现在是六点钟）。在接下来的几个小时里，主持人只说捷克语。他故意无视了德国台长的指示，即所有节目应继续用两种语

言播放。旨在结束德国在波希米亚和摩拉维亚保护
国的统治的布拉格起义（Prager Aufstand）由此
开始。[13]

自 1944 年夏天以来，随着希特勒德国的军事
败局开始显现，捷克人民的抵抗运动不断加剧。游
击队对铁路线和其他重要设施的袭击不断增加。国
务秘书卡尔·赫尔曼·法兰克（Karl Hermann
Frank），同时也是保护国高阶党卫队领袖兼警察
部长，对此进行了强力镇压，企图通过杀鸡儆猴的
惩罚和大规模的恐吓行动来阻止捷克人民的起义。
法兰克在 1945 年 4 月 8 日呼吁："任何意在挑起内
部动荡的企图（……）都将被扼杀在萌芽中。""在
保护国之中充满了和平与秩序，领导层坚强有力，
我们的神经和意志如钢铁般坚固，我们不会失去或
放弃任何东西，决不。"[14]

但是法兰克未能如愿，1945 年 4 月底，暴乱
几乎充斥了波希米亚和摩拉维亚全境。红军对柏林
的包围以及西线盟军迅速进军，表明了战争即将结
束。4 月 30 日晚，国务部长法兰克在布拉格广播
电台面向"捷克同胞"发表讲话：捷克人民被敌方
电台和传单等"各种手段的诡计"所诱使，"在背
后偷袭战斗中的帝国"。响应这些口号将导致混乱
和内战。法兰克再次警告不要臆测占领者的弱点：

"德军武器已装载完毕，那些破坏者将被精准消灭。"[15] 但是法兰克对保护国的爆炸性局势没有抱任何幻想。在 5 月 3 日绕道前往弗伦斯堡时，他本人表示，保护国正处于"革命前夕"，"无论在军事上还是政治上都无法坚持下去"。[16] 5 月 4 日至 5 日夜里，他返回布拉格。他的预言实现得比他本人预期的还要快。

　　5 月 5 日的早间广播令布拉格市民振奋不已，人们纷纷拥上街头。他们拆掉了木板和标志上的德文标志，并在公共建筑上悬挂捷克斯洛伐克的旗帜。在政府部门，捷克雇员取得了领导权并逮捕了德国上司。同时，示威者团体纷纷缴了德国士兵和平民的械。午间，广播大楼周围爆发了激烈的战斗。中午 12 点 33 分，主持人再次来到麦克风前并大声呼救："所有人快来捷克广播电台！这里有捷克人被枪杀！快点来！来助我们一臂之力！"[17] 这是武装起义的信号。下午 6 点多，布拉格广播电台落入起义者手中，而捷克国民委员会（Tschechischer Nationalrat）——一个由多个抵抗团体于 1945 年 2 月底联合在一起的组织——向公众发布了宣言：从今天起，国民委员会将作为"捷克人民革命运动的代表"接替捷克斯洛伐克共和国政府的职务；保护国不再存在。[18] 夜里 11 点，布拉格人民被动员起来在整座城市设立路障，以抵御德军可能的反击。呼吁得到了热烈响应。到 5 月 6 日破晓时分，在起义者控制地区已经搭建了约 1600 处路障。[19]

驻扎在布拉格的党卫队和国防军对此次暴动颇感惊讶。起初，他们仅仅驻守在自己的岗位上。只有波希米亚和摩拉维亚的武装党卫队司令、地区总队长卡尔·弗里德里希·冯·皮克勒－伯格豪斯伯爵（Carl Friedrich Graf von Pückler-Burghauss）从一开始就毫不犹豫地用尽一切武力手段镇压叛乱。5 月 5 日晚，他就向中央陆军总司令费迪南德·舍纳尔元帅的总部发送电文，要求炸毁历史悠久的布拉格市中心："许多燃烧弹。必须烧毁整个巢穴。"[20]

5 月 6 日早晨，武装党卫队战斗部队开始向布拉格郊区进军，其中就有 1944 年 6 月在法国格拉讷河畔奥拉杜尔（Oradour-sur-Glane）村庄犯下大屠杀罪行的第 4 装甲掷弹兵团。他们在前进过程中犯下了许多暴行，例如将平民赶到他们面前做肉盾。同时，德军飞机投下传单，要求布拉格市民"在战斗、破坏和毫无意义的流血牺牲，和宁静、秩序、维护福祉直到建立新的秩序"之间作选择。[21]

布拉格起义的消息直到 5 月 6 日上午 10 点才传到弗伦斯堡。邓尼茨立即命令中央陆军"尽可能

156

1945 年 5 月 5 日至 6 日夜里，布拉格起义期间搭建的众多路障之一。
（IMAGNO/Votava/dpa Picture-Alliance, Frankfurt/Main）

快地向西移动，以解救尽可能多的德国士兵。"[22]
前一天，舍纳尔元帅还在告诫他的士兵，"在我们
帝国最困难的日子里，不要失去勇气，不要害怕胆
怯"，"我们的纪律和手中的武器是我们体面而勇
敢地度过这场战争的保证"。[23] 现在他赶紧执行收
到的紧急撤军命令。为此，通往布拉格的交通必须
保持畅通，这也是舍纳尔敦促正在进军捷克首都的
党卫队加紧步伐的原因。通往内城的街道爆发了激
烈的战斗。起义者的处境变得危险。他们把希望寄
托在巴顿将军的美军第3集团军上，该部队于5月
6日占领了距离布拉格仅大约100公里的西波希米
亚城市皮尔森（Pilsen）。起义者们不知道的是，
美国与苏联领导人已就分界线达成协议，将其设定
在距离捷克首都70公里的地方，盟军总司令艾森
豪威尔将军准备严格遵守这一协议。[24]

但是起义者们得到了意想不到的援助。1944
年11月，德国人组建了一支由苏联志愿军组成
的部队，指挥官是安德烈·弗拉索夫（Andrej
Wlassow）中将，因此该部队也叫弗拉索夫军队，
原本应该支持国防军对抗苏联。1945年4月中旬，
弗拉索夫第1师共2万人在谢尔盖·库兹米奇·本
雅琴科（Sergei Kusmitsch Bunjatschenko）将军
的率领下转移至保护国。5月6日，该师临阵倒戈，

157

转而支持起义者的战斗。当时的传单上写道："我们作为苏联士兵，为捍卫俄罗斯民族的自由而斗争，反对布尔什维克主义进一步的束缚，不能在捷克人民的这场斗争中袖手旁观。"[25] 本雅琴科将军的动机是完全利己的。他认为，通过支持起义，他和他的士兵将有机会不被红军俘虏。显然，他最初也没有料到美国人会停止他们在波希米亚西部前进的步伐，并将解放布拉格的任务交给苏联军队。5月6日中午，本雅琴科的部队分成三列，驾着坦克和大炮进驻了这座城市。他们成功阻拦了武装党卫队的袭击，并将其从若干城区赶了出去。

弗拉索夫军队的干预在捷克国民委员会引发了争议。该委员会的共产党员将他们视为苏联和斯大林的叛徒。只是情况紧急，他们才最终同意接受援助，但是他们却于5月7日早上在布拉格广播电台发表了一份声明，称"弗拉索夫将军针对德国武装部队的行动"是"其部队自己的事务"，捷克国民委员会"与其没有任何政治协商"。[26] 本雅琴科将军非常生气，当他当晚听到美军停止向布拉格进军的消息时，他命令师团向西部撤退，在布拉格只留下了几百名士兵支持捷克人继续战斗。

5月8日早晨，布拉格的战斗仍在继续。上午11点左右，国防军在波希米亚和摩拉维亚的全权代表鲁道夫·图森（Rudolf Toussaint）将军与捷克国民委员会代表开始停战谈判。经过艰难的谈判，下午 4 点协议达成，规定了包括武装党卫队和警察在内的所有德国武装部队从布拉格及其周边地区撤出的条件。协议还规定，德国的妇女和儿童"如果不跟随部队离开布拉格"，那么应交由国际红十字会保护。[27] 5 月 8 日至 9 日的晚上，国务部长法兰克携家人离开住所切宁宫（Palais Czernin），后成为美国战俘。1945 年 8 月初，他被移送至布拉格，1946 年 5 月，根据审判结果他被绞死在布拉格潘克拉（Pankrác）监狱的庭院中。[28]

5 月 9 日上午，红军进驻这座已获得解放的城市。"街头充满着欢欣鼓舞的气氛。人们欢呼高歌。数百只手举起挥舞。（……）每当巨大的装甲车到达时，人群都会欢腾起来"，一位布拉格市民在日记中记录了这一瞬间。[29] 这与 1939 年 3 月 15 日德国国防军进驻捷克首都的反应大不相同。

在 5 月 8 日午夜宣布全面无条件投降后，大部分中央陆军士兵被苏联俘虏。到最后一刻都要求部队有铁一般纪律的最后一位陆军总司令舍纳尔元帅乘坐一架费斯勒鹳式轻型联络观测机逃向奥地利的阿尔卑斯山。几天后，他向美国人自首。他们把他交给了苏联。1952 年 2 月，他被莫斯科最高军事

158

法院判处 25 年监禁，但于 1954 年 12 月获释。[30]

本雅琴科将军的命运更糟糕。他也被美国人移交给苏联人，然后被带往莫斯科。1946 年 8 月初，他与弗拉索夫将军以及"苏联解放军"的其他七名指挥官一起被处决。200 名受伤的弗拉索夫军队士兵在布拉格落入红军手中后被当场处决。[31]

*

留在布拉格的德国人的噩梦开始了。在被德国占领的六年中累积的仇恨引发了血腥的复仇，无论是有罪者还是无辜者，一律难逃此劫。出生于 1922 年的彼得·德梅兹（Peter Demetz）在布拉格长大，后来成为美国最重要的日耳曼语言文学学者之一。他回想起当时恐怖的日子："一位老妇人被扔出窗外，一名参加德国乐团巡回演出的音乐家在街上被打死，因为他不会说捷克语；有些人即使不是盖世太保也被吊死，被汽油浇并像火把一样被点燃；愤怒的暴民闯入医院寻找容易伤害的对象（……）；德国人被赶到布拉格的电影院、学校、运动场、车库等许多地方，然后一起被运到附近的中转营地；截至 6 月，大约有 3 万人被驱逐出城。'革命卫队（Revolutionsgarden）'——一些持怀疑态度的市民也称其为'强盗卫队（Räubergarden）'，二者缩写均为 RG——没有区分与占领者一起来的'德意志帝国人'和世代在布拉格生活的德国人。"[32]

布拉格发生的事，在 1945 年 5 月至 7 月期间也在原保护区和苏台德地区继续着。捷克士兵、革命卫队和平民四处猎捕德国人，暴力、谋杀和抢劫已成为例行日常。该国政治人物则进一步刺激了激烈的复仇情绪。例如，从英国流亡回来的总统爱德华·贝奈斯（Edvard Beneš）在苏联军队进驻布拉格三天后宣布："在这场战争中，德意志民族不再是人，作为人他们是无法让人忍受的，在我们眼中这个民族是一个巨大的人类怪物（……）。我们必须清算共和国中的德国问题。"[33]尽管并非所有苏台德地区的德国人都是纳粹的支持者，但现在他们都要为占领军的罪行负责。贝奈斯在接下来几周内发布的法令只有一个目的，就是尽可能除掉大部分的德国居民。这在战胜国举办的波茨坦会议召开之前就已成真。"野蛮驱逐"阶段就这样开始了，然而它不像名字所描述的那样是完全自发的行为。因为驱逐者通常是根据命令或至少在捷克国家机关的默许下采取行动的。[34]

5 月 30 日的"布尔诺死亡行军（Brünner Todesmarsch）"标志了其中的一个可悲的高潮：

160

伴随着众多爱看热闹的捷克人的掌声和教堂钟声，大约有 26000 名德国人，其中大部分为妇女、儿童和老年男性，在基督圣体节那天被迫离开这座城市。在前往奥地利边境的过程中，数百人精疲力竭而死。[35] 在 1945 年 5 月至 7 月捷克斯洛伐克第一波驱逐浪潮中，共约 80 万苏台德德国人被驱逐。7月 3 日，摩拉维亚地区委员会的理事会就可以确定南摩拉维亚在很大程度上已经"清除了德国人"。7 月 10 日，身为社会民主党员的副总理兹德涅克·费林格（Zdeněk Fierlinger）在布拉格的一次党内会议上说："像利特梅里茨（Leitmeritz）、奥西格（Aussig）这样的城市，更不用说布尔诺（Brünn）、伊格劳（Iglau）和兹耐姆（Znaim）（……）已重新变成捷克的了。"[36] 中、东欧的驱逐德国人行动持续多年，但再也没有出现比德国占领刚刚结束时更严重的暴行。

*

1945 年 5 月 5 日，欧洲盟军总司令德怀特·大卫·艾森豪威尔通过广播用多种语言向在德国的外国人，即所谓的"流离失所者"发表讲话："不要离开您所在的区域。请您等待安排。您可以和同国籍的同胞组成小组，并选出代表与盟军代表处谈判。"[37]

"流离失所者"是欧洲盟军远征部队最高司令部（Supreme Headquarters Allied Expeditionary Force，缩写为 SHAEF）在 1944 年 11 月的一份备忘录中首次对"出于战争原因而离开祖国，想要回国或寻找新的家乡，但没有帮助无法做到"的所有"平民"的统称。[38]这个定义涵盖了来自各国的平民工人和战俘以及从集中营解放出来的外国囚犯。到战争结束时，共有约 1100 万这样的"流离失所者"，其中 630 万人位于西部三大占领区。[39]

最大的群体即所谓的"外籍工人"，主要为来自波兰和苏联的年轻人，他们在战争期间被强行带到"大德意志帝国"。到 1944 年 9 月，外籍劳工人数已增加至 760 万，其中包括 570 万平民工人和近 200 万战俘。在工业和农业劳工中，有四分之一来自国外。在斯大林格勒战役惨败后，凭借大规模使用强迫劳动力，纳粹领导层才得以使战争又延续了超过两年。[40]

在战争的最后几年，大规模的强迫劳动已成为德国日常生活中不可或缺的一部分。每个较大的城市都形成了营地和住宿网络，每位居民都可以看到"外籍工人"被迫去工作或解除炸弹威胁。遭受最恶劣对待的是波兰人和从苏联运送来的"东

方工人"。他们不得不遵守特别法令，从而受到
了广泛的歧视和社会监控，其中包括佩戴"P"或
"Ost"① 特殊标记徽章，被关在铁丝网包围的封闭
营房中，以及与德国女性存在亲密关系要被处以死
刑等。[41]

　　时间越临近战争结束，"外籍工人"中的动乱
就越明显，也越容易受到强烈的镇压。来自之前欧
洲德占区的数百万劳动奴隶有充分的理由为他们所
遭受的苦难进行报复，他们的存在本身就足以激起
德国民众的担忧。纳粹当局动用一系列暴力手段对
此作出反应。在战争的最后几天，鲁尔区所有较大
城市中有数百名外国人，大多数是"东方工人"，
成为盖世太保谋杀令的受害者。[42]

　　正如预期的那样，盟军进驻后发生了许多报复
行为。美国人总结道："被强制运送而来的苏联人
对德国统治者复仇的愿望最为强烈。"[43] 通常，这
些强制劳动者并非毫无选择地报复，而是专门针对
曾粗暴对待他们的上司，即工头、营地主管，以
及鲁尔区的采矿工长。除针对个人的暴力外，还
有抢劫和盗窃。"在德国人手里遭受饥饿和殴打的
（外籍）工人在获得解放后不由自主地马上进行掠

---

① 　P 是 Polen（波兰）的缩写，Ost 指东方。

夺"，1945 年 4 月初，美国记者玛格丽特·希金斯（Marguerite Higgins）在美因河畔法兰克福的报道中写道。[44] 不少流离失所者结成帮派，在营地附近四处游荡，寻找弥补多年苦难的补偿品。美国第 9 军团的一份报告称："流离失所者从一个农场跑到另一个农场，有的一组仅几个人，有的能达到三四十人，他们要求交出农产品、衣物，有时甚至是珠宝和其他私人物品。"[45] 桑德博斯特尔（Sandborstel）战俘营在 1945 年 4 月底获得解放后，其附近的布雷默弗德（Bremervörde）居民开始面对骚动不安的日子。"市里是怎样的场景！"一位亲历者描述 5 月 3 日的情景。"街道上几乎被坦克和士兵堵得水泄不通。与此同时，那些外国人挨个在被摧毁的房屋中进行搜刮和抢劫。"[46]

尤其在 1945 年 5 月最初几天里这些流离失所者所犯的罪行在德国公众的认知中有很大影响。他们反社会、不受约束的"乌合之众"形象深入人心，而这一行为与纳粹统治下对这些强制劳工的歧视直接相关。在许多德国人心里，关于流离失所者暴动的报道显然不是那么令人不快，因为这样反而可以平息他们残忍对待"东方工人"和苏联战俘所产生的内疚感。从总体上看，流离失所者的犯罪率并不比战后急剧上升的德国人犯罪率高很多。不过，不管哪里发生犯罪，大家都首先怀疑这些流离失所者。[47]

1945 年 4 月中旬，同盟国决定在解放流离失所者后尽快将他们"遣返"原籍国。当盟军还在进军的路上时，没落的"第三帝国"已陷入普遍混乱，这时已经有西部的强制劳工自发踏上回国之路。《伦敦新闻纪事》（*London News Chronicle*）4 月初报道："人们可以看到流浪者独自一人走在大街上，有时是十几人一起，所有家当都装在一辆手推车里。有些人穿得像乞丐，有些则穿着破旧的军装组成了十几人的部队。"[48] 5 月 3 日，挪威记者西奥·芬达尔在柏林观察到："外籍劳工排着长长的队步行离开柏林，他们用手推车装着所有物品，插在上面的小小的丹麦、法国、荷兰、比利时国旗欢快地随风飘扬。向西！向西！"[49]

艾森豪威尔 5 月 5 日的广播目的在于遏制这些混乱的自发回国行为。大批的流离失所者被安置在所谓的"集合中心"。它们往往是以前的军营、战俘营或强制劳动营地。也有一些被充公的德国人公寓和房屋，而这往往引起原主人的愤怒。1945 年 5 月在埃姆斯兰（Emsland）的小城哈伦（Haren），所有居民被要求必须搬出房屋，然后让原波兰的强制劳工和战俘搬进去，但这样的事件只占少数。[50] 由于西部三大军事占领区的行政部门负担过重，营地的住宿和照料工作便交由国际援助组织"联合国善后救济总署（United Nations Relief and Rehabilitation Administration，简称 UNRRA）"负责。

盟军占领区的流离失所者所处的境况差异很大。曾经从事农业生产的强制劳工通常比他们曾在军备工厂劳动的难友的状况更好，而后者的生活也比获得解放的集中营囚犯好得多。盟军以令人惊讶的速度为数以百万计的流离失所者提供食物并持续改善他们的健康条件。[51] 军事当局在遣返方面也取得了相当大的成功。5 月至 9 月，每天有 33000 人从西部三大占领区被送回自己的祖国。流离失所者人数减少了约 500 万人，到了秋天只剩下 120 万人。[52] 来自西欧的流离失所者产生的问题最少，因为他们都希望尽快回家。而来自波兰的强制劳工尤其抵触回国，原因要么是他们反对新的社会主义政权，要么是他们的家乡位于已被苏联吞并的波兰东部。[53]

遣返苏联的流离失所者也困难重重。在 1945 年 2 月的雅尔塔会议上，西方盟国与苏联达成一致，即应将所有苏联国民集合在单独的营地，然后遣返苏联，而且根据 1945 年 4 月所执行的规定，"可以无视他们的个人意愿"。[54] 到 1945 年 10 月 1 日，共有 410 万苏联公民被送回；185 万来自红军的

164

作战地区，225万由西方盟国移交苏联当局——在很多情况下违背了他们的个人意愿并且动用了武力。因为不少的苏联流离失所者被怀疑曾与纳粹合作。首当其冲的是曾站在德军一方与苏军作战的"志愿者"以及弗拉索夫军队士兵。也有红军士兵被怀疑是"叛徒"，仅仅因为他们曾自愿被俘虏。那些不得不为纳粹战争经济生产军事装备的苏联强制劳工也同样遭遇了不信任。

回国后将面临报复的消息很快传开。于是对强制遣返的抵制情绪更加强烈了。1945年9月初，在一处位于曼海姆的营地有600名来自乌克兰的流离失所者拒绝被运回苏联。在美国军官同意推迟四天遣返后，联合国善后救济总署的观察员这样记录道："所有相关人员都对这个短暂的缓冲期喜出望外，他们亲吻军官和善后救济总署成员的靴子，祈祷着，以这种极端的方式来表达感激和喜悦。"[55]

1946年1月，在原达豪集中营发生了戏剧性的场面，那里的两个营地被用来安置苏联流离失所者。美国士兵费尽心力劝说囚犯登上一列等候中的火车却徒劳无功。当他们最终冲进营房并使用催泪瓦斯时，许多流离失所者试图自杀。一名美军士兵在军队报纸《星条旗报》上写道："我们冲进去后发现，在营房里的不是人，他们是动物。美国士兵

1945年5月初，柏林被解放者占领后，苏联强制劳工欢迎他们的到来。(akg-images, Berlin)

迅速剪断了大部分拴在横梁上的人的绳子。那些仍有意识的人用俄语向我们大喊，首先指着士兵的枪支，然后指着自己，恳求我们开枪杀死他们。"[56]

对一部分返回苏联的人来说，磨难尚未结束。他们最初被关押在"过滤营"中，并受到密集的审查。被发现曾与敌人合作的人被送往劳改营或监狱。那些未受惩罚的人也屡屡遭受歧视。在纳粹德国的非自愿居留被长久地视为污点，他们也被看作二等公民。直到1990年代初，随着苏联解体，如何对待"东方工人"成为一个公共问题。莫斯科人权组织"纪念（Memorial）"在其中发挥了重要作用。通过大量的采访，原来的强制劳工第一次有机会对所谓的污点进行澄清。[57] 这一情况又持续了很多年，直到总理格哈德·施罗德（Gerhard Schröder）领导下的红绿联盟政府① 推动几十年来冷血的德国工业界成立了一个基金会，用以对强制劳工进行个人补偿。[58]

*

一小部分流离失所的犹太人则面临着特别的挑

---

① 即社会民主党和绿党联合执政政府。

战。在后来的西部占领区，只有 50000 名至 75000 名犹太人在集中营中幸存下来；在获得解放时，许多人已虚弱不堪，且遭受了严重的精神创伤，他们失去亲人，无家可归，比其他人更需要帮助和关怀。但是，盟军政府最初对原犹太集中营囚犯的特殊情况缺乏了解。他们没有被当作一个单独的群体对待，而是不得不与其他非犹太流离失所者挤在人满为患的难民营中，这勾起了他们在集中营的痛苦回忆。厄尔·G.哈里森（Earl G. Harrison）在1945 年夏天受美国外交部门的委托视察美军占领区的流离失所者营地，他在 8 月 24 日给哈里·S.杜鲁门总统的总结报告中作出了关键的判断："我们似乎像纳粹一样对待犹太人，唯一的区别是我们不消灭他们。他们被大批地安置在集中营中，这次不是由党卫队，而是由我们的军队看守。我们不禁要问，目睹这一点的德国人是否会猜测，我们在继续执行纳粹政策或至少欢迎纳粹政策。"[59]

167

　　该报告迅速改变了当局的想法。于是由犹太人自主管理的纯粹犹太人营地立即建立起来；每天的食物配给显著增加，流离失所的犹太人也优先获得了住房。杜鲁门在 1945 年 8 月 31 日写给艾森豪威尔将军的信中说："您将赞同我的看法，即我们对目前生活在我们管辖区域曾遭受暴政迫害的人们负有特殊责任（……）。除了我们以何种方式对待留在德国的幸存者，没有更好的机会来证明这一点。"[60]

在德国人中，流离失所的犹太人作为受害者群体受到了进一步关注，但是对犹太人的拒绝仍然存在。当时 14 岁的露丝·克吕格（Ruth Klüger）在经历了泰雷辛施塔特（Theresienstadt）集中营、奥斯威辛－比克瑙集中营以及格罗斯－罗森（Groß-Rosen）集中营的附属营克里斯蒂安施塔特（Christianstadt）后幸存下来，并在巴伐利亚州的施特劳宾（Straubing）找到了住所。她后来在美国成为一名知名的文学研究者和作家，几十年后她回忆道："德国人对犹太人的仇恨被压抑到潜意识中去了，但它依然蠢蠢欲动，就像在高级炖锅里面的炖菜，关了炉灶后很长一段时间仍然在沸腾，并保持一定的温度。还能有其他可能吗？幸存者仅依靠自身的存在回忆着逝去的事和那些罪行。"[61]

1946 年，随着犹太人不断从东欧拥入，其人数急剧上升，流离失所的犹太人处境发生了根本变化——这与战争结束后不久发生的反犹暴动有关，以 1946 年 7 月发生在波兰的凯尔采（Kielce）大屠杀为最高潮。到 1946 年 11 月，共有来自波兰和其他东欧国家的 111139 名犹太人在美军占领区寻求庇护。虽然他们并不符合最初定义，但也被赋予了流离失所者的身份。历史学家安吉利卡·克尼格塞德（Angelika Königseder）和朱莉安·韦策尔（Juliane Wetzel）认为："这导致了一种自相矛盾的局面，即犹太人悲剧的罪魁祸首纳粹德国在战争结束后不久就成了最大、最安全的犹太难民避难所。这些人在流离失所者营地等待着出境。"[62]

168

对于绝大多数东欧的犹太幸存者来说，德国的流离失所者难民营只是一个临时居住地；他们想移民到巴勒斯坦，并希望得到美国的支持。但是对大多数人来说，移民的梦想不能很快实现。因为英国政府担心犹太移民的增加会激化其托管地内犹太民族与阿拉伯民族间的矛盾，为此推行了严格的限制性政策。1948 年 5 月以色列宣布独立后，流离失所者难民营对此欢欣鼓舞，他们的等待终于结束了。1949 年 1 月，在美国占领区的 48 个难民营中仍有 64000 多名犹太人，而到了 11 月，9 个难民营中只剩下 15000 名。犹太流离失所者营地逐渐关闭，最后一处难民营，即位于上巴伐利亚的弗伦瓦尔德（Föhrenwald）营地于 1957 年 2 月关闭。[63]

*

1945 年 5 月 5 日中午时分，在阿尔伯特·J.

科西耶克（Albert J. Kosiek）中士的指挥下，首批美军装甲侦察车抵达上奥地利州的毛特豪森（Mauthausen）集中营。党卫队在几天前离开营地，将看守任务交给了维也纳消防警察和人民冲锋队队员，他们并未抵抗就自行解除了武装。当美国巡逻队开进集合广场时，囚犯们爆发出欢呼声。"那是一种难以形容的激动"，编号为127371号的囚犯西蒙·维森塔尔（Simon Wiesenthal）说。"人们跑向坦克。我也跑了。但是我太虚弱，已经没有力气跑回来了。我是用四肢爬着回来的。"[64]

毛特豪森集中营是西蒙·维森塔尔辗转多个集中营的痛苦之旅的最后一站。他于1908年出生在加利西亚东部城市布恰奇（Butschatsch），当时该城市仍属于哈布斯堡王国，但1919年后落入波兰手中。他的父亲是制糖业代表，死于第一次世界大战。高中毕业后，维森塔尔在布拉格学习建筑。之后他搬到了伦贝格［Lemberg，也称利沃夫（Lwiw）］，在那里获得工程学硕士学位。1941年6月底，德军进军伦贝格时，仍有16万至17万犹太人居住在此。战争结束时，只有3400人幸存下来，其中就包括西蒙·维森塔尔，而这就像奇迹一般。他在德国入侵几天后就被捕，并作为强制劳工被送到东部铁路的一家火车修理厂。1943年9月，他设法逃离亚诺夫斯卡（Janowska）强制劳动营。之后他躲藏起来，直到1944年6月再次被捕，并乘坐离开伦贝格的最后几班火车之一被运往西部。[65]

在普瓦舒夫（Plaszow）、格罗斯－罗森和布痕瓦尔德集中营几番辗转过后，维森塔尔于1945年2月中旬被运往毛特豪森。与达豪一样，由于东部集中营被疏散，这里的住宿人满为患。每周供给的食物越来越差，死亡率高得惊人。[66]维森塔尔因脚冻伤而不得不在医务室待了两个半月，命悬一线。"每天早晨都有一名看守站在营房门口大声询问前天晚上有多少囚犯'翘辫子了'"，维森塔尔的传记作者、以色列历史学家和记者汤姆·塞格夫（Tom Segev）对死亡和解放之间的紧张赛跑这样描写道。"由于担心传染病和营房里的恶臭，看守们一般不会亲自进去。'苏联人营房'的囚犯每天能得到一碗快要溢出来的被称作'汤'的浑浊液体。"[67]即使解放后，也有成千上万的人因监禁所引发的后果而死。

西蒙·维森塔尔奇迹般地迅速康复了。起死回生后，他前往林茨（Linz）——希特勒度过青年时期的一座多瑙河畔城市。解放后仅几周，维森塔尔就开始着手一项毕生坚持的工作：找到那些犯下滔天罪行的纳粹分子，并将他们送上法庭。1945年5

月底，他向位于毛特豪森的"美军营地指挥官"递交了一份提及了近150名纳粹罪犯的八页名单。之后，他为美军行政当局采访犹太幸存者。他从他们口中获得的有关犯罪者和犯罪地点的信息构成了"文献中心（Dokumentationszentrum）"的基础。他在1947年于林茨成立了该中心，之后转移到了维也纳。维森塔尔偶然获悉，与他于1936年成婚的妻子西拉持假护照在索林根（Solingen）强制劳动，也幸存了下来。他们二人在1945年底重聚，并共同制作了一份在大屠杀中丧生的亲戚名单，上面一共有89个名字。[68]

维森塔尔在搜寻纳粹罪证时取得了一些惊人成果。早在1953年，他就告知以色列当局，犹太人大屠杀的主要组织者之一阿道夫·艾希曼（Adolf Eichmann）隐姓埋名地生活在阿根廷。七年后，艾希曼在布宜诺斯艾利斯被摩萨德（Mossad）情报局特工逮捕，之后被带到以色列，于1962年6月初在耶路撒冷被审判并处决。维森塔尔因参与该行动而闻名。他在1963年找到的知名罪犯包括奥地利党卫队二级小队长卡尔·约瑟夫·西尔贝鲍尔（Karl Josef Silberbauer），后者于1944年8月在阿姆斯特丹逮捕了安妮·弗兰克（Anne Frank）及其家人。战争结束后，他返回维也纳，在1950

年代再度进入警察队伍。针对他的诉讼在 1964 年戛然而止，这不过是维森塔尔经历过的众多失望中的一次。1967 年，他设法找到了逃往巴西圣保罗的特雷布林卡灭绝营指挥官弗朗茨·施坦格尔（Franz Stangl）。施坦格尔被引渡到联邦德国，并于 1970 年 12 月在位于杜塞尔多夫的州法院的审判中被判处无期徒刑。仅仅六个月以后他在监狱中身亡。[69]

西蒙·维森塔尔的工作并非没有争议。他被那些很早就想和与纳粹有关的过去划清界限的人蔑称为"纳粹猎人"。诚然，他有时会采用有问题的方式，而且自己常常表现得大惊小怪。但这并不能削弱他的伟大功绩。如果没有他的勇气和毅力，将有更多的纳粹战犯在 1945 年后逃脱应有的惩罚。正如其传记作家汤姆·塞格夫总结的那样："他的一生都在缅怀死者，并与否认他们死亡的人斗争——正如他本人与死亡斗争并且使生命变得圣洁一样。"[70]

1945 年 5 月 6 日

1945 年 5 月 6 日早上，艾博哈德·金泽尔将军到达弗伦斯堡－米尔维克，汇报与艾森豪威尔将军的谈判情况。金泽尔隶属于海军上将汉斯－费迪南德·冯·弗里德堡的小型谈判代表团，该代表团受命在与蒙哥马利结束谈判后，于 5 月 4 日前往位于兰斯的盟军总部，商讨向美军武装力量部分投降一事。[1] 当天，艾森豪威尔获悉德方代表团即将到访。他从一开始就明确反对就局部投降事宜开展进一步谈判。前文已提到，1945 年 3 月至 4 月进行的关于德国陆军 C 集团军在意大利投降的秘密谈话已经引发了反希特勒联盟的危机，令斯大林对西方盟国的意图产生不信任。[2] "如果让人产生盟军意图接受德国西部武装队伍局部投降的印象，我认为，这可能会招致严重的误解"，艾森豪威尔在回忆录中说。"那样的话，我们将陷入尴尬的境地，而苏联人将有充分理由和权利指责我们的不忠行为。"[3]

为此，艾森豪威尔紧急向苏联领导人发送了一份电报，通报德方谈判代表即将到访的消息，并允诺他只会同意全面投降，仅西部国防军的局部投降绝对不在考虑范围内。同时，他要求派一名红军军官来他的指挥部代表苏联参加投降谈判。苏联最

高指挥部随后任命驻法国军事负责人伊凡·阿列
克谢耶维奇·苏斯洛帕罗夫（Iwan Alexejewitsch
Susloparow）将军为谈判代表。[4]

　　艾森豪威尔任命其参谋长沃尔特·比德尔·
史密斯（Walter Bedell Smith）将军和军事防御
总长、英军将领肯尼思·W. D. 斯特朗（Kenneth
W.D. Strong）主导谈判。他本人不愿与德方谈判
代表直接接触。他 4 月 12 日在哥达（Gotha）附近
第一次参观了一处被解放的集中营，即属于布痕瓦
尔德附属营的奥尔德鲁夫（Ohrdruf）集中营，从
那以后，他对德国人的憎恶情绪愈加强烈："当我
第一次目睹纳粹无可争辩的非人道行为，以及他们
肆无忌惮地践踏人类最基本的戒律时，我无法描述
这种感受（……）。再没有什么能比那种场景更令
我震惊。"[5]

　　5 月 5 日下午，当海军上将冯·弗里德堡将军
抵达艾森豪威尔位于兰斯一所学校（今天的富兰克
林罗斯福中学）大楼的指挥部时，他感到气氛发生
了改变。比德尔·史密斯准备了一张地图，上面标出
了美军和德军军队的位置。此外，他还用红色大箭头
标记了美军计划进行的两次行动，以此向德国人展示
令他们绝望的军事局势。他直截了当地对冯·弗里
德堡提出了所有战区应立即无条件投降的要求。德

军应保持原地不动并放下武器。船舶、飞机和其他
军事装备应完好无损地移交。德军最高统帅部必须
确保这些规定被遵守，否则盟军将采取惩罚措施。
冯·弗里德堡声称，他未获得同意所有前线部队全
面投降的授权。他必须与邓尼茨联系，以获得新的
指示。[6]

　　金泽尔将军于 5 月 6 日上午 9 点传达了海军
上将的信息，这激起了弗伦斯堡上层的愤怒。邓尼
茨、什未林·冯·科洛希克伯爵、凯特尔、约德尔
和内阁负责人、纳粹党大区领袖魏格纳一致认为艾
森豪威尔的条件"不能接受"，原因是"东部的军
队不能移交苏联人"。而且，这些条件也是"不切
实际的，因为东线的任何士兵都不会服从放下武
器、原地不动的命令。"另一方面，根据会议记录，
邓尼茨及其顾问都清楚，"军事局势令人绝望，西
部军队面临着遭受敌军炸弹袭击的危险，军事行动
可能带来更多损失，而且就连完整的军队也将在短
时间内遭遇溃败，这些事实迫使他们必须找到一个
解决方案"。因此，他们决定再次尝试"向艾森豪
威尔开诚布公地阐明为什么全面投降是不可能的，
但可以立即向西方投降"。[7]

　　这项任务交给了约德尔大将，他是全面投降
的坚定反对者。在与什未林·冯·科洛希克伯爵协

商后，邓尼茨对他作出以下指示："请再次尝试解释我们想向美国武装部队局部投降的理由。如果您和弗里德堡一样在艾森豪威尔那里碰壁了，那么请您就全面投降提出以下要求：为其设置两个时间点。第一个时间点是停止战斗，但德军仍然可以移动。第二个时间点则是停止移动。请尽力拉长两个时间点之间的间隔。"[8] 邓尼茨企图通过这种不寻常的分阶段投降方式争取时间，以便尽可能多的士兵和难民能够逃到西部的美军战线后方去。按照这一指示，约德尔获得了签署所有战线全面投降书的授权，但在此之前他必须通过电报征求邓尼茨的书面同意。

5 月 6 日下午，约德尔飞往兰斯并于下午 5 点30 分抵达。他也未能成功地促使美国人改变主意。比德尔·史密斯在一开始就重申单方面停止在西部的战斗是"完全不可能的"，"同时向所有盟友投降"是唯一选择。约德尔于是提出，不能只由他本人签署全面投降书，而应由海陆空三军的总司令共同签署。但他们要到 5 月 8 日才能到达兰斯，并且通知所有部队还需要 48 小时，这样一来全面停火要到 5 月 10日才能生效。

美国人很清楚德方谈判人员正在努力争取时间。艾森豪威尔断然拒绝了约德尔的提议，并发出立刻

174

签署投降书的最后通牒。约德尔有半小时的考虑时间。艾森豪威尔威胁说，如果他拒绝，那么轰炸战争将重新开始，美军战线将"拒收所有从东部过来的德国人"。[9] 不过美国人还是同意给德方在签署投降书和投降正式生效之间宽限两天的时间。

5月6日晚9时45分，约德尔向凯特尔发送了一封电报："艾森豪威尔将军坚持要求我们今天签字；否则，盟军战线也将对那些试图单独投降的人关闭，所有谈判将中断。要么陷入混乱局面，要么签字，我看不到其他出路。请即刻通过无线电确认我是否有权签署投降书。接着投降便可生效。敌对行动将在德国夏令时 1945 年 5 月 9 日 0 点停止。"[10] 这条消息直到午夜之后才到达弗伦斯堡。

*

5月6日下午，邓尼茨决定将一项早就作好的决定付于实施：他免除了海因里希·希姆莱的所有职务。这位党卫队全国领袖、内政部长兼预备队司令官因私自接触西方盟国而失去了希特勒的青睐，因而未出现在其遗嘱中。他最初希望在邓尼茨政府中扮演"二号人物"。邓尼茨最初先拖住他以作缓兵之计。只要希姆莱仍掌握着警察和党卫队权力，就不适合完全与其划清界限。[11] 当邓尼茨 5 月 2 日至 3 日夜里将总部迁至弗伦斯堡时，希姆莱也随行北上，并带了一群集中营党卫队高级领导人，其中就包括原奥斯威辛集中营指挥官鲁道夫·霍斯（Rudolf Höß）。在他于 1946 年至 1947 年间临刑前在波兰监狱撰写的回忆录中，霍斯表示，在 5 月 3 日、4 日与这位党卫队全国领袖最后会面时，他看起来"容光焕发，心情很好"。[12] 希姆莱似乎确实认为他和他的党卫队部队在与布尔什维克主义的斗争中将继续作为"秩序的构成要素"而不可或缺。[13] 他总是出其不意地出现在内阁会议上，并表现得非常自信。尽管邓尼茨没有让其在"帝国临时政府"中担任一官半职，但他还是在 5 月 4 日同意了以下对希姆莱地位的模糊表述："党卫队全国领袖海因里希·希姆莱仍保有对武装党卫队的领导权，同时他将作为德国警察总监负责维护和平和秩序。"[14]

邓尼茨可能很快注意到这样对希姆莱太过包容，第二天他就提出了一种更为冷淡的说辞："党卫队全国领袖海因里希·希姆莱为海军元帅服务。"希姆莱不同意这个版本，什未林·冯·科洛希克伯爵提出了一个折中方案，即"党卫队全国领袖海因里希·希姆莱协助海军元帅维持和平与秩序"，但也未得到当事人的同意。[15]

然而，希姆莱的地位每况愈下。在北部的局部投降生效以及"帝国临时政府"成立后，邓尼茨认为不再需要有所顾忌了。5月6日下午5点，他召见希姆莱，告知将免除其内政部长、预备队司令官和警察总监的职务，"他与现任政府之间的一切关系均被解除"。[16]

凯特尔受邓尼茨之托要求希姆莱以后不得造访海军元帅的总部。[17] 希姆莱在消失前说："他感到自己绝对不会被发现，并躲起来等待着事态的迅速发展。"[18]

5月11日，希姆莱带着伪造的士兵证离开弗伦斯堡地区，佯称是"海因里希·希青格（Heinrich Hitzinger）"中士。同行的人中有他参谋部的成员，其中包括他的副官、党卫队一级突击队大队长维尔纳·格罗特曼（Werner Grothmann）和二级突击队大队长海因茨·马赫（Heinz Macher）。几天后，这群人在弗里德里希斯科格（Friedrichskoog）附近乘坐一艘渔船越过易北河。很显然，希姆莱打算先躲到哈茨山中，然后再去往阿尔卑斯山。但是5月21日，他、格罗特曼和马赫在布雷默弗德（Bremervörde）附近的一个检查站被捕，并被带到吕讷堡附近的英国部队审讯营。希姆莱向这里的值班队长坦白了他的身份。起初，审讯人员不敢相信这个穿着破旧平民衣服的不起眼的男人竟是"第三帝国"领导层中他们最想抓到的战犯之一。希姆莱被带到吕讷堡英国陆军第二集团军总部。在 5 月 23 日的全面医学检查中，医生在他的嘴中发现了一个物体的蓝色顶端，但是在医生想要清除这个不明物体之前，他就咬下了氰化物胶囊，用和希特勒、戈培尔和鲍曼同样的方式逃避了自己的罪责。[19]

*

1945 年 5 月 6 日，美军第 5 步兵师第 2 团的士兵正行军经过位于波希米亚南部的城市瓦勒恩［Wallern，捷克语为沃拉里（Volary）］。在一个工厂棚屋里，他们发现了 118 名处于恶劣状况的犹太妇女。负责将这些妇女转移到野战医院的医疗队军官亚伦·S. 卡汉（Aaron S. Cahan）少校四天后报告说："我对这些人的第一印象是极度震惊的；我从来没想到一个人会遭受如此践踏，在如此营养不良和瘦弱的情况下还能生存下来（……）。我以为在我们面前的是一群老人，我当时判断她们的年龄在 50 岁和 60 岁之间。当我问其中一个女孩多大时，她回答说 17 岁，而在我看来她至少 50 岁，我

177 对此感到惊讶和震惊。"[20]

这些犹太妇女是三周前离开黑尔姆布雷希茨（Helmbrechts）集中营的死亡行军队伍中的幸存者。黑尔姆布雷希茨是弗洛森堡集中营的一个附属营，位于上弗兰肯小镇霍夫（Hof）西南约15公里处，修建于1944年夏天。在1945年2月，那里关押了大约600名主要来自波兰和苏联的女囚犯，她们每天都被迫为诺伊迈耶（Neumeyer）军械厂工作12个小时。1945年3月6日，共621名犹太妇女来到黑尔姆布雷希茨集中营。她们已经经历了格罗斯－罗森集中营附属营地的两次残酷的疏散行军，在到达时非常虚弱。许多人身患痢疾和冻伤。她们被囚禁在两个严格分开的营房中，遭遇比非犹太人不幸得多。她们没有任何医疗护理，食物通常是用半升水稀释的汤。她们不再被要求去工作，而看守们没有停止对她们作为人类的最后尊严进行践踏。在黑尔姆布雷希茨度过的五个星期中，她们中共有44人死亡。[21]

4月13日，当美国先遣队距离营地仅50公里时，营地指挥官、党卫队二级小队长阿洛伊斯·弗朗茨·德尔（Alois Franz Dörr）决定清空黑尔姆布雷希茨。一共1171名女囚犯，其中包括580名犹太妇女，不得不在下午开始行进。只有非犹太囚犯事先获得了一些食物、衣服和毯子。三支武装党卫队和看守拿着木棍随队前行。许多犹太妇女虚弱得几乎站不起来，必须由同行者搀扶。在最初的几天里，看守射杀了所有无法跟上队伍的人。他们狠狠地殴打剩下的人，敦促她们继续前进。

行进的目的地显然还不明确。这支队伍最初向东南方向行进，经过萨勒河畔施瓦岑巴赫（Schwarzenbach an der Saale）和诺伊豪森（Neuhausen）。行进开始的第二天下午，一名党卫队领导层派来的信使前来向德尔传达希姆莱的指令："今后不允许再开枪，因为与美国人的谈判已经开始了，不应干扰。"[22] 然而情况并没有受到多大影响。每名看守仍然可以按照他认为正确的方式对待囚犯而不必担心受到制裁。

在诺伊豪森，德尔得知美军距此只有 15 公里了。他命令摧毁集中营档案并在夜晚继续行军。在匆忙离开的混乱中，有 50 名非犹太女囚犯设法逃走了；一些女看守也趁机逃跑。4 月 17 日，队伍抵达茨沃道［Zwodau，今天的捷克斯瓦特瓦（Svateva）］妇女集中营。对于非犹太人而言，行军在此结束。而犹太妇女不得不在德尔的指挥下继续前进。[23] 路线由此转为向南，穿过 1938 年被吞并的苏台德地区。丹尼尔·戈德哈根

178

（Daniel Goldhagen）在他的《希特勒的志愿行刑者》（*Hitlers willige Vollstrecker*）一书中写道，"简直无法想象这些妇女赤脚穿过冰冷的街道时的痛苦"。这本书在 1996 年引发了关于"普通德国人"参与大屠杀的激烈辩论。"一个接着一个的痛苦步伐，一天接着一天的沉重折磨。对这些妇女来说，既没有目的地，也没有结束的迹象。每一步都需要她们使出所有力量，她们已对消瘦和患病感到麻木。每天早晨，她们都在饥饿不堪中醒来，双脚肿胀溃烂，四肢僵硬，伤口无法愈合。她们明白等待她们的是一整天的行进，那些折磨她们的人不会给她们休息的机会。当晚上终于来临，她们可能会得到一点儿食物，然后陷入发烧、痛苦的半睡眠状态，到了第二天又循环这种惊恐。这就是'正常'的一天。"[24]

行进者们整天都没有进食；她们常常不得不露宿街头。许多人在夜间因再也无力支撑而死去。那些病得太重或太虚弱而无法前进的妇女被装上马车。队伍就这样穿过波希米亚森林山区，直到 5 月 3 日下午到达瓦勒恩（沃拉里）。在那里，德尔决定留下无法走路的妇女，与其余的人一起前往与波希米亚和摩拉维亚保护国接壤的小镇普拉哈提茨［Prachatitz，今天捷克的普拉哈季采

（Prachatice）]。死亡行军的幸存者终于在此处被释放。德尔和他的同伙躲了起来。这名指挥官于1969 年 3 月在霍夫刑事陪审法庭被判处无期徒刑，但在 1979 年得到赦免。[25]

在这些 4 月 19 日离开茨沃道 ① 集中营的 625名犹太女囚中，至少有 278 人死亡。129 人在行进中死亡，或在夜晚死于饥寒交迫。另有 49 人因无法继续前进或试图逃跑被看守杀害。还有许多人死因不明。[26]

*

黑尔姆布雷希茨的死亡行军只是纳粹统治血腥结尾中的众多事件之一，其受害者不仅包括犹太人，还有来自各国的强制劳工、战俘和政治犯——苏联人、波兰人、捷克人、法国人、比利时人、匈牙利人、德国人。[27] 在"第三帝国"的最后几周，这是一个常见的现象：成千上万的集中营囚犯像行走的骷髅一样，拖着身体穿过乡间小路，穿越村庄。1945 年初，在 714000 名集中营囚犯中，估计至少有 25 万，即三分之一以上在死亡行军中丧生。[28]

---

① 此处原文误将捷克小城茨沃道（Zwodau）拼写成德国萨克森州的市镇茨沃豪（Zwochau），已更正。——编者注

要了解这些恐怖事件，必须先了解走向覆亡的纳粹政权当时所处的混乱局面。在 1945 年 1 月红军逼近之前，对东部大型集中营的疏散，包括奥斯威辛、格罗斯－罗森、施图特霍夫（Stutthof），就已经显示慌忙仓促的特点。囚犯们不得不在没有足够食物和衣物的情况下于严寒中开始行进。在最初的几天里就有许多人死亡。难民队伍和返回的国防军部队堵塞了街道，在混乱的大环境下，看守们除掉囚犯的意愿日趋强烈。1 月 31 日至 2 月 1 日夜间，在帕尔姆尼肯（Palmnicken）小镇的波罗的海海滩发生了一起惨烈的屠杀：大约 3000 名囚犯被党卫队枪杀，其中大部分是来自施图特霍夫集中营及其附属营地的犹太妇女。这些尸体在几天后还在海滩上被海水冲刷着。[29]

另一方面，"旧帝国（Altreich）"① 内的集中营根本没有准备好接纳成千上万虚弱不堪的囚犯。这些囚犯被运往的营地往往比原营地的条件更糟糕。到了 1945 年 4 月，当布痕瓦尔德、萨克森豪森、弗洛森堡、诺因加默、拉文斯布吕克和其他难民营开始清空时，这些囚犯的身体状况比其他囚犯还要差得多。他们在死亡行军中存活下来的机会更

---

① 一般指 1938 年扩张前的纳粹德国领土。

加渺茫。

在战争末期的管理混乱中，既没有明确的命令指示应该如何在途中对待囚犯，也不清楚应将他们带往何处。结果导致许多行进队伍在不断缩小的尚未被占领的区域毫无目的地被来回驱逐，而看守们自行决定是否射杀那些无法前进的囚犯。生死不仅取决于看守的人员组成，还取决于囚犯们经过的地区是否马上有美国、英国或苏联的军队抵达。

死亡行军就在众目睽睽下进行。就连许多农村居民也在他们的家门口目睹了大屠杀，眼睁睁地看着那些瘦弱的可怜人被看守殴打和枪杀。人们的反应各不相同：富有同情心的市民（大部分是女性）深受触动，他们试图给囚犯提供水或食物。还有一些勇敢的人协助囚犯趁看守不备时成功脱逃。但是与支持相比，更普遍的反应是不作为和自保。许多人对苦难的行进队伍冷眼旁观，有些人感到害怕，不仅害怕那些血腥镇压打算提供帮助的人的党卫队士兵，也害怕那些囚犯，似乎这些虚弱的人会变成"反社会人格者""人民害虫"，甚至会实施危险犯罪。[30]

普通德国人参与杀戮的情况也并不少见。1945年 4 月初，在策勒县（Celle）发生了一起令人尤其震惊的事件。诺恩加默附属营的数百名囚犯在该市火车站遭到炸弹袭击时成功逃离了火车，躲藏在

4月28日，达豪集中营的囚犯在去往巴特尔茨的死亡行军路上经过施塔恩贝格。该照片为秘密拍摄。(Benno Gantner/akg-images, Berlin)

附近的森林中。第二天夜晚，押送部队看守、冲锋队士兵、军营士兵、当地警察、人民冲锋队成员以及一个包括 14 岁至 16 岁的希特勒青年在内的平民团体加入了搜捕队伍。至少有 170 名囚犯被杀。[31]

战争快结束时，在阿尔特马克（Altmark）的一座小镇加尔德莱根（Gardelegen）也发生了可怕的事情。4 月 13 日，来自米特堡 - 朵拉集中营两处附属营的 1100 名死亡行军中的幸存者抵达此处。他们被关在一个偏僻的野外谷仓里；之后这里着火了。任何试图逃离的人都被机关枪射杀。这场屠杀的主要责任不在党卫队司令部，因为他们中的一些人已经逃跑了，而在于狂热的纳粹地区领导人格哈特·蒂勒（Gerhard Thiele）。他担心美国人会在接下来的几个小时内进驻这座小镇，届时这些囚犯将会报仇。关于囚犯暴行的谣言被别有用心地四处传播，加剧了人们的普遍恐慌。在这种气氛下，蒂勒毫不费力地从平民中招募到帮凶进行屠杀，他们主要是人民冲锋队成员。美军在进驻后于 4 月 15 日检查这个犯罪现场时，发现了约 1000 具烧焦的尸体。[32]

策勒和加尔德莱根的大屠杀表明，死亡行军期间针对集中营囚犯的屠杀并非"上面"的安排，由中央管控，而更多是"下面"未经协调推动的动态进程，其中党卫队看守、地方纳粹党官员、警察、人民冲锋队、希特勒青年团以及普通平民构成了犯罪共同体，这深刻体现了脱缰的权力病毒在何种程度上占据了德国社会。

183

*

"5月6日，上午。一种治愈的安静气氛。"14岁的布雷斯劳学生、人民冲锋队成员霍斯特·格来斯（Horst Gleiss）在日记中写道。"面色苍白的人们从黑暗的地下室爬出，5月的空气充盈着他们的肺。大家的意见一致：这场嗜血的战争现在必须结束。如果我们在布雷斯劳继续作战，那么谁也别想活下去。"33 自当天上午开始，这座西里西亚的首府确实已经停火了。两名德国军官和一名口译人员穿过无人区到达苏联阵地，提出投降请求。5月6日晚6点左右，最后一位要塞指挥官赫尔曼·尼霍夫（Hermann Niehoff）将军在该市南部郊区的"科洛尼亚别墅（Villa Colonia）"签署了投降文件。接着弗拉基米尔·A.格鲁兹多夫斯基（Wladimir A. Gluzdowskij）将军邀请其共进晚餐。"蜡烛照亮着堆成山的冷盘、鱼肉、肉馅饼、开胃小吃拼盘，当然到处都有伏特加酒瓶。胜利者想庆祝自己的胜利。我被要求表现得听话点。"尼霍夫回忆道。[34]

1944 年秋，希特勒宣布布雷斯劳为"要塞"，这意味着不允许这座城市投降，必须采取一切措施进行防御。[35]当时那里还没有面临直接的威胁。苏联红军还在距此地 300 公里处的波兰中部，由于其特殊的地理位置，布雷斯劳还没有遭受过英美轰炸机的袭击。但是 1945 年 1 月 12 日，苏联在整个东线进行了令人畏惧的长期冬季攻势。几天后，红军就取得了重大突破。他们出人意料的迅速突进引发了难民大规模逃亡。德国东部数十万人试图在寒冷的温度下驾车或步行逃往西部或波罗的海港口。每天也都有大批难民抵达布雷斯劳。

1 月 19 日，下西里西亚大区领袖和帝国国防专员卡尔·汉克（Karl Hanke）下达了撤离命令，但对这座人口将近 100 万的城市进行有秩序的人口疏散为时已晚。当时，难民和返回的军队已经阻塞了街道，而帝国铁路火车远远无法应付如此大规模的人潮。"人们简直变得惊慌失措"，牧师保罗·佩克特（Paul Peikert）在日记中写道。"火车站全天拥挤不堪，几乎无法从人群穿过。所有人都挤向火车，但车厢只能承载极为有限的逃亡者，大多数人不得不留下来再尝试一次。"[36]

1 月 20 日，汉克通过喇叭下令妇女和儿童徒

184

步离开城市："可以携带小型手提行李。有小孩的妇女负责看管酒精炉；国家社会主义人民福利组织（NS-Volkswohlfahrt，简称 NSV）负责搭建烹饪台和牛奶分发点。"[37] 在零下 20 摄氏度的环境下，数十万人离开城市，加入难民徒步队伍。伊丽莎白·埃尔布里希（Elisabeth Erbrich）背着一个装着必需品的双肩背包，穿着一双结实的靴子，还拿着一个装满了接下来几天所需食物的袋子，也踏上了逃难之旅："难民们就像荒漠里的商队那样行进着，手推车和婴儿车上放着他们最后的财物，还有汽车和马车（……）在白得发光的雪地里。数十万人在路上，其中还有从奥得河左岸村庄跋涉而来的队伍，他们已经走了好几天了。由于极度寒冷的天气和不停歇的脚步，车上死了很多人，他们不得不被抛在路边，因为那坚硬而冰冻的土地无法容纳这些尸体。"[38]

正如他 1 月 22 日在动员讲话中所说的那样，大区领袖汉克从一开始就毫不迟疑地打算"最大限度地"捍卫布雷斯劳"要塞"。[39] 他带着当天前来拜访的朋友、军备部长阿尔伯特·施佩尔参观了由建筑师卡尔·戈特哈德·朗汉斯（Carl Gotthard Langhans）建造的、最近刚刚翻新的老总督府。施佩尔在回忆录中写道，汉克当时高呼"苏联人永远也得不到它，我宁愿将其烧毁！"。[40]

1 月 24 日，戈培尔在与所有东部地区的大区领袖通完电话后写道："他们中间给人留下最好印象的是汉克。他的表态坚定而自信。他向我陈述了保卫布雷斯劳的临时计划。他告诉我，他在柏林学校和从我这里学到的东西对他现在工作面临的紧急状况非常有用，这令我动容。他表现了非凡的毅力（……）。汉克决心用一切可能的手段捍卫布雷斯劳。"[41]

在接下来几天，戈培尔又多次表扬了这位前帝国国民教育和宣传部国务秘书。1 月 28 日，汉克因布雷斯劳副市长沃尔夫冈·施皮尔哈根（Wolfgang Spielhagen）有准备逃亡的嫌疑而命令一名人民冲锋队员将其枪杀，并派人张贴海报对此事加以宣传，获得了宣传部部长的完全赞同，希特勒也认可了这一处决。"在一个备受威胁的要塞，"他说，"不能按照法条行事，而是必须作出适当和必要的行动。"[42]

2 月 15 日，对这座城市的包围圈形成了，里面仍然有大约 20 万平民，其中包括数以万计的强制劳工、战俘和集中营因犯。"要塞"的驻军最初由汉斯·冯·阿尔芬（Hans von Ahlfen）将军指挥，自 3 月 5 日起由尼霍夫将军指挥。驻军共有 45000 名士兵，由武装党卫队、国防军后备部队、人民冲锋队和希特勒青年团组成。他们的对手是格鲁兹多夫斯基将军的第 6 军团，有 13 万骁勇善战的士兵。[43] 他们从南部发动进攻，越过郊区，于 2 月 24 日抵达距市中心仅 4 公里的兴登堡广场。但随后的进攻陷入停滞。德军奋力抵抗，最后演变成激烈的巷战，其残忍程度令人联想到斯大林格勒战役。[44]

城市的大部分地区成为废墟。守卫者的行动比苏联的炮火更具破坏性。他们放火烧毁建筑物并炸毁废墟，以确保有空旷的射击场。他们大肆在教堂和其他历史建筑内设立指挥所、炮台和弹药库，令这些场所成为苏军低空战斗机的目标。

最为典型的破坏工事是在市中心建设一条飞机跑道，目的是在甘道（Gandau）机场落入苏军之手时确保空中供应。长 1.3 公里、宽 300 米的大学建筑群区被夷为平地，其中包括国家档案馆和两座教堂。约 3000 人——其中不仅有强制劳工，还有包括妇女和儿童在内的布雷斯劳平民——成为苏联大炮和低空轰炸机的受害者。"我们像兔子一样睡觉：睁大眼睛。等待死亡。"一名工人在 3 月 21 日写道。"舰载机射击飞机跑道。又有很多人死亡（……）。每当炸弹在附近落下，妇女们都会尖叫。"[45]

3 月 3 日，汉克通过大德意志广播向德国人喊话。他呼吁他们效仿布雷斯劳，赶往"为胜利而战"的前线。最后他承诺："我们在布雷斯劳要塞发誓，坚守对帝国和元首的信念不动摇，即使最困难的日子来临也不动摇，只要我们还有一丁点力量就会继续战斗。"[46] 戈培尔表示，这个讲话"具有强大的说服力"，并表现了"令人敬佩的尊严和政治道德水平"。"如果我们东部的所有大区领袖都像汉克那样工作，那么我们的事业将会比实际情况更好。汉克是我们东部大区领袖中的杰出人物。"希特勒也听了他的讲话，如戈培尔所记，他对汉克的工作给予了"最高的赞扬"。[47]

3 月 7 日，汉克和尼霍夫要求布雷斯劳的所有居民必须履行工作义务，这项规定适用于 10 岁以上的男孩和 12 岁以上的女孩。任何不遵守要求并且在 3 月 11 日之前仍未获得工作证的人应移交临时军事法庭作出判决。"就像离开岗位的士兵应以逃兵之罪被处死，同样的惩罚也适用于逃避在要塞工作的人。"[48] 几百名士兵、平民和强制劳工因"逃工"、"抢劫"或"破坏罪"被军事法庭通过快速程序判处死刑。为起到威慑效果，被执行死刑者的名单在唯一一份继续发行的日报《布雷斯劳要塞前线报》（*Frontzeitung der Festung Breslau*）上被公开。[49]

187 　　3月底，苏联指挥官首次威胁将大规模轰炸布雷斯劳，如果"要塞"不放弃抵抗。但是尼霍夫将军拒绝投降。汉克在电话中向他的前任上司戈培尔保证，他还能"在较长时间内守住布雷斯劳"。[50]在4月1日和2日这两个复活节庆祝日，苏联空军投下了数千枚炸弹，整个老城区陷入火海。"从皇帝桥能看到整座燃烧的布雷斯劳城，那恐怖景象令人难以忘怀"，佩克特牧师写道。"火焰从大教堂的穹顶冒出来；大教堂的整个屋顶变成火海，圣米迦勒教堂、沙丘教堂、圣文生教堂、圣亚德伯教堂、圣摩里西斯教堂、圣伯尔纳定教堂、圣多福教堂以及这些教堂之间的街道全都在燃烧（……）。复活节周一晚上和夜里陷入火海的布雷斯劳真是一幅令人悲伤的画面，这座美丽城市中最美丽的地方覆灭了。"[51]

　　红军在4月中旬占领了甘道机场，并一路挺进至老城区的西部边缘。尽管部分平民对毫无意义的无休止战斗越来越感到绝望和愤怒，但汉克和尼霍夫都没有想过放弃。在4月20日希特勒生日当天的日令中，这位要塞指挥官宣誓对元首神话效忠："我们越坚决抵抗，我们对他的信心就会越强。因为阿道夫·希特勒站在勇敢的人一边，他的力量将成为我们抵抗力量的来源。"[52]阿尔伯特·施佩尔表扬汉克作为"布雷斯劳的捍卫者所取得的成就"：

"您所做出的榜样（……）在今后对整个民族来说将具有不可估量的价值，这在德国历史上也并不多见。"[53] 戈培尔和希特勒也是同样的看法。独裁者授予汉克金质德意志勋章这一很高的荣誉，并在 4 月 29 日的遗嘱中将他任命为希姆莱的继任者，即党卫队全国领袖和德国警察总监。[54]

即使希特勒死亡和柏林投降的消息传出，布雷斯劳的战斗仍在继续。5 月 4 日，《布雷斯劳要塞前线报》宣布："就连最愚钝的人也能意识到，伊万们 ① 向我们射出的每颗炮弹和投下的每枚炸弹都清楚地表明，对付像布尔什维主义这样的暴虐敌人，唯一的口号是：'战斗，团结一致！'"[55]

同一天中午，两大信仰派别的代表拜访尼霍夫将军，敦促其停止战斗。恩斯特·霍尼希（Ernst Hornig）牧师说，平民百姓的伤亡数量在以令人震惊的速度激增。每天仍有数百人丧生，面对毫无出路的局势，许多人出于绝望而被迫自杀。人们对党和军事领导层的信心降到了零点。他质问这位要塞指挥官："在这种情况下，您能在上帝面前承诺继续保卫这座城市吗？"尼霍夫敷衍教派代表们说："您的忧虑正是我的忧虑。"[56] 不过他已经秘密地决定准备

---

① 指代苏联人。

投降谈判。5 月 5 日下午，他打电话召集手下军官到他位于大学图书馆地下室的指挥所进行"最后集合"并宣布："希特勒死了，柏林沦陷了，同盟国已在德国核心地带携手。这意味着继续为布雷斯劳而战的前提条件已不存在。再出现牺牲者就是犯罪了。我决定停止战斗，并在有尊严的条件下向敌人移交城市和军队。最后一颗子弹已射完——我们已经履行了我们的职责：正如法律命令的那样。"[57]

大区领袖汉克根据紧急状态法枪杀了所有试图逃跑的人，但怎么也不会想到自己会"英勇战死"。5 月 6 日夜里，他乘坐费斯勒鹳式轻型联络观测机逃了出来，起飞的跑道正是他下令耗费巨资建成的。关于他后来的命运有不同的版本在流传。他可能在逃离苏台德地区时被捷克民兵抓住并杀害。[58]尼霍夫将军因战争罪被苏联军事法庭判处死刑，但随后减刑至 25 年监禁。1955 年，他回到了联邦德国。他与他的前任汉斯·冯·阿尔芬共同出版了《布雷斯劳之战》(*So kämpfte Breslau*)一书，在里面颂扬了在这座奥得河畔城市进行毫无意义的战斗的人和牺牲者。[59]至少有 6 千名德国士兵和 8 千名苏联士兵丧生。平民受害者人数要多得多，死亡人数估计在 1 万和 8 万之间。[60]

布雷斯劳投降仅两天后，波兰行政官员先遣队

布雷斯劳作为德国坚守到最后的城市之一，在 1945 年 5 月 6 日才投降。从市政厅鸟瞰被摧毁的内城。（akg-images, Berlin）

即抵达，目的是对这座下西里西亚首府提出的要求进行记录。根据波茨坦会议决议，将波兰版图"向西推移"是对苏联占领其东部省份的补偿，而布雷斯劳——现在被称为弗罗茨瓦夫（Wrocław）——由波兰政府管理。从 1945 年到 1947 年，这里的民族构成发生了根本变化。德国人被有组织地驱逐出境，取而代之的是从苏联吞并的东部省份"被遣返"的波兰人。1945 年 12 月底仅有 33297 名波兰人登记在册，而德国人的登记人数为其五倍多；但在 9 个月后，这一比例已被逆转：有 152898 名波兰人，德国人仅为 28274 名。1947 年 3 月，弗罗茨瓦夫共有 214310 名居民：196814 名波兰人和17496 名德国人。[61]

和布拉格一样，留下的德国人也深刻地经历了由波兰在德国占领期间所累积的仇恨导致的报复。他们常常被刚来的波兰人胁迫离开房子或公寓；他们不得不戴上带有字母"N"的白色臂章[①]，遭到团伙的袭击时得不到任何保护，或不得不登上封闭的货车被运往西部。[62] 作家雨果·哈通（Hugo Hartung）于 1940 年作为首席戏剧顾问来到布雷斯劳的城市剧院，在包围期间加入了人民冲锋队，他

---

① "N"是"Niemiec"的缩写，意为"外来人"，是对德国人的蔑称。

在 1945 年 7 月最初几天的日记里记录下了这场戏剧般的动荡："另一群人朝我们冲来，推着手推车和婴儿车，拖着疲倦的步伐，可怜，队伍长得没有尽头：来自伦贝格省的波兰人。这座城市对他们来说还不是家，不过于我们而言也不再是家了。沉默的一群群人像命运未知的木偶一样彼此擦身而过。"[63]

＊

当布拉格或布雷斯劳仍在战斗时，其他地方已经开始了新的政治生活。1945 年 5 月 6 日，130 名社会民主党人聚集在汉诺威警察总部的会议室，决定重新成立当地的社民党组织。提议者是当时 49 岁的库尔特·舒马赫（Kurt Schumacher）。他于 1895 年 10 月 13 日出生于西普鲁士小镇库尔姆（Culm），父亲是商人。他在当地上了中学，在一战开始后志愿参军。在一次右臂严重受伤后，他被陆军开除。从那时起，他致力于研究法律和国民经济学，并以论文《为德国社会民主主义国家观念而斗争》获得博士学位。1918 年 1 月，在德意志帝国尚未灭亡时，他加入了社民党。他的政治生涯始于 1920 年，当时担任斯图加特党机关刊物《施瓦本起床号》（*Schwäbische Tagwacht*）编辑。他于 1924 年成为符腾堡州议会议员，1930 年成为魏玛共和国国会议员。纳粹党团恨之入骨，因为他在 1932 年 2 月 23 日的一次备受关注的演讲中，称整个纳粹宣传是"对人们内心中的卑鄙的持续呼唤"。他抨击戈培尔说："如果必须承认纳粹主义的某一点，那就是它首次在德国政治中成功地彻底唤醒了人类的愚蠢。"

纳粹党人没有忘记这些话。1933 年 7 月，舒马赫被捕；随后，他辗转各个集中营遭受了将近十年的苦难，直到 1943 年春天，他以病重之躯从达豪集中营被释放。在盖世太保的监视下，他与妹妹在汉诺威度过了战争的最后两年。1944 年 7 月 20 日，当局采取"网格"行动猎捕原魏玛共和国各党派议员和干部，舒马赫再次被关押了一个月，大部分时间都在诺因加默集中营度过。[64]

1945 年 4 月 10 日，美军进驻这座几乎被摧毁的城市。仅仅九天后，舒马赫和一些志同道合的同志就决定重建社会民主党。在 5 月 6 日当地党组织成立大会上，舒马赫被选为主席。受到集中营痛苦监禁的影响，他以"我们不绝望！"为口号发表了纲领性演讲，总结了他在纳粹统治十二年中积累的经验，并描绘了关于民主的新蓝图。这次演讲当之无愧地被视作"战后德国社会民主主义的第一份文件"。[65] 因此，接下来将对其进行详细介绍。

舒马赫在讲话中首先强调，马克思主义不是一成不变的教条，而是"一种我们用来研究事实的方法"，于是他引用了斐迪南·拉萨尔（Ferdinand Lassalle）的话："说出事实（Aussprechen, was ist）。"首先，他分析了导致德国历史走向纳粹主义的灾难性发展脉络。他深受马克思主义历史观的影响，认为"将重工业和军备业乃至金融资本整体与普鲁士军国主义力量结为同盟"应对此承担责任。"德国帝国主义"的侵略性特征由此滋生，这使"崇拜暴力"成为一项原则，并引发了第一次世界大战的灾难。通过否认 1918 年的失败，反动势力为新的战争埋下了种子。顺着这条线，舒马赫将纳粹主义者诠释为"大资本的奴仆"，其统治必然导致人民彻底的"道德崩坏和地位下降"。在此处，舒马赫提及了他 1932 年 2 月在魏玛共和国国会大厦发表的讲话。但是，他当时针对希特勒掌权的后果发出的警告并没有引起注意。

舒马赫强烈反对德国人集体有罪的指责。"特别是我们社会民主主义者，我们是纳粹主义的真正反对者，我们与之作战却沦为受害者，这一切都'归功于'将我们与别人混为一谈的做法。"他只是鄙视那些"太多"的"愚蠢的希特勒追随者，其实不过是权力和成功的崇拜者"。这些人事后表示对政权的罪行"一无所知"简直令人难以置信。"也许他们并不了解一切，但他们知道得足够多了。至少他们对集中营的了解程度令他们感到恐惧，而这种恐惧恰恰是这套体系的主要支柱之一。同样，他们也乐于接受战争期间他们的儿子、父亲和丈夫从被占领的领土上抢走的东西。最主要的是，他们亲眼见到犹太人被蹂躏、抢劫和驱逐的残酷画面。他们不仅保持沉默，而且如果德国在二战中取得胜利可以给他们带来宁静，甚至还有微小的好处的话，那就更好了。""相当一部分人民是纳粹血腥统治的同谋"，这一点是无法被抹杀的，只能靠"今后不能再让不受控制以及无法控制的政权统治德国这种正直的洞见"来减轻罪责。

舒马赫坚决地呼吁，向那些帮助纳粹掌权的"幕后者"追究责任，包括"仅次于希特勒的最为邪恶的德国人冯·帕彭"。对这类人的惩罚比"抓捕许多因偶然原因或被迫加入的纳粹党员"更为重要。关于如何处理前"党内同志"的问题，舒马赫仍然持明确立场：社民党不应"为政治上已无家可归的纳粹分子提供任何庇护"。

舒马赫在演讲中专门用一个单独的段落来阐述未来与共产党的关系。两党在 1933 年前曾发生激烈争执，在此之后双方应该团结起来，这种愿望是可以理解的。然而，他拒绝组建"统一工人党"的想法。其主要论点是，"共产党与其中的一个胜利国关系紧密，因而它与作为国家的苏联及其外交政策目标密切相关"，"我们不能也不希望成为任何国外帝国利益专制统治的工具"。与此同时，舒马赫建议将 1933 年以前从社民党分裂出来的团体召回。社会民主主义的任务在于成为"吸引所有碎片的磁石"："一个社会民主政党只有在多政党体系中才拥有未来。"

由于社民党是"德国唯一一个坚决遵守正确的民主与和平路线的政党"，因此舒马赫呼吁社民党在战后应扮演领导角色。最后他激情洋溢地说："为了实现我们的目标，为了实现和平、自由与社会主义三位一体，我们将努力与全世界的先锋力量合作（……）。在这一任务面前，我们绝不气馁。如果我们在这一精神指引下可以帮助我们的人民，那么我们也将造福全人类！"[66]

1945 年 2 月底，时年 25 岁的安妮玛莉·兰格（Annemarie Renger）为了躲避炸弹袭击，带着她的小儿子从柏林逃到了位于吕讷堡荒地西部边缘的菲瑟尔赫韦德（Visselhövede）小镇。当她在《汉诺威信使报》（*Hannoverscher Kurier*）上读到舒马赫演讲摘录时，她感到十分振奋。"这就是我一直在等待的：我们国家的人民将挣脱麻木和绝望，开始自己解决问题（……）。这位库尔特·舒马赫先生在汉诺威重新建立了德国社会民主党，而我就是在社民党家庭中长大的，因此我也想到那里去工作！"[67]

在咨询了她曾担任工人体育运动（Arbeiter-sportbewegung）领导人的父亲的意见后，她给舒马赫写了封信，询问她是否可以被他任用。汉诺威方面很快发来了邀请。"站在我对面的那个男人又高又瘦弱"，她回忆起与舒马赫的第一次会面。"他的脸上布满了皱纹，一双蓝灰色的眼睛十分具有穿透力。我从没想过他是这样的。他当时还没过 50 岁生日，但看起来要老得多。（……）他当即问我是否能速记并以完美的熟练程度使用打字机；他说他的要求很高。我自信地回答，我非常棒，而且我还在速记协会中获过奖。"[68] 1945 年 10 月 15 日，安妮玛莉·兰格成为舒马赫的私人秘书，这也是她政治生涯的跳板：她后来成为社民党最重要的女性政治家之一，在 1972 年至 1990 年间先后担任德国联邦议院副主席及主席。

5 月 6 日，舒马赫发表主旨演讲，成为汉诺威地方党组织的领导人，并同时宣布了在英美两个占领区的领导权。他比其他人更早抓住了机会，从而无须等待军政府批准成立政党，就使汉诺威作为社民党重新出发的起点。在短短几个月内，舒马赫就在传统上属"红色"的林登（Linden）城区内的雅各布大街（Jacobstraße）10 号设立了"舒马赫博士办公室"，成为"新的权力中心和智库"。[69]

1945 年 7 月底，舒马赫在比勒费尔德告诉党内老友、前普鲁士内政大臣卡尔·泽韦林（Carl Severing）："尽管有许多障碍，但我们组建了一个相当大的政党，并已就事务性工作和人员安排与不伦瑞克、汉堡、符腾堡、巴登、黑森和黑森－拿骚的同志达成一致。"[70] 8 月 20 日，英美占领区 19 个重新成立的地方党组织中有 14 个表示支持舒马赫，并授权他筹备联合会议。[71]

1945 年 8 月 28 日，舒马赫发出 10 月初在汉诺威举行第一次党代会的邀请。随邀请函一起发出的还有"政治指导方针"，用以协助党干部制定政策、开展讨论。指导方针从一开始就指出，民主与社会主义之间存在密不可分的关系："社会主义本身就是民主的，它为劳动人民的思想、政治和经济解放而斗争，为反对暴力和奴役的权利与自由而斗争。"同时，舒马赫强调德国人享有"在自己的国家实行民族自决（……）的权利"。因此，社民党是"所有分裂势力最尖锐、最严厉的敌人"。这里埋下了与其未来主要竞争对手、之后的联邦总理康拉德·阿登纳冲突的种子，后者致力于推动联邦德国与西方的联系，不惜以德国分裂为代价。舒马赫再次明确表示，尽管他不希望"一个反共主义者，甚至反苏势力成为政治领袖"，但他坚决拒绝与共产党组成一个"统一党"，因为德国共产党与苏联及其外交政策目标是"不可分割"的。[72]

10月5日至6日，社民党伦敦流亡理事会的三名代表——埃里希·奥伦豪尔（Erich Ollenhauer）、弗里茨·海涅（Fritz Heine）和艾尔温·肖特勒（Erwin Schoettle）乘坐英国军用飞机出席了在汉诺威附近文尼希森（Wennigsen）举行的会议。看到到处都是废墟的场景，他们感到十分震惊。"从海岸飞往德国的途中，我们就已经看到四处都是可怕战争的痕迹"，艾尔温·肖特勒说。"当我们飞过奥斯纳布吕克上空时，席卷整片土地的恐怖画面向我们展开。在临近傍晚的阳光下，一片空旷的废墟，空荡荡的窗洞是那么阴森黑暗，向我们预示着在汉诺威将要直面的一切：被摧毁的德国城市是二战结束时的一种常态。"[73] 舒马赫与这几位伦敦移民很快就所有重要问题达成了共识。奥伦豪尔被舒马赫的卡里斯马式个人魅力所折服，并愿意服从其领导。他在返回伦敦时报告说："这个党正在被一支真正重要的力量重新带向正途。"[74]

从苏联占领区来的代表反应则不同。1945 年 6
月，由奥托·格罗特沃尔（Otto Grotewohl）、马
克斯·费希纳（Max Fechner）和埃里希·格尼夫
克（Erich Gniffke）领导的一群前柏林社民党人在
苏占区成立了社民党"中央委员会"，该组织提倡
工人阶级在组织方面的统一，原则上支持与德国共
产党合并。但这与舒马赫的意图背道而驰，他在会
议期间的大部分活动都是在反对柏林代表占主导地
位，拒绝德国共产党与社民党的合并宣传："我们不
能让社民党及其支持者依附于某个单独占领区提出
的条件和前提。"[75] 因此，格罗特沃尔同意，只要
"帝国统一"尚未恢复，柏林的"中央委员会"将只
负责领导社民党在苏占区的工作，而舒马赫则在西
部三个占领区担任"政治代表"。舒马赫在致卡尔·
泽韦林的一封信中总结了会议最重要的成果："实际
上，因柏林同志的主张而可能引起的政治危险已经
解除了。"[76]

后来事态进一步发展。苏占区的德国共产党
对格罗特沃尔和"中央委员会"不断施压，要求
与他们合并，柏林社民党对此的反对声也愈加强
烈。1946 年 3 月 31 日，柏林市西部的三大占领区
中超过 82% 的人投票反对强制合并。14 天后，在

柏林苏占区的海军上将剧院（Admiralspalast）举行"统一代表大会"，决定成立"德国统一社会党（SED）"。

几周后的 5 月 9 日，来自西部三大占领区的代表再次出席在汉诺威举行的党代会，几乎一致选举库尔特·舒马赫为社民党第一任党主席。至此，他无可争议地跃升为党魁。他在会议最后自信地宣布："社会民主党将成为德国的决定性因素，否则德国将一事无成，而欧洲将成为动荡和腐朽的根源。" 77

*

1945 年 5 月 6 日，弗朗西谢克·斯基比恩斯基（Franciszek Skibiński）上校率领波兰第 1 装甲师部队进驻弗里斯兰城市耶弗尔（Jever）。该师于 1942 年在苏格兰组建，是在伦敦的波兰流亡政府武装力量的一部分。它曾参与盟军的诺曼底登陆行动，并与英国和加拿大部队一同穿过法国北部和比利时赴威悉河—埃姆斯河地区作战。当英军迅速向易北河进发时，这支波兰军队转而向北进军，占领了耶弗尔和威廉港（Wilhelmshaven）。"经过的村庄和地区竖起了白旗。大批获释的战俘和强制劳工在街上欢呼。德国平民一脸惊恐（……）"，斯基比恩斯基说。"在耶弗尔的一家酒店，也就是我们部队总部所在地，已经飘动着一面巨大的波兰国旗。"县长、市长和酒店老板在入口处迎接上校。据说斯基比恩斯基威胁这些绅士说："如果这座城市里有人想向波兰士兵扔棍子或向波兰军营扔石头，那么你们三个人将被绞死，而这座城市将灰飞烟灭。"[78]

三天前的 5 月 3 日下午，在耶弗尔发生了一件不寻常的事情：超过 2000 人聚集在城里最大的老集市广场上，大声抗议这座城市在最后一刻仍要抗击盟军的命令。想要安抚人群的指挥官赫尔曼·奥特（Hermann Ott）被人从讲台上轰了下来。弗里斯兰地区纳粹党负责人汉斯·弗吕格尔（Hans Flügel）随后到达，也没能让情况得到改善。他要求坚持抗击的口号被骚乱声淹没。有人喊道："绞死！把这些纳粹分子挂到路灯上去！"两名男子抓住弗吕格尔，夺走了他手中的枪。一些勇敢的市民在城堡塔楼上悬挂起白旗。他们当晚被一支海军陆战队逮捕，并于 5 月 4 日被带到威廉港。他们幸运地活了下来，主要是因为不久后德国西北部的局部投降的消息就公布于众了。

耶弗尔的许多居民知道德国人在波兰所做的

事情，他们担心出现最坏的情况。但是令人惊讶的是，事实并非如此。一名亲历者回忆说："起初我们很害怕波兰人，但他们的所作所为无可指摘。"[79]波兰军队于 5 月 20 日和 21 日就离开耶弗尔和威廉港。英国和加拿大部队随后赶到。

1945 年 5 月 7 日

1945 年 5 月 7 日，午夜 0 点 15 分，约德尔大将从艾森豪威尔总部发来的电报抵达弗伦斯堡，请求授权签署无条件投降书。海军元帅邓尼茨立即召集其最亲近的同事讨论局势。他们一致认为艾森豪威尔的要求是"绝对敲诈"。尤其是他威胁的话，即"如果遭到拒绝，将把他战线以东的所有德国人移交苏联人"引发了众怒。但另一方面，这些人很清楚，在前一天还表示反对全面投降的约德尔，一定是出于其他"重要原因"才别无选择。毕竟将截止日期定为 5 月 9 日凌晨 0 点 01 分，已经获得了48 小时的时限用来"大规模营救东部的军队"。凌晨 1 点左右，邓尼茨向约德尔发送电报，授权他宣布无条件投降。[1]

与此同时，在兰斯的签字仪式的准备工作正在进行。在大楼二层的地图室，用以捕捉这一历史性时刻的摄像机和麦克风已就绪。凌晨 2 点 41 分，约德尔在海军上将冯·弗里德堡和威廉·奥克塞纽斯（Wilhelm Oxenius）少校的陪同下签署了投降文件。沃尔特·比德尔·史密斯将军代表盟军远征军签字，伊凡·苏斯洛帕罗夫将军代表苏联最高指挥部签字，法军少将弗朗索瓦·塞维兹（François

Sevez）为见证人。艾森豪威尔的参谋长观察到，德国人按照标准军事礼仪坐在那里，"面部表情僵硬"。但是他不记得桌旁的盟军军官们在漫长的战斗结束后曾流露任何兴高采烈的神情。这更像是"一个庄严的感恩时刻。"[2] 约德尔在一份简短的声明中呼吁胜利方实行从宽处理。随着他签下名字，国防军和德国人民以"宽容和耻辱"的方式被移交给了对方："双方在这场战争中所承担和遭受的也许比世界上任何民族都要多。在这一刻，我只能请求胜利者对失败方宽容以待。"[3] 随后，约德尔和他的两位同伴被带到艾森豪威尔那里，此前后者一直避免与邓尼茨政府的代表会面。这位盟军远征军总司令询问德国人是否理解了文件的所有要点，是否准备尽其所能认真执行这些条款。德国人给出肯定答复，向他敬礼，然后离开了房间。[4]

　　该文件第 1 条宣布"陆、海、空三军所有武装力量"同时对盟军最高指挥官以及苏维埃最高司令部"无条件投降"。第 2 条规定德军最高指挥部承诺立即向其控制下的武装部队发出命令，要求其于中欧时间 5 月 8 日 23 点 01 分（即德国夏令时 5 月 9 日凌晨 00 点 01 分）停止战斗并原地待命。[5] 直到 10 点 55 分，邓尼茨政府才收到投降书全文。他们通过无线电和电话将消息传至国防军部队。此外，海军元帅派遣信使飞往各集团军指挥部，意在向指挥官们解释作出全面投降决定的必要性，并敦促他们忠诚执行。[6]

　　中午 12 点 45 分，"帝国临时政府"首席部长什未林·冯·科洛希克伯爵在广播中公布了所有部队无条件投降的消息。他说这是德国历史上的"悲剧时刻"："经过近六年艰苦而英勇的斗争，德军输给了对手具有压倒性的力量。继续战争仅仅意味着毫无意义的流血和无用的破坏。作为对我们人民的未来负有责任心的政府，必须从一切躯体以及物质力量的崩溃中吸取教训，并请求敌人停止敌对行动。"毫无疑问，未来的日子会很艰难，所有德国人都被要求作出重大牺牲。但是，人们不应该陷入绝望以及听天由命。在此，什未林·冯·科洛希克伯爵恳请大家拥有"人民共同体的思想"，人们可以在战时"前线战斗的兄弟情，互助以解燃眉之急的邻里情"中找到它"最美好的诠释"。

　　在这里，什未林·冯·科洛希克伯爵一方面采用了纳粹典型的宣传模式，另一方面，他首次与前暴力政权划清了界限："我们必须使法律成为人民生活的基础（……），我们也必须出于内心的信念尊重以及承认法律是各国人民之间关系的基础。我们应对缔结的条约神圣以待，我们的民族应隶属于

1945 年 5 月 7 日夜里，阿尔弗雷德·约德尔大将在盟军位于兰斯的总部签署无条件投降书。（左起：威廉·奥克塞纽斯少将、约德尔、海军上将汉斯 – 格奥尔格·冯·弗里德堡）。（akg-images, Berlin）

欧洲民族大家庭，作为其中一员，我们应贡献一切人道主义、道德和物质力量来治愈战争所造成的可怕创伤。"[7]

约德尔于下午 4 点返回，并汇报了在兰斯的谈判情况。他再次抱怨了"艾森豪威尔毫不妥协的生硬态度"。他说，艾森豪威尔不仅威胁美军将坚决拒绝接收国防军部队，从而将其移交给红军，而且还宣布将轰炸仍未被占领的石勒苏益格地区的城市，理由是三天前对蒙哥马利的局部投降对美国空军无效。在弗伦斯堡进行详细讨论后，结果是，除了无条件全面投降，没有其他选择。"别无他法。"[8]

*

1945 年 5 月 7 日上午，刚刚担任卑尔根－贝尔森副营长的英军中尉阿诺德·霍威尔（Arnold Horwell）迎来一位意外的访客。一名身穿美军制服、戴着头盔、穿着作战靴的女性走进他的办公室，并自称"迪特里希上尉"。她听说姐姐莉塞尔在卑尔根－贝尔森，希望能获得允许与姐姐见面。霍威尔在惊讶之余意识到站在他面前的人是谁：著名的好莱坞女星玛琳·迪特里希。[9]

卑尔根－贝尔森集中营在三周前才被英军解

放。在战争的最后几个月里，没有任何地方像这里一样有如此多的囚犯死于疾病和折磨。仅在1945年3月，平均每45000名囚犯中就有18168人丧生，其中就有安妮和玛戈特·弗兰克（Anne und Margot Frank）姐妹，她们是在1944年10月底从奥斯威辛集中营被运送来的。在党卫队司令约瑟夫·克莱默（Josef Kramer）1945年4月15日移交营地时，英军目睹了可怕的景象：超过13000具尸体散布在整个营地；解放后仍有数千人丧生。[10]

玛琳·迪特里希当时作为慰军艺人为美国将军奥马尔·纳尔逊·布莱德利（Omar Nelson Bradley）在慕尼黑的部队工作。前一天她刚刚被告知，有位名叫伊丽莎白·威尔（Elisabeth Will）①的女士向卑尔根－贝尔森的英国占领军报告称是她的姐姐。迪特里希已经整整六年没有收到莉塞尔的消息了，她猜测纳粹将莉塞尔送到集中营，作为对其妹妹为美军服务这一行为的惩罚。5月7日早晨，迪特里希乘坐布莱德利的飞机前往吕讷堡荒地的法斯贝格（Fassberg）军用机场，然后换乘吉普车驶向距离该地30公里的卑尔根－贝尔森。但是，当霍威尔把伊丽莎白·威尔叫过来并指

---

① 莉塞尔（Liesel）是伊丽莎白（Elisabeth）的昵称。

1945 年 4 月 15 日，解放后的皁尔根－贝尔森集中营：在英国士兵的监视下，原看守和德国平民在掩埋尸体。（akg-images, Berlin）

出她绝非受害者时，迪特里希感到十分困惑。其原
因在于，她和她的丈夫乔治·威尔（Georg Will）
在战争期间经营过一家部队电影院，以供国防军士
兵以及在集中营值班的党卫队娱乐和放松。

204

这一发现令玛琳·迪特里希感到震惊。她的担
心，即这种尴尬的亲戚关系可能会给她在对抗希特
勒德国时无可指摘的表现蒙上阴影，并非杞人忧天。
尽管她答应了姐姐将来会给予其物质援助，但她提
出了相应的条件：伊丽莎白·威尔必须确保尽可能
地低调行事，不能接受采访，简而言之，即否认自
己是玛琳·迪特里希的姐姐。[11]

玛琳·迪特里希（原名玛丽·玛格达琳·迪特
里希，Marie Magdalene Dietrich）于 1901 年 12
月出生于柏林舍嫩贝格区（Schöneberg），与大她
两岁的姐姐伊丽莎白一起在一个典型的中产阶级家
庭中长大。她的父亲路易斯·埃里希·奥托·迪特
里希（Louis Erich Otto Dietrich）是一名警官，
母亲约瑟芬（Josephine）是一名珠宝商的女儿，
其父亲在菩提树下大街（Unten den Linden）经营
着一家高级手表和珠宝店。从一开始，两姐妹就表
现出很大的不同：伊丽莎白个子小，微胖，害羞而
内向；玛琳则迷人而有趣，年轻时就招男孩喜欢。
在父亲 1908 年去世后，她们的母亲与普鲁士军官

爱德华·冯·洛施（Eduard von Losch）结婚，后
者因在战争中受伤于 1916 年 6 月去世。这位寡妇
对女儿们的教育非常严格，她十分注重像勤劳、荣
誉和纪律这些所谓的"普鲁士美德"。姐姐会对此
顺从，玛琳在日记中称其为"可怕的道德哈巴狗"，
而身为妹妹的她则早就尝试反抗。

　　在进入柏林威尔默斯多夫区的维多利亚露易丝
学校（Victoria-Luisen-Schule）上学后（玛琳在
1918 年就辍学了），两姐妹就走上截然不同的路：
伊丽莎白开始接受师范教育，玛琳则在成为小提琴
演奏家的梦想破灭后，开始混迹于柏林文化圈。她
积攒了最初的舞台表演经验，还在无声电影中饰演
配角。在拍摄电影《爱情的悲剧》时，她邂逅了制
作经理鲁道夫·席贝尔（Rudolf Sieber），两人于
1923 年 5 月结婚。1924 年 12 月，他们唯一的女
儿玛丽亚出生。[12]

　　1929 年，好莱坞导演约瑟夫·冯·斯登堡
（Josef von Sternberg）选中这位新生代女演员，
让她在根据海因里希·曼（Heinrich Mann）的
小说《垃圾教授》（*Professor Unrat*）改编的电
影《蓝天使》中饰演萝拉。这个轻佻妩媚的女性角
色简直是为她量身定制。她展露的锋芒甚至盖过了
片中的主演，即著名演员埃米尔·雅宁斯（Emil

Jannings），并由此为成为国际巨星奠定基础。在柏林"荣耀（Gloria）"电影宫首映后，她随即跟随约瑟夫·冯·斯登堡前往美国。她和派拉蒙（Paramount）电影公司签了一份七年的高薪合同。在她的第一部好莱坞电影《摩洛哥》（1930）中，她的搭档是加里·库珀（Gary Cooper）。斯登堡与她接连拍了好几部电影，包括《上海快车》（1932）、《金发维纳斯》（1932）、《放荡的女皇》（1934）和《魔鬼是女人》（1935）。柏林女孩幸运地转型为好莱坞女神。[13]

然而，她的姐姐伊丽莎白的生活则黯淡得多。1926年，她与剧院经理乔治·威尔结婚。为了他，她放弃了老师的工作；他们的儿子汉斯－格奥尔格于1928年6月出生，从此她完全投入家庭。虽然她的丈夫是纳粹党员，但是自1933年起被禁止工作，因为他曾与犹太作曲家弗里德里希·霍兰德（Friedrich Hollaender）一起经营"廷格尔－坦格尔（Tingel-Tangel）"剧院。1936年8月，乔治·威尔写信给帝国文化协会（Reichskulturkammer）负责人汉斯·辛克尔（Hans Hinkel），请其帮助自己"尽快找到一份新工作，在新闻界或是剧院都可以"。他还特别强调，他始终全力支持"国家事业"，例如，他在1919年以"高地志愿军

（Freikorps Oberland）"成员的身份参与过慕尼黑和上西里西亚的"解放运动"。[14]

这时，戈培尔还没有放弃让玛琳·迪特里希重返德国的希望。1936 年 4 月，他观看了玛琳与加里·库珀合作的第二部电影《欲念》，并在日记中写道，这两人都是"真正的好演员（……），尤其是迪特里希，可惜德国不再拥有她了"。[15]他在1937 年 2 月观看了由玛琳·迪特里希和查尔斯·博耶（Charles Boyer）共同主演的美国早期彩色电影《乐园思凡》后，认为这部电影虽然"很愚蠢并且在胡说八道"，但他仍然觉得"迪特里希演得很棒"。[16]

为了努力让这位好莱坞明星"返回帝国"，戈培尔还拉拢了她的姐夫。尽管来自柏林的呼唤均告无用，因为玛琳·迪特里希于 1937 年 3 月申请成为美国公民，但乔治·威尔获得了回报：宣传部委托这名失业的歌舞导演管理部队训练区的三家电影院，它们分别位于勒恩山中的维尔德弗莱肯（Wildflecken in der Rhön）、法灵博斯特尔附近的欧尔布克（Oerbke bei Fallingbostel）以及卑尔根－贝尔森。他在维尔德弗莱肯和欧尔布克的电影院担任总经理；在可容纳近 2000 人的卑尔根－贝尔森部队大型电影院，他则亲自承担管理工作。

206

二战爆发前，他的妻子和儿子就已来投奔他。一家人搬进了电影院楼上的宽敞公寓。伊丽莎白·威尔在战争期间没有留下任何书面记录。距她只有两公里远的恐怖集中营对她来说并不是秘密。[17]

　　1939 年 6 月，玛琳·迪特里希获得美国国籍。几周后，电影《碧血烟花》开始拍摄，她在其中扮演沙龙女歌手芙兰琪（Frenchy）一角，延续了她在 1920 年代后期饰演过的角色。她所演唱的歌曲《幕后智囊团》（*The Boys in the Back Room*）几乎与《蓝天使》中的《我从头到脚为爱而生》（*Ich bin von Kopf bis Fuß auf Liebe eingestellt*）一样受欢迎。欧洲战场似乎很遥远，但是由于 1941 年 12 月日本袭击珍珠港，美国也被卷入战争。玛琳·迪特里希前往全国各地，帮助推行战争债券。她与其他明星一起在"好莱坞食堂"为士兵做饭，到医院探望伤员。最终，她决定积极参加对希特勒德国的斗争。"我对希特勒引发的战争负有共同责任。我想帮助尽快结束这场战争。"她在 1979 年公开发表的回忆录中写道。[18]

　　迪特里希向美国联合服务组织（United Service Organizations，简称 USO）提出慰问海外军队的申请。1944 年 4 月，她得偿所愿。她身着制服，以上尉的身份飞往阿尔及尔。她为那里的美国士兵举办了她的第一场音乐会。很快她的一首保留曲目诞生了：《莉莉玛莲》(*Lili Marleen*)，它在德军和盟军中都广受欢迎。她随盟军继续前进，从北非前往意大利。1944 年 6 月初，即盟军登陆诺曼底几天前，她与美国士兵一起进驻罗马。在 1944 年 8 月接受《纽约先驱论坛报》(*New York Herald Tribune*) 采访时，她说道，罗马人看到在吉普车上的她时，都不敢相信自己的眼睛："他们一定觉得美国人很棒。我们带给他们自由、面包，甚至电影明星。"[19]

在纽约短暂停留后，玛琳·迪特里希于 1944 年 9 月开始了她的第二次美国联合服务组织巡回演出。从巴黎开始，她加入了乔治·S. 巴顿 (George S. Patton) 将军正在行进的部队。在 1944 年 12 月的阿登战役，即希特勒对试图扭转局面作出的最后一次尝试中，她和一支美军部队遭到包围，险些成为俘虏。

在越过德国—比利时边界后，她与德国人的首次相遇完全不像她之前所担心的那样。她回忆说："我们到达德国，令人惊讶的是，这里没有威胁，没有任何让人感到害怕的事情。""街上的人们特别想和我拥抱，他们希望我能帮忙让美国人喜欢他们，他们都非常友好。"[20] 4 月中旬，她跟随美军穿

1945 年春，"好莱坞女神"玛琳·迪特里希和美国士兵在德国。
（picture alliance/Keystone/akg-images, Berlin）

越德国南部前往波希米亚。在皮尔森，美军和苏军士兵一起庆祝胜利，这是玛琳·迪特里希第一次在红军士兵面前唱歌。几天后，即 5 月初，她在慕尼黑收到了那个住在卑尔根－贝尔森自称是她姐姐的女人的消息。[21]

"谢谢你特意过来"，伊丽莎白·威尔在于卑尔根－贝尔森与妹妹重逢的两个星期后给她写信，并补充道："我也坚信你会找到妈妈的。"[22] 约瑟芬·冯·洛施确实在柏林幸存了下来。1945 年 9 月，玛琳·迪特里希乘军用飞机前往柏林滕珀尔霍夫机场，她的母亲在那里迎接她。她几乎完全认不出这座离开了十五年的城市，"威廉皇帝纪念教堂被炸毁，动物园火车站、陶恩齐恩大街、约阿希姆塔勒大街——一切都成为废墟（……）"，她在给丈夫鲁道夫·席贝尔的信中写道。尽管自身绯闻不断，但她仍与他保持婚姻关系。她母亲住的房子被烧毁了。"阳台掉了下来，妈妈一直在废墟中搜寻，在上面（……）按照我的脸打造的青铜面具没有受损！然后她坐着哭了很长时间。"[23] 玛琳·迪特里希每天为美国士兵表演两次。1945 年 10 月，她回到巴黎。约瑟芬·冯·洛施于 1945 年 11 月初去世，享年仅 63 岁。

1945 年 11 月，玛琳·迪特里希再次在卑尔根－贝尔森作中途停留，显然她秘密安排了第二次见

面。像政权中的许多随波逐流者一样，乔治·威尔
在战争结束后迅速改变立场，承诺为占领者效力。
他被允许继续经营电影院，主要为英军提供娱乐。
1950年租约到期后，他在汉诺威开了一家"大都
会电影院"。他把妻子留在卑尔根－贝尔森。她在
那里过着僻静的日子，但没有物质上的困难，因为
玛琳将从德国获得的唱片收入中的很大一部分给了
姐姐，并一次又一次地慷慨解囊。作为回报，伊丽
莎白遵守协议：身为著名女星的姐姐，她不能出现
在公众面前。[24]

战后，玛琳·迪特里希又拍了几部电影，包括
1948年比利·怀德执导的《柏林艳史》，她在其
中扮演一名风情万种且拥有不光彩过去的夜总会歌
手。1953年，她开始了作为歌手的第二职业，最
初是在拉斯维加斯的撒哈拉酒店和伦敦的巴黎咖啡
厅。不久，她开始了全球巡回演出。在1960年的
欧洲巡演时，她也设定了德国站。在这里，她并没
有得到热情的欢迎。在许多德国人眼中，这位勇敢
的反纳粹斗士被视为"祖国的叛徒"。在美国，她
于1947年获得了"自由勋章"，这是平民能获得
的最高荣誉之一。[25]

玛琳偶尔邀请她的姐姐参加她的客座演出，然
后秘密地与之会面。1973年5月7日，即两姐妹

第一次在卑尔根 – 贝尔森会面的 28 年后，伊丽莎白·威尔因房屋火灾去世。[26]

玛琳·迪特里希比她的姐姐多活了近二十年。1961 年，她拍摄了最后一部电影大片《纽伦堡大审判》。合作演员斯潘塞·特雷西（Spencer Tracy）在片中扮演法官丹·海伍德（Dan Haywood），她饰演一位国防军将军的遗孀。这位国防军成员被美军当作战犯吊死，这个角色和 1945 年后的大多数德国人一样，声称对纳粹的大规模罪行一无所知。1975 年 9 月，她在悉尼的舞台上摔倒，股骨颈骨折，不得不结束其歌手生涯。她就此完全隐退，直到 1992 年 5 月 6 日去世前，她都住在位于巴黎香榭丽舍大街附近的蒙田大道的公寓中。演员兼导演马克西米利安·谢尔（Maximilian Schell）于 1982 年秋天在那里采访她时，问她是否有兄弟姐妹，她只回答："没有。"[27]

*

就在同一天，德国在荷兰占领区的总督阿图尔·赛斯 – 英夸特在汉堡被捕，数千人聚集在阿姆斯特丹市中心的水坝广场（Dam）。5 月 7 日这天充满了喜庆的气氛，因为期待已久的解放者加拿大第

1 军团的士兵终于要在中午时分到来。时间一小时又一小时过去了，人群耐心地等待着。突然，下午3点左右，广场上响起了枪声。德国海军士兵在一栋建筑物的二楼设置了防御工事，并有目的地向人群开枪。人们惊慌失措地试图逃跑，或者趴在地面上。"这是阿姆斯特丹人在最终获得解放，并且不再害怕那些可恶占领者之前的最后一出悲剧"，历史学家和记者芭芭拉·博伊斯（Barbara Beuys）在记录德国占领时期阿姆斯特丹的历史时写道。"22 名阿姆斯特丹市民用自己的生命为水坝广场的庆祝日付出了代价。有 60 人受了伤。人们惊恐地离开市中心逃回家中。" [28]

这一悲剧开始于 1940 年 5 月 10 日早上，那一天德国国防军士兵越过荷兰边境。荷兰政府使民众误以为希特勒会尊重该国的中立立场。因此，当他们不得不和英国、法国和比利时一样与东部的好战邻国交战时，他们的反应更为惊慌失措。5 月 13 日，威廉明娜（Wilhelmina）女王和大臣们逃往伦敦；5 月 15 日，荷兰投降。当天，德军便挺进阿姆斯特丹。5 月 26 日，帝国总督赛斯－英夸特抵达海牙，接管了该国政府的最高权力。起初，他似乎奉行"温和政策"。阿姆斯特丹的历史老师亨德里克·扬·斯梅丁（Hendrik Jan Smeding）在

6 月 5 日的日记中如释重负地写道："我们从一个噩梦中稍微醒来：暂时还没有对犹太人的迫害；没有大搜捕；没有在大学里进行清洗。"[29]

战争开始时，140000 名荷兰犹太人中有近80000 人居住在阿姆斯特丹，其中包括近 7000 名德国犹太移民。他们中就有弗兰克一家四口——奥托·弗兰克（Otto Frank）、他的妻子伊迪丝（Edith）以及两个女儿玛戈特和安妮，他们于1933 年从美因河畔法兰克福来到阿姆斯特丹，住在位于城市南郊的梅尔韦德广场（Merwedeplein）37 号公寓。和其他阿姆斯特丹市民的感觉一样，对他们来说，德国占领下的生活起初似乎并没有太大改变。但螺丝在不断地被拧紧。为奥兰治王室举办的集会不再被容忍，电影审查制度被引入，除安东·阿德里亚·穆塞特（Anton Adriaan Mussert）领导的荷兰国家社会主义运动（简称NSB）外，所有其他政党都被禁止。1940 年 10 月，共约 25000名阿姆斯特丹公务人员——从门房到教授——都必须提交一份"雅利安人声明"。随后，犹太官员和雇员遭到解雇。

1941 年 1 月，赛斯－英夸特命令所有"拥有全部或部分犹太血统的人"必须进行登记。这是要进一步统计犹太人口的情况并对其进行社会隔离。

211

咖啡馆、饭店和旅馆很快挂出"犹太人禁止入内"的标语。同时，荷兰纳粹暴徒开始在阿姆斯特丹街头殴打犹太人。如果他们遇到反抗，高级党卫队领袖和警察局长汉斯·阿尔宾·劳特（Hanns Albin Rauter）就以此为借口进一步拧紧暴力的螺丝。1941年2月22日至23日，在阿姆斯特丹的一次突袭中共有400多名犹太男性在大搜捕行动中遭到逮捕，并被驱逐到布痕瓦尔德集中营。2月25日，为声援被迫害者，阿姆斯特丹市民让公共交通工具瘫痪，数万抗议者强烈反对占领者的苛政。抗议活动很快遭到了报复：四名共产党工人和一个非法小团体的十五名成员在斯海弗宁恩（Scheveningen）附近的沙丘中被枪杀。1941年3月12日，赛斯-英夸特在著名的阿姆斯特丹音乐厅（Concertgebouw）宣布："无论在哪里遇到犹太人，我们都要击倒他们，与他们站在一起的人将承担后果。"[30]

反犹太政策开始逐步收紧。犹太人被禁止进入酒吧、电影院、剧院和游泳池，他们被要求交出收音机，犹太医生和律师不再被允许接待"雅利安血统"的病人和顾客，并且不再允许犹太儿童上公立学校。对于12岁的安妮·弗兰克和她的姐姐玛戈特来说，这意味着自1941年10月起，她们每天都必须长途跋涉去上新成立的犹太女子学校。自

1942 年 5 月 3 日起，即德国强制要求犹太人佩戴特殊标志的八个月后，荷兰所有六岁以上的犹太人都必须佩戴上面印有"Jood"①字样的黄色六芒星。自 5 月以来转为地下发行的《誓言报》（*Het Parool*）谴责了这一无耻行径：这不仅是"对犹太人的侮辱，也是给整个荷兰人民一记耳光"。[31]

1942 年 6 月 12 日，安妮·弗兰克在梅尔韦德广场 37 号庆祝自己的 13 岁生日。她的父亲送给她一本套着方格图案布制封皮且带有按扣的日记本作为礼物。"我希望，我能够向你吐露迄今为止没能向任何人吐露的一切，希望你能给予我很大的支持。"这是日记里的第一句话。[32] 八天后，她自我批评地写道："无论是我还是其他任何人，未来不会有谁对一名 13 岁女学生的自白感兴趣。"[33] 她错了！这本一直记录到 1944 年 8 月 1 日，直到被捕前不久才停笔的日记，成了记录纳粹统治欧洲时期犹太人命运的最杰出、最动人的证词，而作者本人因而举世闻名。

1942 年 4 月中旬，阿道夫·艾希曼在阿姆斯特丹逗留期间通知犹太移民局中央办公室（Zentralstelle für jüdische Auswanderung，简称 ZjA）负责人费

---

① 荷兰语"犹太人"。

迪南德·奥斯·德·芬滕（Ferdinand aus der Fünten），从夏天开始要把犹太人驱逐到"东部"的灭绝营。犹太移民局中央办公室在筹备该项行动时，主要依据市政当局于1941年1月完成的统计数据。1942年7月5日，首批赴德国投入"义务劳动"的通知下达。在同一天，玛戈特·弗兰克就收到了要求去中央办公室登记的通知。这最终促使奥托·弗兰克与家人躲藏到他筹备了很久的藏身之处中，即位于王子运河大街（Prinsengracht）263号他原来办公楼的后排房屋。接下来几天，赫尔曼（Hermann）和奥古斯特·范·佩尔斯（Auguste van Pels）夫妇以及他们的儿子彼得（Peter），牙医弗里茨·普费弗（Fritz Pfeffer）也躲了进来。在完成了这次充满危险的搬家后，安妮·弗兰克在7月8日记录道："发生了太多事情，仿佛整个世界突然颠倒过来。"³⁴

7月14日到15日的夜里，第一列驱逐犹太人的列车离开主火车站。在韦斯特博克（Westerbork）中转营短暂停留后，这些犹太人被继续运往奥斯威辛－比克瑙集中营。到1942年底，已经有40000名阿姆斯特丹犹太人被"运往东部"。躲在王子运河大街的八个人对那里发生的一切不敢想象。1942年10月9日，安妮·弗兰克写道："除了悲伤和令人消沉的消息，别无其他。""我们的犹太朋友们很快被一群群地逮捕。盖世太保对待这些人毫不留情。他们坐着牲畜车被运到韦斯特博克。"父亲的前雇员梅普·吉斯（Miep Gies）冒着生命危险给躲在房子里这几个人提供食物，她这样描述集中营里的可怕状况："人们几乎吃不到任何东西，更别提喝的了（……）。如果荷兰的情况就已经如此糟糕，那波兰会怎样呢？我们猜测，大多数人将被杀害。英国广播提到了使用毒气杀人，也许这是最快让人死去的办法。"[35]

在大搜捕任务中，警察和党卫队得到"亨内基部队（Kolonne Henneicke）"的支持，这是一支由威廉·克里斯蒂安·亨内基（Willem Christiaan Henneicke）率领的、由 54 名荷兰内奸组成的队伍，负责追踪躲在家中或地下室的犹太人。仅在 1943 年 3 月和 4 月，该组织就抓到了将近 6000 名受害者，犹太移民局中央办公室按人头奖励 7.50 荷兰盾。1943 年 10 月初，占领者正式宣布阿姆斯特丹已经"没有犹太人"。虽然搜捕躲藏起来的犹太人的工作仍在继续，但有组织的大规模搜捕行动已经结束。[36]

躲藏中的弗兰克一家和其他几位受难同胞一直忍耐着，并且害怕被发现。1944 年 6 月 6 日，盟

213

军诺曼底登陆的消息让他们燃起了希望。"后排房子里的大家都感到振奋",安妮·弗兰克写道。"期待已久的解放,说了太多次的解放,过于美好且童话般的、但似乎无法实现的解放真的来临了吗?今年,1944年,会给我们送来胜利吗?我们还不知道,但是希望令我们生机勃勃,给我们勇气,使我们重新强大。"[37]

仅仅八周后,即1944年8月4日,由党卫队二级小队长卡尔·约瑟夫·西尔贝鲍尔率领的四人搜查队闯入王子运河大街的后排房屋,逮捕了躲藏在此处的八个人。不知道究竟是谁泄露了他们的藏身之处。梅普·吉斯不久后来到空荡荡的公寓,拿走了一些散落在地板上的文件,其中就有安妮·弗兰克的日记。被捕的八人先被运往位于韦特林尚斯街(Weteringschans)的拘留所,四天后被带到韦斯特博克。9月3日,最后一趟运输车离开该中转营。在近1000人中——有498名成年男性、422名成年女性和79名儿童,其中包括伊迪丝和奥托·弗兰克、他们的两个女儿、范·佩尔斯夫妇和他们的儿子彼得以及弗里茨·普费弗。9月5日,火车抵达奥斯威辛-比克瑙集中营。

安妮和玛戈特·弗兰克于10月底因疏散命令被运往卑尔根-贝尔森。她们没能在那里灾难性

的生存条件中幸存。她们的母亲伊迪丝于 1945 年
1 月 6 日在奥斯威辛集中营去世。赫尔曼·范·佩
尔斯于 1944 年 10 月在奥斯威辛被毒气杀死。他的
妻子奥古斯特从奥斯威辛经卑尔根－贝尔森和布痕
瓦尔德被运往泰雷辛施塔特集中营。她的确切死亡
日期不得而知。彼得·范·佩尔斯跟随死亡行军到
达毛特豪森，他于 1945 年 5 月 5 日，即美国人解
放该集中营的当天去世。弗里茨·普费弗于 1944
年 12 月 20 日在诺因加默集中营逝世。奥托·弗兰
克在奥斯威辛活了下来，是八人中唯一的幸存者。
1945 年 6 月 3 日，他回到阿姆斯特丹。梅普·吉
斯将日记交给他时说："这是您女儿安妮留给您的
遗物"。[38]

　　1944 年 9 月 5 日，即运囚车从韦斯特博克抵
达奥斯威辛的那一天，在荷兰历史书中被称为"疯
狂的星期二"。在前一天，帝国总督赛斯－英夸特
宣布阿姆斯特丹进入紧急状态。根据英国广播公
司的报道，南部的盟军正在迅速前进。"解放部队
已经越过边界！"《誓言报》的传单标题写道。"布
雷达、蒂尔堡、罗森达尔和马斯特里赫特已经解放
了！光荣的德国国防军被击败并逃跑。"[39]

　　9 月 4 日晚，几千名占领军仓皇逃离荷兰首
都，其中包括许多担心同胞报仇的荷兰卖国者。9

月 5 日，阿姆斯特丹市民纷纷拥上街头。到处都是橙色，商店橱窗中摆放着威廉明娜女王的照片。但人们高涨的热情很快就被无尽的失望浇灭了。因为解放者没有来。1937 年移民到阿姆斯特丹并在整个德国占领时期都居住在此的画家马克斯·贝克曼（Max Beckmann）于 9 月 6 日在日记中简短地写道："英国人没有来。"[40] 国防军尚未被击败。英国伞兵部队占领阿纳姆（Arnheim）的几座战略意义重大的桥梁的行动以惨败告终。

"疯狂的星期二"之后几天，占领者很快返回，德国警察重新在街上巡逻。对于阿姆斯特丹人民来说，整个战争时期最艰难的阶段开始了。德军以任意逮捕和公开射杀俘虏的方式残忍镇压一切抵抗行动。1944 年 9 月，荷兰铁路工人举行全国范围内的罢工以支持盟军进攻，总督赛斯－英夸特决定实施禁运惩罚。几乎没有任何食物被运送到阿姆斯特丹。在 1944 年至 1945 年的严冬，民众遭受了严重的饥荒。到了春天，当希特勒德国的溃败已经变成有目共睹的事实，占领势力的恐怖统治再次升级。为了报复 3 月初针对党卫队最高领导人汉斯·阿尔宾·劳特的袭击，共有 263 名荷兰人被杀害。[41]

1945 年 4 月，前线战场逐渐逼近。4 月 12 日，加拿大士兵解放了韦斯特博克集中营。威廉明娜女王于 5 月 3 日抵达海牙。两天后，德国在欧洲西北部的部分投降生效。5 月 6 日，德国驻荷兰国防军总司令约翰内斯·布拉斯科维茨（Johannes Blaskowitz）将军在瓦赫宁根（Wageningen）签署了投降文件。德国的统治终于结束了。"喝了半杯苦艾酒。夜里十二点半上床，两点半我们还没有睡着，我们大声地聊着天！我们被允许这样做。喜悦、幸福、感激，我们活了下来。"18 岁的年轻犹太女孩卡里·乌尔莱希（Carry Ulreich）这样写道；她与父母和姐姐在鹿特丹的一个躲藏处幸存下来。[42]

在阿姆斯特丹，人们仍在等待加拿大人的到来，因而德国海军得以于 5 月 7 日在水坝广场进行上文提到的屠杀。不过，5 月 8 日时机到了：加拿大锡福斯高地兵团（Seaforth Highlanders of Canada）的士兵们在热情的欢迎下向荷兰首都进军。当天，在汉堡被英军逮捕的赛斯－英夸特乘军机被带到荷兰，在亨格洛（Hengelo）机场被移交加拿大宪兵部队。[43] 他在纽伦堡被判处绞刑。

1945年5月8日

当艾森豪威尔收到苏军副总参谋长阿列克谢·安东诺夫（Alexei Antonow）的抗议电报时，兰斯投降书上的墨水还没干：苏联最高统帅部拒绝承认签字，因为参谋长比德尔·史密斯交付的投降书文本与之前受华盛顿、伦敦和莫斯科政府委托由欧洲咨询委员会（Europäische Beratungskommission，英文简称EAC）所编写的文本不符。艾森豪威尔急忙向其保证，他"一丝不苟地履行了义务"，没有单独签署停战协定。而且，苏联代表苏斯洛帕罗夫将军也出席了兰斯会议，并共同签署了这份文件。[1]

但斯大林坚持要求在被红军占领的首都柏林重新举行仪式。苏联蒙受了最大的战争损失，因此他认为，应当由德国国防军三军最高代表在同盟国高层代表的见证下进行投降，这样才是公正的。艾森豪威尔最初同意亲自参加，但在他的参谋部成员以及丘吉尔的反对下只得作罢，理由是：德国人已经在兰斯无条件投降了，而在柏林重新举行仪式实际上是苏联人的事情，不过是出于斯大林对个人声望的需求。[2]

西方盟国派出英国空军元帅亚瑟·泰德（Arthur Tedder）、美国将军卡尔·斯帕茨（Carl

Spaatz）以及法国武装部队代表让·德·拉特尔·德·塔西尼（Jean de Lattre de Tassigny）将军。德方代表为：国防军最高统帅部总参谋长、陆军元帅威廉·凯特尔，海军上将汉斯－格奥尔格·冯·弗里德堡（代表海军）和汉斯－于尔根·施通普夫（Hans-Jürgen Stumpff）大将，后者代表受伤的空军总司令罗伯特·冯·格莱姆骑士（Robert Ritter von Greim）——希特勒在 1945 年 4 月 26 日还曾任命格莱姆为赫尔曼·戈林的继任者。5 月 8 日中午，代表团乘坐三架英国运输机降落在柏林滕珀尔霍夫机场。由朱可夫的副手索科洛夫斯基将军率领的苏联代表团和三支仪仗队在机场欢迎盟友。一支军乐团演奏国歌。当美国人和英国人迈步检阅仪仗队时，德国人则在降落后被立即带到等候的车辆中，然后前往位于柏林卡尔斯霍斯特（Karlshorst）的朱可夫元帅总部。苏联战地记者康斯坦丁·西蒙诺夫（Konstantin Simonov）观察到："凯特尔身着长大衣，戴着一顶高大的将军帽走在前面（……）。他故意避免向左或向右看，只是迈着大步往前走。"3

　　朱可夫匆忙命人布置卡尔斯霍斯特先锋学校的食堂大厅，为仪式作好准备。红军士兵征收到了家具、地毯、玻璃杯、餐具和鲜花。通往该地的路上，瓦砾已被清除，并插上了用于装饰的旗帜。4

后来接任乌布利希担任东德统一社会党秘书长的埃里希·昂纳克（Erich Honecker）也在其中积极帮忙。他在"第三帝国"时期曾在监狱服刑近十年，在红军到来后于1945年4月27日从勃兰登堡－戈登（Brandenburg-Görden）监狱释放，并来到柏林。5月4日，他来到兰兹贝格街（Landsberger Straße）37号，这里是他未来的第一任妻子夏洛特·尚努埃尔（Charlotte Schanuel）警官的公寓。在加入"乌布利希小组"之前，他就接下了给兰兹贝格街装饰胜利国国旗的任务。多年后，他自豪地回忆自己在短时间内就找到或命人缝制出足够多的旗帜，使车队能够在旗帜的海洋中驶入卡尔斯霍斯特。[5]

德国代表团被安置在先锋队营旁的一栋小别墅里。原定于下午2点开始的签字仪式被推迟。不仅是因为胜利国代表一直为座位顺序和签字安排争论不休，而且他们在几小时内也无法就投降文本达成一致。西方盟国第一次感受到与苏联伙伴谈判的艰难，而这只是个开始。最终，获得通过的文本与5月7日的投降文件仅略有不同。"苏联军队最高统帅部"改成"红军最高统帅部"，并且在第6条中明确规定，仅以英文版和俄文版为准。[6]

在等待期间，德国人有自助冷餐可用。时不时会出现一位好奇的记者拍照。当凯特尔对在他对面的一位苏联军官表示，他在乘车经过柏林时对其破坏程度感到震惊，他得到以下答复："陆军元帅先生，当几千座苏联城镇和村庄在您的指挥下被夷为平地，我们有几百万同胞丧命于废墟之中，其中包括数以万计的孩子，您难道不感到震惊吗？"[7]

晚上 11 点 45 分，朱可夫请盟军总司令部代表泰德、斯帕茨和拉特尔·德·塔西尼进入他紧邻食堂大厅的书房，与他们讨论最终细节。在投降书生效的午夜 0 点，他们进入大厅，在一张长桌旁就座，座位后面挂着苏联、美国、英国和法国国旗。几十位苏联将军，一些盟军高级军官，许多传令兵和一百多名记者和摄影师聚集在现场。朱可夫用简短的几句话宣布会议开幕，并命令德国代表团入场。现场变得很安静。当侧门打开，凯特尔和紧随其后的弗里德堡、施通普夫进入房间时，只能听到相机的快门声。这位国防军最高统帅部总长站得笔直，并短暂地举起手中的元帅杖以示问好。现场有不少人和美国海军副官哈里·C. 布彻（Harry C. Butcher）的感受一样，觉得凯特尔的亮相"傲慢且充满挑衅"。他眼中的这名陆军元帅似乎是"普鲁士的化身"。[8]而朱可夫则有着不同印象："不，这不再是那个高傲的凯特尔了，不再是那个接受战败了的法国投降的人。尽管他现在试图保持镇定，

219　但他看上去非常沮丧。"[9]

　　德国人被要求在离门不远的一张小桌子旁就坐。接着，朱可夫询问凯特尔，他是否已经阅读了投降文件，以及是否获得签字授权。凯特尔的回答是肯定的，并表示应将文件递给他。但是朱可夫命令德国代表团来到主席团桌旁。这位苏联元帅回忆说："凯特尔很不友好地朝主席团看了一眼，然后很快站了起来，他垂着眼皮，慢慢地拿起桌旁的元帅杖，然后迟疑地走向我们的桌子。他的单片眼镜掉落下来，在绳子上晃动，他的脸上布满了红斑。"[10]这位陆军元帅在一张椅子的边缘处坐下，将帽子和元帅杖放在一边，摘下手套，将单片眼镜架在左眼前，在摄影师们的闪光灯汇成的"雷暴"中，他共

220　签署了五份投降文件。时钟此时显示为午夜 0 点 16 分。凯特尔返回座位后，冯·弗里德堡和施通普夫在其后签下了名字。接着朱可夫和泰德作为盟军代表签字，斯帕茨和拉特尔·德·塔西尼作为证人签字。凌晨 0 点 43 分，仪式结束，朱可夫请德国代表团离开大厅。凯特尔、冯·弗里德堡和施通普夫站起来，鞠躬，然后离开，他们参谋部的军官紧随其后。[11]

　　"突然间，充满整个大厅的紧张氛围消失了"，康斯坦丁·西蒙诺夫观察到。"它飞走了，好像刚刚每个人都屏住了呼吸，现在全从胸口呼出去了。

按照斯大林意愿再次举行的签字仪式：1945年5月9日凌晨刚过，陆军元帅威廉·凯特尔在柏林卡尔斯霍斯特签署无条件投降书。（AKG/ullstein bild, Berlin）

一种如释重负和筋疲力尽的感觉让所有人都松了口气。"[12] 朱可夫以苏联最高指挥部的名义向在场的人致以胜利的祝贺。苏军和盟军军官互相握手。在随后的宴会上，人们为战友情而庆祝，并承诺要进一步加深反希特勒联盟国家间的友好关系——这一愿望随着冷战的开始很快就化为泡影。但是5月9日的凌晨还是充满了罕见的和睦。伏特加和香槟供应不断，在众人快乐情绪的感染下，朱可夫还在木地板上跳了一支俄罗斯民间舞蹈。[13]

在小别墅过夜的德国代表团也没有被遗忘。朱可夫的首席军需官为他们准备了丰盛的一餐，甚至还为饭菜过于简单而道歉。凯特尔在纽伦堡监狱中回忆说："我不得不回答道，我们不习惯如此的奢华和如此丰盛的宴席（……）。""最后还有冷冻的新鲜草莓，这是我有生以来第一次品尝到。显然，是一家柏林美食餐厅提供的这顿晚饭，因为连酒也是德国产的。"[14] 5月9日早上，德国人从滕珀尔霍夫直接飞回弗伦斯堡，于上午10点左右着陆。

221   *

在此期间，邓尼茨召集了他的顾问们讨论以下问题：在国防军全部投降后，政府再继续下去是否还有意义，现在是否全体内阁成员辞职的正确时机。阿尔伯特·施佩尔最坚定地支持辞职：在投降后，邓尼茨结束战争的任务已完成。除了弗伦斯堡飞地，整个帝国的领土都被战胜国所占领，政府事实上已不具有采取行动的自由。因此，及时"有尊严地离开"是必要的。[15]

显然，施佩尔相信，美国人将不得不因其对德国军备工业的了解而拉拢他。果然几天后的 5 月 15 日，第一批美国人到达格吕克斯堡城堡，对其进行了详细询问。施佩尔十分合作地作出了答复，这里他所展现的这种面貌在未来不只会使原先的战争对手们印象深刻，即作为摆脱了政治色彩的技术专家，他声称自己只是暂时屈服于希特勒魔鬼般的蛊惑技巧，但在战争快结束时勇敢地违抗了其摧毁令。[16]

什末林·冯·科洛希克伯爵则是最支持继续任职的人：帝国总统和"帝国临时政府"是"帝国主权和帝国统一的实际体现"。全面无条件投降是国防军的事；德国这个国家并没有停止存在。即使行为自由受到限制，邓尼茨也应该继续担任德意志帝国的国家元首。此外，政府在这一困难时刻有义务与人民共担命运，决不能推卸责任。海军元帅对此表示赞同。5 月 8 日的会议记录记下了这次讨论的结果："辞职是一项不可撤销的决定，因此绝不能过早作出。"[17]

中午 12 点 30 分，邓尼茨在弗伦斯堡广播台的麦克风前对他的决定作出如下解释："随着德国被占领，权力落到占领国手中。我和我组建的政府是否还可以积极运作，将取决于他们。如果我的工作对我们的祖国有益，那么我将继续任职，除非德国人民有任命其他人作为国家元首的意愿，或者占领国使我无法继续任职。"邓尼茨保证说，他愿意接受这一职位仅仅出于"对德国的热爱和职责"，而且只要他还保有作为帝国"最高代表"的"尊严"，他就将继续就任。[18]实际上，盟国已给予邓尼茨政府 15 天的宽限期。

*

邓尼茨政府情报部门报告说，对于大部分民众来说，全面无条件投降的消息"令人非常惊讶"。人们无法理解为什么不继续与红军作战。尤其是难民的反应最为强烈，他们紧紧抓住的最后一线希望——西方盟国将联合德国军队对抗苏联——已经消失了。东部领土"永远地丢失了"。[19]

5 月 8 日晚上 8 点，国防军总司令在广播中宣布："从 5 月 9 日凌晨 0 点起，在所有战区中，所有国防军部队以及所有武装组织及个人对敌人的敌对行动都必须停止。任何形式的破坏，或者损毁武器、弹药、飞机、装备、器械，损坏或沉没船舶等行为，都与最高统帅部同意并签署的投降条件相违背，因此为了德国人民的整体利益必须采取一切措施予以阻止。"[20]与红军在捷克斯洛伐克、奥地利和波罗的海国家的最终战役于 5 月 9 日停止。在库尔兰和东普鲁士分别有 18 万和 15 万士兵被苏联俘虏。[21]在此之前，他们还违背投降书规定，摧毁了很大一部分军事装备。"米歇尔斯瓦尔德（Michelswalde）的情况很疯狂。一辆车挨着另一辆车，都是客车和卡车。坦克和越野车接连被炸毁（……），各种装备摆得到处都是。大量马匹和其他牲畜四散。一切就像 1940 年在敦刻尔克看到的场景那样。"一名乘坐最后几班穿越波罗的海的轮船之一并成功脱逃的列兵在 5 月 9 日的日记中这样写道。[22]一天后，驻扎在"大西洋要塞"洛里昂（Lorient）、圣纳泽尔（Saint-Nazaire）和拉罗谢尔（La Rochelle）的德国守备部队投降。洛里昂的要塞指挥官在广播中说："我和我勇敢顽强、未被征服的部队将要撤离。我们怀念那历经磨难的家乡。德国万岁。"[23]

邓尼茨的主要目标是尽可能推迟全面投降，通

223

过一系列的局部投降来争取时间，以使尽可能多的平民和士兵逃到美英战线。由于艾森豪威尔拒绝接受德国的提议，并坚持要求所有前线比他们所期待的时间更早地进行无条件投降，因此海军元帅的计划遭到挫败。不过他还是取得了部分成功：在5月的第一周，东线共有185万名士兵成功从红军手中逃离。5月8日后，共149万名士兵沦为苏联和南斯拉夫的战俘。这意味着东部前线部队中有一半以上撤离到西方盟军战线。[24]

在5月9日的最后一份报告中，国防军总司令用虚假的激昂措辞遣散了战败者们："自午夜开始，所有战线一律停火。在海军元帅的命令下，国防军停止了毫无希望的战斗。这宣告将近六年的光荣斗争结束了。我们赢得过伟大的胜利，但也迎来了惨重的失败。最终，德国国防军光荣地败给了比它强大太多的力量（……）。在前方和后方作战的士兵的出色表现终将在以后的历史评判中获得赞赏。"[25] 5月9日，邓尼茨在弗伦斯堡向军官发表的讲话也是同一论调："我们不用感到羞愧。在这六年中，德国国防军在战斗中以及德国人民在忍耐中所取得的成就在历史和世界上都是独一无二的。这是前所未有的英雄主义。我们士兵的荣誉上没有沾上任何污点。"[26] 那是一个"传奇"诞生的时刻，一个关于所谓"干净的国防军"的

传奇。这个传奇竟有着惊人的生命力，直到汉堡社会
科学研究所分别于 1995 年和 2001 年策划的两个关
于国防军的展览最终使其破灭。

224

*

1945 年 5 月 8 日中午，美国第 80 步兵师其
中一个军团的团长拉尔夫·E. 皮尔逊（Ralph E.
Pearson）少校带领两辆吉普车和一辆载着一支
步兵队的卡车离开了上奥地利州小镇施瓦嫩施塔
特（Schwanenstadt）。他此行的目的地是位于萨
尔茨卡默古特（Salzkammergut）地区的阿尔陶
塞（Altaussee）。前一天，他收到一位不愿透露
姓名的奥地利军官令人震惊的消息，称那里的盐矿
中藏有价值不菲的艺术品。经过四小时车程，下午
3 点 30 分，皮尔逊和他的手下抵达阿尔陶塞。小
镇里仍然挤满了德国士兵，但是没有人想要进行抵
抗。首先，皮尔逊罢免了旧市长，任命了新市长。
然后他驱车前往盐矿。矿物学家赫尔曼·米歇尔
（Hermann Michel）已经在那里等候，他将这位美
国少校带到已经封锁起来的隧道入口，并向他解释
说，这后面藏有希特勒下令从整个欧洲掠夺来的艺
术品。皮尔逊在返回前，命人将入口封锁好，并命

令米歇尔向他提供所有能找到的档案和文件。[27]

希特勒搜集到的这些艺术品到达阿尔陶塞之前，经历了很长一段路。1938年4月8日，即与奥地利"合并"仅几周后，这位独裁者访问了林茨，并在那里首次提出了改造"家乡城市"的构想。该计划的核心在于建造一座大型"元首博物馆"，收集的作品不单单出自德国，而是出自全欧洲著名画家之手。1938年5月，希特勒在对意大利进行国事访问期间，将很多时间用于参观罗马和佛罗伦萨的博物馆。参观乌菲兹美术馆的经历尤其刺激他产生了建造林茨博物馆的计划。[28]

他委托德累斯顿油画画廊馆长、国际著名博物馆专家汉斯·波瑟（Hans Posse）负责建造该博物馆。该决定令德累斯顿的纳粹高层颇感惊讶，因为波瑟涉嫌提倡"堕落艺术"而被解雇，但在希特勒1938年6月访问德累斯顿油画画廊后，按照这位独裁者的愿望，他被聘回。一年后，希特勒在山庄召见了波瑟，并设计出他的计划：林茨博物馆应该"仅收藏各个时期中最好的作品"，甚至要超过维也纳的艺术收藏。1939年6月26日，元首宣布任命波瑟为"林茨特别任务"项目的负责人。所有党政机关和办事机构都有义务"支持其完成任务。"[29]

这位希特勒的特派员得到了申请几乎没有上限

的资金的资格以用来购买画作。而他不仅购买，还
命人没收。所谓的"元首保留权"为这一行为提供
了依据。它授予希特勒个人决定如何使用被没收的
艺术品的特权。这项任意处置权在与奥地利"合并"
后的 1938 年 6 月首次被起草出来，与被没收的犹
太人艺术藏品有关。1940 年 10 月，"元首保留权"
扩展到整个帝国领土，1940 年 11 月进一步扩展到
被占领和待占领的领土。[30] 于是，波瑟得以在从整
个欧洲抢夺来的艺术品中精心挑选出尤其适合林茨
画廊的作品。1941 年 12 月和 1942 年 4 月，他命人
将相册递交给希特勒，其中展示了迄今为止在"林
茨特别任务"项目中获得的画作，数量将近一千张。
在上奥地利州的克雷姆斯明斯特（Kremsmünster）
本笃会修道院中，一个中央仓库被命令修建出来，
用于存放未来的"元首博物馆"的艺术品。[31]

　　1942 年 12 月 7 日，波瑟死于舌癌。希特勒为
他举行了国葬；宣传部长戈培尔致悼词。这是公众
第一次了解到计划中的林茨画廊项目。1943 年 2 月，
希特勒任命威斯巴登拿骚州立博物馆油画馆负责人
赫尔曼·沃斯（Hermann Voss）为接任者。沃斯
与他最重要的同事、德累斯顿艺术品商人希尔德布
兰特·古里特（Hildebrand Gurlitt）一起，继续
搜集掠夺来的艺术品，同时也专注于对已有藏品进

226　行登记。[32]

随着对帝国的空袭越来越频繁，希特勒十分忧心他的艺术品的安全。尤其是在克雷姆斯明斯特修道院的仓库中，艺术品都存放在地面部分，这在他看来似乎没有得到足够的保护。1943年12月，在"林茨特别任务"中负责艺术品存放的专员戈特弗里德·雷默（Gottfried Reimer）建议将阿尔陶塞盐矿作为新的藏品存放地。希特勒同意了这一建议，在搭建好储藏室后，第一批藏品于1944年5月抵达。用于林茨博物馆的艺术品陆续被运送到那里，其中包括扬·维米尔的《绘画艺术》和《天文学家》等顶级画作。但是，阿尔陶塞也存放了一些不属于希特勒藏品的作品，例如米开朗琪罗的《布鲁日圣母》和扬·凡·艾克的《根特祭坛画》。[33]

在"第三帝国"的最后几个月里，希特勒常常在建筑师新帝国大厦地下室里的林茨市巨大模型前一连坐上数小时——它是由赫尔曼·吉斯勒（Hermann Giesler）于1945年2月初搭建的——可见希特勒最中意的这个项目对他而言多么重要。[34]同时，他的周围弥漫着末日的氛围。狂热的党内分子、上多瑙区大区领袖奥古斯特·埃格鲁伯（August Eigruber）决意追随希特勒。如果毁灭是不可避免的，那么应尽可能地将其导演成一出令人印象深刻、声势浩大的谢幕。对埃格鲁伯而言，这意味着盐矿中的艺术品不能落入同盟国手中，必须将其销毁。1945 年 4 月 10 日，他将 8 枚单个重量为 500 公斤的炸弹装在木箱中运往盐矿，表面贴着写有"内有大理石，请勿翻倒"字样的标签。

4 月 13 日，曾去过阿尔陶塞的鲍曼私人顾问赫尔穆特·冯·胡梅尔（Helmut von Hummel）获悉了埃格鲁伯的计划。他向盐矿负责人埃默里希·佩希米勒（Emmerich Pöchmüller）以及当地负责艺术品的专家、维也纳文物保护研究所所长赫伯特·塞伯尔（Herbert Seiberl）和柏林首席艺术品修复师卡尔·西伯（Karl Sieber）通报了该情况。他们一起考虑如何劝阻埃格鲁伯放弃他的可怕决定。胡梅尔给他的上司鲍曼致电，强烈请求他向希特勒报告这一情况并想办法获得"元首决定"。柏林方面很快回复：希特勒否决了销毁艺术品的计划。当敌人靠近时，只允许在入口引爆炸弹将路封死。[35]

尽管这位独裁者充满了破坏的狂热，但他仍想为后代保留自己的艺术收藏品。在 1945 年 4 月 29 日的私人遗嘱中他解释说，他收藏这些画作"并非出于私人目的"，而是始终只是为了在林茨建造画廊："这一遗愿能得到实现，是我最衷心的希望。"[36] 5 月 1 日，希特勒死后的第二天，赫尔穆特·冯·

227

胡梅尔寄给修复师西伯一封信，信中重申了希特勒的决定："在过去一周里，元首对于重新问询的决定仍然是，在上多瑙山区藏匿的艺术品不应落入敌人之手，但也不应最终将其销毁。应该采取预防措施，使这些艺术品尽可能长时间地不被任何敌人发现。"³⁷ 但是，埃格鲁伯从未考虑遵守元首的这一最终愿望。他在矿山入口处安排了一名配备冲锋枪和手榴弹的军事看守。有传言说，到了 5 月 3 日或 4 日，爆破小组将到达这里将炸弹引爆。

　　然而这时，矿工们开始采取行动。他们并不关心拯救那些艺术品，而是关心他们的饭碗。因为炸弹引爆肯定会毁坏大部分隧道。5 月 3 日，矿山监督奥托·霍格勒（Otto Högler）在当日工作开始前向工人通报了矿山面临的威胁。当时就有不少人自愿报名，表示愿意看管装有炸弹的木箱，并在紧急情况下将其运出矿山。一位名叫阿洛伊斯·劳施达施尔（Alois Rauschdaschl）的盐矿工人想到可以联系帝国安全局负责人恩斯特·卡尔滕布伦纳。和包括党卫队一级突击大队长阿道夫·艾希曼在内的许多纳粹分子一样，他也正在阿尔陶塞地区徘徊。卡尔滕布伦纳为矿工清除炸弹的工作开了绿灯，并在午夜时分给埃格鲁伯的打电话并严厉责备了他，令他哑口无言。5 月 4 日早上，炸弹从隧道

中被移出并被掩埋在森林中。之后，矿井的入口按
照希特勒的命令被炸毁。[38]

　　5 月 11 日，即皮尔逊少校命人保护盐矿的三天
后，他寻求"文物保护队（Monuments Men）"——
一个 1943 年由美军成立的专门保护艺术品的部门——
代表的援助。在此期间，媒体也听到风声，于是有
关传说中的艺术宝藏的消息便传遍世界。5 月 13
日，罗伯特·K. 波西（Robert K. Posey）上尉来
到萨尔茨卡默古特，并详细听取了皮尔逊的报告。
截至 5 月 27 日，被炸毁的入口已经清理完毕，于
是波西上尉和他的助手们得以检查矿井内部，并确
证艺术品未受损坏。6 月 17 日，第一批载有贵重
货物的卡车离开阿尔陶塞。美国人将慕尼黑的政府
大楼和"元首行馆（Führerbau）"定为"中央收藏
点"。这两栋建筑基本没有损坏。直到年底运返工
作终于完成。"文物保护队"的四名成员和 100 多
名德国工作人员忙于为藏品照相、编目，并查找原
物主。这些艺术品的归还持续了几十年，到今天仍
没有全部完成。[39]

*

　　1945 年 5 月 8 日午夜前夕，德国在挪威占领

228

"文物保护队"的一名代表（制服上标有"N"字样）和德国专家正在观察从阿尔陶塞盐矿找到的《根特祭坛画》碎片。（Pictures From History/akg-images, Berlin）

区的帝国总督约瑟夫·特博文自杀。前天晚上，海
军元帅邓尼茨撤销了他的职位，并宣布其所在部门
解散。[40]

5 月 3 日，在弗伦斯堡－米尔维克的会议上，
特博文还表示挪威的军事和政治局势依然稳定，并
反对他所在统治区的德军投降。他与挪威和丹麦的
武装部队指挥官弗朗茨·博姆和格奥尔格·林德曼
意见一致，要求进行"最后一次体面的战斗"。但
这并没有得到邓尼茨及其顾问的赞同。[41]

5 月 5 日，德国北部、荷兰和丹麦的局部投降
生效。当天，特博文回到奥斯陆。在同僚面前他
仍然展现着强者的形象：必须将挪威作为与西方盟
国谈判筹码的时间尽量拉长。现在最重要的是，继
续严守纪律地工作，不能展现任何软弱的迹象。然
而随着 5 月 7 日被解除职务，他不再有威望。他致
电他的行政处处长汉斯－莱因哈德·科赫（Hans-
Reinhard Koch），和他进行关于帝国总督工作的
交接，并委托他将工作交由国防军司令博姆将军处
理。在他的官邸，即位于奥斯陆大门前的斯考古姆
王储宫（Kronprinzenpalais Skaugum）中，特博
文销毁了文件，然后躲到他的私人房间。此前，他
曾命令警卫队主管将足够多的炸药运往花园内的小
型地堡中。夜里 11 点后，他去往那里。不到半小

229

时即传来猛烈的爆炸声。这位曾经令人生畏的帝国
总督把自己炸死了。[42]

5月9日，挪威解放。曾作为军官在奥斯陆亲
历了战争结束的奥地利作家海米托·冯·多德勒尔
（Heimito von Doderer）写道："所有的钟都在响，
成千上万的旗帜在摇曳，街上到处都是人。"[43] 在
同一天，德国人所扶持的伪政府总理维德孔·吉斯
林被捕，他的名字已成为卖国贼的代名词。他因叛
国罪被判处死刑，于1945年10月24日在奥斯陆
的阿克斯胡斯城堡（Festung Akershus）被处决。

维利·勃兰特属于5月10日从瑞典回到奥斯
陆的第一批人。他在为瑞典媒体报道挪威获得解放
的消息。此时在挪威尚有约35万德国士兵；遣返
这些人只能逐步进行。这位德国移民惊讶地发现，
其中的一些原占领军连续几周仍在命令上用"希特
勒万岁"的口号签字，并且他们的"举止行为就好
像什么都没发生一样"。[44]

*

德国的无条件投降是"人类历史上爆发的最令
人快乐的信号（……）"，温斯顿·丘吉尔在他的
回忆录中写道。"我们精疲力竭、穷困潦倒，但没

有屈服，并最终取得了胜利，我们体会到情绪最为高涨的瞬间。"[45] 5 月 8 日，人们在伦敦街头跳舞、歌唱，庆祝这一欧洲"胜利日（Victory Day）"直到深夜。当天下午 3 点，丘吉尔发表广播讲话。他宣布对德国的战争结束，但与此同时，他提醒同胞们作好继续牺牲的准备："我们可以短暂地享受快乐；但是我们不能忘记即将面临的艰难任务和辛苦。日本，阴险、贪婪的日本尚未被击败。"讲话以呼吁结束："大不列颠向前进！自由事业万岁！上帝保佑国王！"[46]

丘吉尔从唐宁街来到下议院。"温斯顿走进来，有点害羞，脸上有些红晕，但带着男孩般的微笑。议员们都跳了起来，致以长时间雷鸣般的掌声。"议员和前外交官哈罗德·尼科尔森（Harold Nicolson）写道。[47] 丘吉尔重读了他的广播讲话，但随后把手稿放到一边，他用动人的语言感谢议会对他在五年战争期间担任首相的支持："我们所有人都犯了错，但是议会证明了其自身作为国家机构的力量，并在这场最艰难、最广泛的战争中尽可能地维护了所有民主的主张。"[48]

晚上，无数人聚集在白金汉宫前，向出现在阳台上的国王夫妇和他们的两个女儿欢呼。同时，温斯顿·丘吉尔在位于白厅大道（Whitehall）的卫

231

生部大楼阳台上为数以万计的伦敦人作即席演讲。当丘吉尔问到，"我们曾经心灰意冷吗（Were we ever downhearted）？"，人群纷纷回答"不"，然后是一阵笑声——这表现了一种轻松感，因为最糟糕的时刻已经过去。[49]

在纽约也出现了类似的庆祝场面。"我站在时代广场，纽约时报大楼上的霓虹灯文字把德国人全面投降的消息传递给密集的人群"，埃尔斯贝丝·魏希曼（Elsbeth Weichmann）回忆说——她于1933年与后来成为汉堡市市长的丈夫赫伯特流亡法国，并在1940年德军入侵法国后逃往美国。"人群爆发出巨大的欢呼声。我几乎听不清这些声音。我颤抖着膝盖找了间附近的咖啡厅坐下。这种紧张感让人们确信，从今天起，世界将要开启一个全新的阶段，可能对个人而言也是如此，这是我们多年的渴望，如今终于变得可能了（……）。晚上下班后，我们跑到百老汇大街的喧闹人群中，将躁动的情绪化为欢呼和醉意。"[50]

在5月8日的广播演说中，哈里·S.杜鲁门总统怀念于1945年4月12日去世的前任总统富兰克林·D.罗斯福，是他将美国带进战争并赢得胜利。杜鲁门一方面对欧洲战场的战争结束感到高兴，但另一方面也对"为消灭希特勒集团及其邪恶同盟所

付出的可怕代价"感到痛苦。这位美国总统还提醒 232
他的同胞，胜利仅实现了一半："西方解放了，但
远东仍然深受日本人狡诈暴政的折磨。只有当最后
一支日本师团无条件投降，我们的战斗任务才算完
成。"[51] 在加利福尼亚州圣莫尼卡，作家贝托尔特·
布莱希特简明扼要地写道："纳粹德国无条件投降。
总统于早上 6 点在收音机中发表演讲。我一边听，
一边观察鲜花盛开的加州花园。"[52]

在巴黎，胜利的喜悦也无法抑制，尽管人们已
经在 1944 年 8 月庆祝过巴黎解放日。"整个国家的
人都怀着极大的热情交流着解脱和解放的感觉，这
是多么无与伦比的景象啊"，工程师费迪南·皮卡
（Ferdinand Picard）观察到。"各个年龄段的人都
融入这片欢乐的海洋，并且郊区的人潮也不断汹涌
而来（……）。整个民族都在这一天分享这份喜悦，
这真是一幅动人的画面。"[53]

在莫斯科，电台在 5 月 9 日才宣布德国无条件
投降的消息。这里的人们也聚集在一起欢庆战争的
结束。在这场战争中，苏联遭受了最多的痛苦，作
出了最大的牺牲，斯大林在他的广播演讲中提到了
这一点，然后他总结说："伟大的卫国战争以我们
的全面胜利结束。欧洲的战争时期已经结束。和平
发展时期已经开始。"[54]

年轻的马库斯·沃尔夫（Markus Wolf）——后来担任民主德国国家安全部（Ministerium für Staatssicherheit）间谍部门负责人——与他的父母在克里姆林宫附近参加了夜间集会。"在庆祝'胜利纪念日'的礼炮声中，我们的感觉与成千上万欢呼的人们一样，在我们被驱逐出德国十一年里，他们的祖国成了我们的第二故乡。"[55] 在美国大使馆前也聚集了一大群人，大部分是年轻人。正如外交官乔治·F. 凯南（George F. Kennan）所述，这些人"以一种实实在在的狂喜来表达他们友好的感情"。[56] 游行者们当时有谁会想到，战争刚结束不久苏联和美国便处于激烈的敌对关系之中？

"这是六年来我们首个没有黑暗的夜晚，"恩斯特·荣格尔在 5 月 8 日写道，"这对我们来说是一个小小的进步，在这一天，从纽约到莫斯科，所有同盟国首都都在张灯结彩以庆祝胜利，而战败者则坐在地窖深处，遮住了脸。"[57]

后　记

1945 年 5 月 10 日，即德军无条件投降的两天后，托马斯·曼在遥远的加州对他的德国听众说道："这是个伟大的时刻。"他说："不仅是对胜利者而言，对德国来说也如此——在这一刻恶龙被捕获，这个名叫纳粹主义的粗野而病态的怪物奄奄一息，德国至少摆脱了被称为希特勒国家的诅咒。如果它能自我解放就好了，在时间还来得及的早些时候，或者晚一些，赶在最后一刻；如果它能在钟声和贝多芬的音乐中庆祝自己的解放、庆祝重归人性就好了——而不是像现在这样，希特勒主义的终结同时意味着德国的彻底崩溃——毫无疑问，如果能这样就再好不过了，这是最值得期待的结局。"[1]

我们知道，为什么这样的理想没有实现：解放一定是来自外界的，因为德国人无法聚集力量自我解放。尽管对纳粹党及其领导层的批评越来越多，但直到"第三帝国"濒临失败，军队和人民仍然保有令人惊讶的坚持到底的决心。而且元首神话还没有完全失去凝聚力，否则人们就无法解释为何这位独裁者到最后仍然能对其周围施加诱导性的影响。大势已去之时，许多人仍然寄希望于"奇迹武器"和"最终胜利"，或希冀反希特勒联盟解体。

绝大多数德国人，包括那些持不同政见者，都没有将 1945 年 5 月 8 日看作解放日，而是前所未有的民族灾难。哥廷根历史学家齐格弗里德·A. 凯勒（Siegfried A. Kaehler）于 5 月中旬写道："与这场可怕的崩塌相比，1918 年发生的令我们遭受沉重打击的灾难是多么'无害'，我们还以为不会有比那更难以承受的了。"[2] 后来在阿登纳、路德维希·艾哈德和库尔特·基辛格总理内阁担任政府发言人的卡尔－君特·哈泽（Karl-Günther Hase）少校回忆起自己 1945 年 5 月 9 日在莫斯科监狱时的感想："那主要是一种对德意志帝国全面覆灭的沉重悲痛，（……）无疑是我们国家历史上最大的悲剧。'日耳曼的终结'降临了，除此之外我再也看不到其他。"[3]

躲避在施瓦本叶廷根村的乌尔苏拉·冯·卡尔多夫也有类似的感觉。"这就是失败"，当兰斯无条件投降的消息传出后，这位记者在 5 月 7 日写道。"他们应该不假思索地以另一种方式告诉我们，也就是说，实际上根本什么也不用说。一切，一切都肯定比希特勒更好。但是解放？罕见的词汇。"[4]

后来成为联邦总统的特奥多尔·豪斯（Theodor Heuss）在海德堡郊区的汉德舒斯海姆（Handschuhsheim）经历了战争的结束，他和他的妻子爱丽·豪斯－克纳普（Elly Heuss-Knapp）于 1943 年秋从频受炸弹袭击的柏林逃到此地。他在 5 月 9 日的笔记中称投降是"德国历史上最可怕的日子之一"。不过令他欣慰的是，与 1918 年中央党政治家马蒂亚斯·埃茨贝格尔（Matthias Erzberger）洗清了将军们在这场"邪恶交易"中的罪责不同，这次军方的约德尔和凯特尔不得不在投降书上签上自己的名字，因此"背后一剑"之说[①]不会重现了。[5]4 年后，联邦议会通过《基本法》之际，豪斯提到了 1945 年 5 月 8 日并表示，这一天"对我们每个人来说都是最悲剧和最成问题的历史悖论"，而且将其定性为"既是解放也是毁灭"。[6]此后又过了四十年，时任联邦总统的理查德·冯·魏茨泽克在波恩联邦议院会场大厅内就战争结束 40 周年纪念日发表讲话时，表达了明确立场："5 月 8 日是解放的一天。它使我们所有人摆脱了纳粹暴政的非人道体制。"[7]

1945 年春，一小群希特勒反对者感受到了解放，如果他们在 1944 年 7 月 20 日的恐怖报复中幸免于难的话。被驱逐到"第三帝国"的数百万战俘和强制劳工也感觉获得了解放。尤其感觉获得解放

236

---

① 指第一次世界大战后出现的一种言论，认为德国战败是由于后方的背叛，即是革命所致。

的是那些集中营囚犯，尽管大多数人已经没有力气来表达他们的喜悦了。

在许多德国人的记忆中，各种矛盾的感觉混杂在一起：对失去爱人、失去家园、住所被毁感到悲痛；对死里逃生感到庆幸；为战争和无数个轰炸之夜终于结束而松了口气；对能够饱睡一觉感到幸福；对胜利者复仇和前途未卜的担忧；理想主义多次遭到滥用、信仰无数次崩塌后产生的空虚感。"所有的信仰、所有的牺牲都化为徒劳"，学生萝赫·沃尔布在 5 月 8 日控诉道。"希特勒上台后的六年是空前的繁荣，又过了六年：覆灭。而这些人还在叫嚣着'千年帝国'。"[8]

但很少有人会有这样的感受：面对纳粹主义的罪行感到羞耻和悔恨。在纽约流亡的作家阿尔弗雷德·康托洛维奇（Alfred Kantorowicz）确信这一罪行超过了到此时为止人们所能想象的程度。"一切已经过去了"，他在 5 月 8 日到 9 日夜里写道。"但毕竟是十二年。十二年来累积了上千年的罪行。"[9]在投降后的最初几天和几周内，广播和报纸详细地报道了集中营和灭绝营的暴行。不仅是胜利者，失败者也对被揭露的内容感到震惊，这些多年以来被成功压制下来的内幕终于公布于众。"如今，我们每天都要面对集中营的暴行消息，这是我们应该承受的"，汉堡的玛蒂尔达·沃尔夫－门克伯格写道。"我们所有人都应对恐怖罪行负责，任何人都不应忽视它们。"[10]

但是，极少有德国人愿意直面这些恐怖图景并承认自己有罪。相反，他们中的大多数人都表现了令人恐惧的麻木，他们熟练地、条件反射般地把目光移开，正如广播编辑斯蒂芬·赫姆林（Stephan Hermlin）——他后来成为民主德国最著名的作家之一——在美因河畔法兰克福举办的布痕瓦尔德和达豪集中营主题纪录片放映会上所观察到的那样："在放映设备的昏暗灯光下，我看到他们大多数人在电影开始后就转过脸去，直到结束一直保持这样的姿态。"[11]这种拒绝的态度也体现在人们单调的声明中："我们什么都不知道！"美国《生活》（*Life*）杂志记者玛格丽特·伯克－怀特（Margaret Bourke-White）在 1945 年春天如此频繁地听到类似的话，以至于它听起来像是"一首德国民歌"。[12]其实所有人都知道些什么，尽管全部的犯罪真相在 5 月 8 日之后才被揭露出来。

这种不思悔改的另一面体现在对各个占领区胜利国代表们的顺从上，那甚至是一种卑躬屈膝的热情。"今天，人们挥舞着占领国的三面旗帜，就像 1933 年在白色圆形场地上挥舞着带有黑色十字标志的红色'旗帜'一样：像农奴一样低三下四，而且他们已经知道如何从新形势中获益了！"作家兼艺术评论家威廉·豪森斯坦（Wilhelm Hausenstein）在投降后的第一天就在巴伐利亚州的图辛（Tutzing）作出了上述评价。[13]不少盟军观察家带着复杂的情感关注着这种意想不到的顺服意愿。1945年5月初，英国作家乔治·奥威尔（George Orwell）在德国西南部记录道："目前，占领区居民的态度很友好，甚至是令人不适的友好。"[14]

　　1945年5月10日，克劳斯·曼在摄影师约翰·图克斯伯里（John Tewksbury）的陪同下抵达慕尼黑，他期待看到这座伊萨尔河畔的大都市是如何经受住战争的。城市的受破坏程度超出了他的预期："这里曾经被视为德国最美丽的城市，这座欧洲最有吸引力的城市之一，如今已变成一座巨大的墓地。毫不夸张地说，在整个市中心，没有一座建筑物还耸立着。只剩下堆积的瓦砾（……）。我很难在曾经熟悉的街道找到方向。这就像一场噩梦。"[15]他父母在波辛格大街（Poschingerstraße）1号的房子也没有幸免。他从一名居住在三楼阳台、被炸弹炸伤的打字员以及邻居们那里得知一个惊人的消息，即这栋别墅在1933年后被党卫队"生命之泉（Lebensborn）"机构临时征用：党卫队在那

1945 年 5 月 10 日，克劳斯·曼造访了其父母位于波辛格大街 1 号的被破坏了一半的房子。照片由美国摄影师约翰·图克斯伯里拍摄。（Münchner Stadtbibliothek/Monacensia, Signatur: Mann, Klaus, KM F 144, Stars and Stripes Photo）

里选择合适的妇女生产"雅利安人"的后代。"是的，我们可怜、残破、被亵渎的房子！"他在 5 月 16 日给父亲的一封长信中这样写道，并急切地劝父亲不要返回德国："这些城市将需要数年或数十年的时间才能重建好。这个可悲、可怕的国家将在几代人的时间里持续身体和道德上的残废和畸形。"[16]

*

国防军的无条件投降并不意味着邓尼茨政府的结束。它被允许再延续两个星期。不过，它实际上不再具有任何实质权力，确切地说是将权力让渡给了美军少将洛威尔·W. 鲁克斯（Lowell W. Rooks）和英军准将爱德华·J. 福尔德（Edward J. Foord）领导下的"盟军监督委员会"。5 月 12 日，他们两人带着专家参谋团抵达弗伦斯堡－米尔维克，并占领了"帕特里亚号"驳船。他们的主要任务是监督德方忠实履行投降条款。5 月 17 日，由特鲁斯科夫（Truskow）少将率领的苏联代表团也加入了美国人和英国人的队伍。[17]

尽管事实上已形同虚设，但邓尼茨和他的同事们仍继续忙于政府事务，仿佛什么都没有改变。每天早上 10 点，什末林·冯·科洛希克伯爵召集内阁在由教室改造的会议室里开会。在施佩尔看来，这位"首席部长"似乎在弥补"第三帝国"时期耽搁的事情。因为自 1938 年 2 月以来，希特勒就再也没有开过内阁会议。[18] 各位部长和国务秘书都勤奋地产出会议记录和备忘录，盟军监督委员会成员似乎对此感兴趣，但实际上并没有任何意义。[19] "帝国临时政府"似乎在一个幽灵般的虚假世界中存在着。

5 月 13 日，鲁克斯少将通知邓尼茨来"帕特里亚号"上进行第一次谈话。他代表盟军最高指挥部通知邓尼茨，陆军元帅凯特尔已被免除国防军最高统帅部总长的职务，并被视为战俘。约德尔上校被临时任命为他的继任者。[20] 对于实际的权力所在，邓尼茨的心里再清楚不过了。尽管海军元帅在 5 月 8 日的广播讲话中曾承诺，他不会在职位上多停留一秒，除非依旧能保有尊严，但他现在终于下定决心不自愿辞职。他在回忆录中写道，即使投降后，他也要努力"保住分配给他的职位，直到举行选举或盟军强行撤职为止"。[21]

即使在投降后，弗伦斯堡政府也既不愿也不能与刚过去的历史明确地拉开距离。虽然在 5 月 8 日，德国国防军废除了纳粹礼，重新引入原有的军礼，但在盟军监督委员会的明确命令下，他们才将帝国战旗从政府大楼上取下，并禁止悬挂十字旗。5月12日，邓尼茨拒绝将"元首画像"从办公室取走。才两天后，为防万一，他决定取下与占领国代表举行会议的房间里的元首画像。[22] 海军元帅尤其坚决地主张军方有权继续佩戴勋章和荣誉标志：德国士兵应该为"国防军和人民在战争期间所作的贡献感到骄傲"。[23] 他在5月18日还拒绝批准盟军取下主权国徽的要求："对手的战术是逐步拧紧针对我们的螺钉，直到遇到阻力为止。我们越早施加这种阻力，就越有可能维持德国残留的特定地位。如果对方无视我们提出的抗议，仍要求取下国徽，那么最高统帅部将迫于压力行动，以此保全颜面。"[24]

从"帝国临时政府"在5月9日的一次原则性"政府问题辩论"中得出的结论也可以看出，它是如何试图保留与希特勒政权间的连续性的："德意志民族继续存在的基础是由纳粹主义创建的人民共同体。"在5月15日的内阁会议记录中进一步强调："由纳粹主义创建的真正的人民共同体必须保留；像1933年以前的那种多政党的疯狂局面不应卷土重来。"[25] 基于西方模式的议会民主超出了邓尼茨政府的想象。在这方面，邓尼茨政府也不代表新的开始，而是德国历史上前民主和反民主的悠久思想传统的末端，这种传统在希特勒和纳粹主义身上得到极致发挥。[26]

5月11日、16日，内阁讨论了关于集中营暴行的报告。即使在由纳粹高级官员组成的圈子中，如前所述，其中有些人直接参与了恐怖和灭绝行动，他们也声称对这些罪行一无所知。他们达成一致，向盟军监督委员会明确表示："德国武装部队和德国人民都不知道这些事情，且遵照规定应与之保持距离"。[27] 在5月16日写给艾森豪威尔将军的信中，什未林·冯·科洛希克伯爵硬着头皮解释道："集中营与外界完全隔离，在这些集中营中发生的一切都被严格保密。即使是重要的领导人也无法了解集中营的实际情况。"[28]

盟军这边起初似乎还不确定如何与邓尼茨政府打交道。特别是英国首相丘吉尔最初倾向于暂时保留其作为中央行政当局的地位，由盟军监督。他在5月14日的信中对英国外交大臣安东尼·艾登（Anthony Eden）的担忧作出回应："必须有某个权威机构来发布德国人愿意遵守的命令（……）。您是想用一根棍子来指挥这个战败的民族，还是想把手直接伸向一群惊慌失措的蚂蚁？"[29] 但是，美国人和苏联人都反对丘吉尔的想法。他们希望一旦投降条约的军事协议得到履行，就尽快撤除"帝国临时政府"。苏联媒体尤其加强了对"邓尼茨集团"的攻击力度。5月20日的《真理报》刊文："被击败的德国军国主义者正在适应新的环境，并在外国势力的帮助下逃避责任，同时在国内保持重要的政治地位，妄图通过分裂盟军阵营来继续施展其政治阴谋。"30

5月17日，艾森豪威尔的政治顾问罗伯特·墨菲（Robert Murphy）来到弗伦斯堡。他的任务是核查邓尼茨作为国家元首的合法性。海军元帅无法出具任命文件，只能交出4月30日和5月1日的三封众所周知的电报。在谈话中，墨菲毫不掩饰他对这些文件的价值的怀疑。他的反应让"帝国临时政府"成员更加确信，撤职只是时间问题。31

随后，墨菲的确直接建议终止邓尼茨政府的工作。此外他强调，海军元帅对德国所犯下的罪行并没有表示遗憾。艾森豪威尔在与红军最高司令部取得联系并获得他们的同意后，于5月19日命令英国第21集团军逮捕邓尼茨政府和国防军最高统帅部成员并扣留了他们的档案。32

5月22日下午，邓尼茨收到命令，要求其于第二天上午9点45分与约德尔和冯·弗里德堡一起到盟军监督委员会那里。海军元帅知道这意味着什么。他命令他的副官："收拾箱子！"德国人准时到达"帕特里亚号"驳船。这次没有人在舷梯旁迎接他们；等待他们的是大批的记者。代表团在船上的酒吧里等待了几分钟，之后鲁克斯少将、福尔德准将和特鲁斯科夫少将进入房间。鲁克斯开门见山地解释说，他已收到艾森豪威尔的命令，要求逮捕"帝国临时政府"和国防军最高统帅部成员。从此刻起，他们便成为战俘。当被问及是否还要作出回应时，邓尼茨回答说，任何话语都是多余的。[33]

如果说"帕特里亚号"上的谈判还以较为体面的方式进行，那么俘虏在弗伦斯堡－米尔维克海军学校的"帝国临时政府"和国防军最高统帅部其他成员的方式则显得不那么和平了。英军坦克、步兵和宪兵包围了政府大楼。士兵们拿着冲锋枪突然闯进什未林·冯·科洛希克伯爵每天早上 10 点召开内阁会议的会场，并喊道："举起手来！"在他们身上的文件和贵重物品被取走后，被捕人员被带到院子里的新闻摄影师面前，双手交叉在后颈部。海军上将冯·弗里德堡在从"帕特里亚号"返回时目睹了这一现场，随后不久就服毒自杀了。[34]

5 月 23 日上午，英国人包围了格吕克斯堡城堡并逮捕了阿尔伯特·施佩尔。他与邓尼茨政府的其他成员以及国防军最高统帅部负责人一起被带到弗伦斯堡警察总部，在那里他们受到了全面搜身。

1945 年 5 月 23 日，英国士兵终止了邓尼茨政府的工作。（从左至右：阿尔伯特·施佩尔、卡尔·邓尼茨、阿尔弗雷德·约德尔）。（Bayerische Staatsbibliothek München/Archiv Heinrich Hoffmann/bpk-Bild-agentur, Berlin）

英国人很明显在寻找毒药瓶，以防还有被捕者自
杀。[35] 下午晚些时候，囚犯们被卡车运送到机场。
两架将他们运往卢森堡的货运飞机已经等候在那
里。当天，他们被转移到巴特蒙多夫，该地被盟军
选为纳粹政权和高级军官主要代表的集中关押点。

243

*

施佩尔在回忆录中记录了到达关押点的场景：
"我们在巴特蒙多夫皇宫酒店（Palace-Hotel）的一
幢大楼前停下来，然后被带到大厅。透过玻璃门可
以看到戈林与其他第三帝国的前任领导人在外面走
来走去：部长、陆军元帅、纳粹党领导人、国务秘
书和将军。最后像谷壳散落在风中一样四散各地的
人们再次聚集在这里，真是一幅幽灵般的景象。"[36]

244

盟军无疑将赫尔曼·戈林视为最重要的囚犯，
希特勒曾经将其指定为他的继任者，但在战争的最
后日子里因所谓的"叛国罪"而驱逐了他。这位帝
国元帅于5月8日在上巴伐利亚向美军第7军团第
36步兵师自首，三天后被带到奥格斯堡向国际新
闻界公开此事。克劳斯·曼也是此次密切关注他的
人之一。他在为《星条旗报》写的一篇文章中报
道说："这名纳粹运动的资深斗士和领导人绝不像

某些记者形容的那样，是个半疯的小丑。""他狡
猾、不知悔改并且精于算计。他以出色的自律能力
成功地适应了环境的变化。他努力地——而且非常
巧妙地给人留下好的印象，并赢得可以给予他恩赐
的人的同情。他展现了一个文明人的形象：宽容而
温和，刻意避免显得有失身份和过于顺从。"[37] 5 月
21 日，戈林被带到巴特蒙多夫。

与戈林不同，其他在巴特蒙多夫被关押的纳
粹高层曾试图通过假身份躲藏起来。在希特勒 4 月
29 日的遗嘱中被任命为德意志劳工阵线（Deutsche
Arbeitsfront，简称 DAF）首领和帝国内阁成员的罗
伯特·莱伊（Robert Ley）于 5 月 15 日在贝希特斯
加登附近的一幢山间小屋中被美军第 101 空降师部
队逮捕。在躲藏时他化名为"恩斯特·迪斯特迈尔
博士（Dr. Ernst Distelmeyer）"。与纳粹党财务主
管弗朗茨·克萨弗·施瓦茨（Franz Xaver Schwarz）
相反，他可以清楚地被辨识出来。被捕后，这名狂热
的"元首"党派追随者叫嚣道："生活对我而言已无
任何意义。你们可以折磨我、殴打我、刺死我。但是
我永远不会质疑希特勒的所作所为。"[38]

同样落入第 101 空降师成员手中的还有 5
月 22 日被捕的尤利乌斯·施特莱谢尔（Julius
Streicher），他是具有煽动性的反犹报纸《冲锋

队》（*Der Stürmer*）的出版人。当听说希特勒去世的消息后，这名原弗兰肯地区的大区领袖化名"约瑟夫·塞勒（Joseph Seiler）"隐退到奥地利魏德灵（Waidring）的一处山庄。他留着白色的络腮胡子，自称业余画家。在一次例行问询中，负责审讯的美国军官半开玩笑地说："你看起来像尤利乌斯·施特莱谢尔"，于是这名"弗兰肯首领"立即放弃了伪装并承认："是的，就是我。"39 当埃里希·凯斯特纳得知莱伊和施特莱谢尔被捕的场景时，他在日记中写道："这就像面具出租屋。或者黑帮电影。尊严的丧失已经失去底线了。"40

希特勒多年的外交部部长约阿希姆·冯·里宾特洛甫是最后几位落入盟军手中的纳粹高级代表之一。试图在邓尼茨政府中获得职位失败后，他逃往汉堡，并化名"约翰·里斯（Johann Riese）"在汉堡施吕特街（Schlüterstraße）14 号租了一间房子。他以其 1933 年以前作为起泡酒和烈酒代理商的身份恢复了原有的业务联系。但是，他的一位葡萄酒商人朋友的儿子向英国人透露了其藏身之处。6 月 14 日，里宾特洛甫被英国宪兵逮捕。为了确定他的身份，英国人作了特别安排：他们在豪华酒店"四季（Vierjahreszeiten）"中安排了一场与他妹妹英格伯格的会面。之后所有疑虑都消除了，里宾特洛甫立即被送往巴特蒙多夫。[41]

　　巴特蒙多夫的审讯营代号为"Ashcan"（美式英语中"垃圾桶"的意思）。此地严格与公众隔离。皇宫酒店四周环绕着五米高的铁丝网，上面挂有织物带和伪装网。瞭望楼上站着配有机枪的守卫。为了排除自杀企图，被拘禁者必须上缴剃须刀、领带、背带和其他器具。在进食时只允许使用汤匙。房间的陈设很简朴：一张带草垫的军用木板床、一张小桌子和一把椅子。每天的饮食不超过 1550 卡路里——不过当时普通的德国平民也摄入不到更多。囚犯可以互相交谈。他们可以在公园里自由走动，并在酒店的露台上享受日光浴。一个由阿列克谢·波塔舒夫（Alexei Potaschew）上校率领的苏联"内务人民委员会"代表团于 1945 年 6 月获得审讯囚犯的许可，当他们亲眼见到这些纳粹名人时十分惊讶："他们看上去都很好，像来疗养的客人一样晒得黝黑。"[42] 戈林在刚来的时候被认为严重依赖吗啡替代品双氢可待因（Paracodin），在巴特蒙多夫关押期间逐渐摆脱了对药物的依赖，身体恢复到良好状态。根据什未林·冯·科洛希克伯爵的回忆，戈林"就像块吸铁石（……），时刻准备着接受采访，分享奇闻逸事和分发纪念品"。[43]

　　在 52 名被拘留者中迅速形成了多个小团体。凯特尔、约德尔、凯塞林等人组成了军人团体，法兰克、莱伊以及图林根大区领袖、希特勒的"劳动力调配全权代表"弗里茨·绍克尔（Fritz Sauckel）等人组成了"老斗士"团体。对这两个团体敬而远之的是"官僚们"和外交官——施图卡特、什未林·冯·科洛希克伯爵、斯特恩格拉赫特·冯·莫伊兰德以及希特勒帝国总理府负责人汉斯·海因里希·兰马斯。[44]尤利乌斯·施特莱谢尔被所有团体排除在外。没有人愿意和他一起就餐。当他进入餐厅时，其他人将自己的椅子拉到一起。[45]

在邓尼茨和戈林之间上演着对于优先顺序的荒唐争夺。帝国元帅仍然将自己视为希特勒的指定继任者，而邓尼茨则坚持认为自己是合法的国家元首。"在沉默中，"阿尔伯特·施佩尔说，"新的国家元首和被罢免的继任者为谁理应在巴特蒙多夫与世隔绝的皇宫酒店中享有优先权、谁应坐在第一张餐桌的主座上以及谁是我们这个组织无可争议的领导人而剑拔弩张，无法达成一致。很快，双方避免在门口见面；在餐厅，他们两人分别坐在两张不同餐桌的主座上。"[46]

1945 年 6 月，苏联代表团在美国军官的监督下进行审讯，但没有一个被审讯者愿意承认参与了该政权的犯罪行径。戈林解释说："如果在前线和

1945 年夏，被逮捕的纳粹精英们在巴特蒙多夫皇宫酒店的台阶上合影（第一排中间：赫尔曼·戈林）。（Battmann/Getty Images）

被占领国家确实有个别士兵实施了暴行，那么我向您保证，国家领导层、总参谋部、政府和党内人士中没有任何人批准过此类行径。"[47]凯特尔则不知羞耻地将处心积虑策划的对苏联的袭击称作"预防性战争"。像几乎所有军人一样，他表示自己不过是命令的接收者，企图以此逃避责任：他"从没有作出过任何决定，无论是在军事还是政治方面"，而是"仅仅执行了元首的命令"。[48]

　　1945 年 8 月初，美国人揭开了关于巴特蒙多夫的秘密，国际媒体纷至沓来。被拘禁者不得不在酒店楼梯上拍照；这张照片在美国报纸上配以"1945毕业年"的说明发表。[49]托马斯·曼长女埃里卡·曼（Erika Mann）和她的弟弟克劳斯一样是美国通讯员，她是唯一拜访过这"52 巨头"的女性。她在写给母亲卡蒂娅（Katia）的信中说："很难想象会有比这更可怕的冒险了"，"戈林、帕彭、罗森堡（Rosenberg）、施特莱谢尔、莱伊——世界上所有恐怖人物（包括凯特尔、邓尼茨、约德尔等）都被关在一座由宾馆改造的监狱里，居住在里面的囚犯让那里变成了名副其实的疯人院"。[50]她的报道刊登在 8 月 13 日《伦敦旗帜晚报》（*Evening Standard*）头版，里面描述了她的主要印象："事实上，整个团体都在做着同一件事。他们都在写东西，努力地刻画着他们准备在那一天要扮演的角色。"[51]

那一天指的是这些非自愿的疗养客人出庭的日期。自 1945 年 8 月中旬以来，巴特蒙多夫的囚犯们陆续被转移到纽伦堡司法宫，那里是对主要战犯进行审判的地方。阿尔伯特·施佩尔在来到皇宫酒店的几周后就被转移到凡尔赛，然后又被安置到美因河畔法兰克福附近的克兰斯伯格城堡（Schloss Kransberg），那里主要审问纳粹政权中的重要技术人员和科学家，其中还包括韦恩赫尔·冯·布劳恩。[52]

邓尼茨阵营的凯特尔和约德尔在纽伦堡被判处死刑。海军元帅本人被判处十年监禁。施佩尔被从宽判处二十年监禁。他展现了一副改过自新的样子，总体上承认自己负有责任，但拒绝承认参与过任何大规模犯罪。[53] 什未林·冯·科洛希克伯爵在 1949 年 4 月的 "威廉大街审判（Wilhelmstraßen-Prozess）" 中被判十年监禁，但在 1951 年 1 月就从兰兹贝格战犯监狱获释。威廉·施图卡特也在 "威廉大街审判" 中被起诉，但考虑到他在 1945 年 5 月被捕后已服刑三年十个月零二十天，因此在宣判后他便获得自由。

尤利乌斯·多普穆勒在邓尼茨政府成员被捕前就乘飞机被带到巴黎附近的勒谢奈（Le Chesnay）。据说他受命在美军占领区重建帝国铁

路运营部。回到马伦特（Malente）后，他于 1945
年 7 月 5 日死于癌症。弗朗茨·塞尔特本应在纽
伦堡被起诉，但是在能够对他提起诉讼前，他就
已经于 1947 年 4 月 1 日在菲尔特（Fürth）去世。
赫伯特·巴克作为营养问题专家于 5 月 15 日飞往
兰斯的盟军总部，但在那里被捕。1947 年 4 月 6
日，他在纽伦堡监狱上吊自杀。奥托·奥伦多夫在
1946 年 1 月的纽伦堡主要诉讼程序中自愿作为控
方证人出庭，因其作为 D 特别行动队头目袭击苏联
的罪行于 1948 年 4 月 10 日被判处绞刑。[54]

249

*

当盟军在 1945 年春天攻占德国时，有一个
令人惊讶的发现：他们来到了一个似乎并没有
纳粹主义的国家。"没有人是纳粹。没有人曾经
是（……）"，美国战争通讯员玛莎·盖尔霍恩
（Martha Gellhorn）写道，她不禁惊讶地怀疑纳粹
政权是如何做到将这场战争持续足足五年半的，如
果真的没有人追随它的话。"我们带着迷惑不解和
鄙夷的神情站在那里，毫不友善地听着这些故事，
完全不带尊重。整个民族都在逃避责任，并不是一
个令人愉悦的场面。"[55]

同样迷惑不解的还有国内的希特勒反对者们，他们亲眼看见那些原政权的支持者们如何迅速地改变自己的信仰。"哦，现在没有人希望曾'参与其中'；没有人会在四字字谜中对这个党的缩写认真以待；这些人物春风得意……真令人作呕。"作家威廉·豪森斯坦在 1945 年 5 月 6 日写道。[56]

战争刚结束，人们对免除罪责证明，即所谓的"洗洁证（Persilschein）"的需求陡增。柏林一个抵抗组织的成员露丝·安德里亚斯－弗里德里希写道："他们一群群地过来，要求去除纳粹身份。""每个人都有不同的借口。突然间，每个人都有一个曾经想要救助至少两公斤面包或十磅土豆的犹太人。每个人都收听过外国电台。每个人都帮助过受迫害的人。这些事后自称为行善者的人常常既骄傲又谦逊地补充道他们'冒着生命危险'。品行证明书成为此刻的主宰。"[57]

摆脱纳粹的进程以惊人的速度展开。一夜之间，所有统治符号和标志都消失了。"这些天来，一股圣象破坏浪潮正席卷整个德国"，记者玛塔·希勒斯在投降一周后观察到。[58] 1945 年 8 月，原纳粹党重要堡垒贡岑豪森（Gunzenhausen）的新任县长在"第三帝国"结束后的首份月度报告中写道："尽管战争刚结束几个月，但几乎没有关于纳粹主义的任何言论，就算有，也是负面意义上的。在那些原本供奉着纳粹国家标志的家庭中，已经再也见不到任何纳粹主义的痕迹。"[59]

希特勒神话完全被颠覆了。曾经受人崇拜的"元首"现在被称为没有地位的人，是人类的恶魔，人们无法抵抗其魔鬼般的诱惑力。因此，也没有必要为自己参与纳粹主义作出说明。如果有人要为罪行负责，那就是希特勒，就是希姆莱和他的党卫队集团——而自己与之无关，也不想再与其纠缠。曾是布痕瓦尔德集中营囚犯的尤金·科根（Eugen Kogon）在1945年底写了《党卫队之国》（*Der SS-Staat*）一书，该书是对集中营世界的首次描写，其中作出了如下令人沮丧的总结：在大多数德国人心中，良知的声音还没有觉醒；没有人愿意再听到纳粹暴行。"关于集中营的报道顶多是让人感到震惊或难以置信；它们几乎不会激起人们的理解，更不用说激发他们的感情了。"[60]

越来越多的战败者将自己视为真正的受害者，认为他们在轰炸战或逃亡和驱逐中遭受了可怕的痛苦，而如今还要遭受盟军的不公正的严厉对待。"德国人认真地相信——每个人都是为自己着想，是不谋而合——他们的苦难超出了一切想象"，埃里卡·曼在1946年春发表的关于"德国状况"的报告中写道。[61] 她的弟弟克劳斯早在 1945 年 5 月就对许多同胞们的自满、自怜和无知感到非常恼火："似乎他们只会抱怨自己所处的困境。他们不明白为什么偏偏是他们要遭受如此大的痛苦。'我们为什么要遭受这些？'他们睁着蓝眼睛用天真而无辜的语气问道。'我们难道不是一直遵守法律的勤劳公民吗？'"[62]

大多数德国人对他们给被征服和被占领领土的人民所造成的巨大痛苦不感兴趣，更不用说同情了。与之相对的是，他们以近乎顽强的勤奋忙于清理废墟和重建工作。1945 年底，作家阿尔弗雷德·德布林（Alfred Döblin）[1] 在德国南部的旅途中惊讶地发现，"这里的人们像蚂蚁一样在一个瓦砾堆里来回奔跑，兴奋地并且像工作狂一样奔走在废墟之间"。[63]

两年半后，哲学家汉娜·阿伦特（Hannah Arendt）[2] 也观察到类似的情况，那时是她自 1933 年被迫离开后第一次踏上这个国家的土地。她遇到的人"普遍缺乏感觉"，"一种明显的冷酷感"，有

---

① 阿尔弗雷德·德布林（1878~1957），德国小说家、散文家，代表作《柏林亚历山大广场》。

② 汉娜·阿伦特（1906~1975），美籍犹太裔政治学家、哲学家，原籍德国。

时"用廉价的感伤加以掩盖",她察觉到这是"一种根深蒂固的、长期存在的、有时甚至残酷的对承认现实发生的事并作出补偿的拒绝所表现的最明显的外部特征":"当我们看到这些德国人如何忙碌地在他们千年历史的废墟中跌跌撞撞地穿行,面对被摧毁的象征物只能耸耸肩膀,或者当有人令他们回想起在世界其他地方犯下的暴行时,他们是如何怨恨这个人的,我们就会认识到,忙碌已成为他们抵御现实的主要武器。"[64]

西部占领区及后来联邦德国的"经济奇迹"有利于人们进一步逃离历史。在后来形成的第二个德国——民主德国中,官方所表明的反法西斯主义立场使人们不再需要反思自己也曾是纳粹主义的一分子。"失去哀悼的能力(Die Unfähigkeit zu trauern)"——这是亚历山大(Alexander Mitscherlich)和玛格丽特·米彻里希(Margarete Mitscherlich)在1967年出版的书中提出的概念,指的正是这种压抑的过程。[65]这种无能在两个德国都存在,尽管表现有所不同。

*

1945年5月初,希特勒自1933年1月30日掌权所开始进行的一切都结束了。"希特勒的十二年执政足以使一个大国由盛转衰；这是多么令人震撼，竟不知从何说起。"挪威驻柏林记者西奥·芬达尔在 5 月 9 日总结道。[66] 这个战败国遭遇的军事打击如此彻底，经济损失如此巨大，所犯下的罪行史无前例，以至于当时有不少观察家质疑，这个国家是否还有未来。

然而，1945 年 5 月 8 日不仅意味着结束，也标志着开始。除了筋疲力尽和痛苦，人们对生活的热情也提高了，甚至散发对于重新出发的异常欢快情绪。自由民主党政客希尔德加德·哈姆－布吕歇尔（Hildegard Hamm-Brücher）回忆说，她再也没有像当时那样"如此强烈地感受到能够继续活下去意味着什么"。[67] 在地狱中存活下来的幸福感释放着无法想象的能量。对于那些敢于反抗纳粹并保持住了体面和人格尊严的少数德国人来说也是这样的。"那十二年终于过去了。某种新的东西开始了（……）"，露丝·安德里亚斯－弗里德里希写道。"每一步都是新的开始。一举一动都承载着创建基础的价值和分量。'着手做，快行动'是我们的口号。"[68]

对这位记者和她的志同道合者们来说，忙碌的清理工作并不是为了不久前的过去，而是正相反，

是出于帮助建立自由的政治和社会秩序的愿望。在
"第三帝国"的舆论宣传下成长的年轻前线士兵和
预备役的炮兵并没有像盟军所担心的那样变成狂热
的地下战士，变成所谓的"狼人"。在经历彻底幻
灭的震惊后，他们中的大多数人并没有冥顽不化，
而是将 1945 年之前养成的奉献精神与对西方生活
方式无比开放的心态结合起来了。[69]

　　尽管在艰辛的日常生活中，单单为了活下去
就要耗费所有精力，但是经历了十二年的同化和精
神贫瘠后，人们强烈地渴望文化。先前被关闭的书
籍、杂志、图片和唱片世界打开了。拥入剧院、音
乐厅和电影院的是对新事物充满好奇的公众，这一
现象空前绝后。在满目疮痍、自以为是和失去哀悼
的能力之外，标志着新开始的嫩芽也出土了。但
是，直到民主在美国、英国和法国引导下重新扎根
于德国西部的民众之间还需要一段时间。只有亲眼
看见这种破坏——包括物质和道德上——的严重程
度，才能理解 1945 年 5 月 8 日所发生的事情是多
么的难以想象，以及今天我们能生活在一个稳定、
自由与和平的国度是何等的成就。也许现在正是回
想起这些的时候。

253

254

注　释

前　言

1　Erich Kästner：Notabene 45. Ein Tagebuch, München 1989, S. 130（v. 7. 5. 1945）。这本于 1961 年首次出版的书是在原始记录的基础上进行加工、修订的版本。参见 Sven Hanuschek 对埃里希·凯斯特纳的介绍：Das Blaue Buch. Geheimes Kriegstagebuch 1941–1945. Hrsg. von Sven Hanuschek in Zusammenarbeit mit Ulrich von Bülow und Silke Becker, Zürich 2018, S. 25–31。

2　关于"零点时刻"，参见 Volker Depkat 对政治家自传的研究：Lebenswelten und Zeitenwenden. Deutsche Politiker und die Erfahrungen des 20. Jahrhunderts, München 2007, S. 189–196。

3　Eine Frau in Berlin. Tagebuchaufzeichnungen vom 20. April bis 22. Juni 1945, Frankfurt / M. 2003, S. 154（v. 7. 5. 1945），作者不详。

4　关于"无人时刻"，参见 Harald Jähner：Wolfszeit. Deutschland und die Deutschen 1945–1955, Berlin 2019, S. 20。

5　Friedrich Kellner："Vernebelt, verdunkelt sind alle Hirne". Tagebücher 1939–1945. Hrsg. von Sascha Feuchert / Robert Martin Scott Kellner / Erwin Leibfried / Jörg Riecke / Markus Roth, Bd. 2, Göttingen 2011, S. 930（v. 5. 5. 1945）.

6　Reinhold Maier：Ende und Wende. Briefe und Tagebuchaufzeichnungen 1944–1946, Wuppertal 2004, S. 232（v. 7. 5. 1945）.

7　参见 Richard Bessel：Germany 1945. From War to Peace, London 2009, S. 134 f.。

8　Ivone Kirkpatrick：Im inneren Kreis. Erinnerungen eines Diplomaten, Berlin 1964, S. 167。参见 Jähner：Wolfszeit, S. 61 ff.。

9　参见 Stefan-Ludwig Hoffmann：Besiegte, Besatzer, Beobachter. Das Kriegsende im Tagebuch, in Daniel Fulda / Dagmar Herzog / Stefan-Ludwig Hoffmann / Till van Rahden (Hrsg.): Demokratie im Schatten der Gewalt. Geschichten des Privaten im deutschen Nachkrieg, Göttingen 2010, S. 25–55; Susanne zur Nieden: Alltag im Ausnahmezustand. Frauentagebücher im zerstörten Deutschland, Berlin 1993。

序幕：1945 年 4 月 30 日

1　参见福尔克尔·乌尔里希的另一本书：Adolf Hitler. Bd. 2: Die Jahre des Untergangs 1939–1945, Frankfurt / M. 2018, S. 656 ff.; Joachim Fest: Der Untergang. Hitler und das Ende des Dritten Reiches, Berlin 2002, S. 128 ff.; Anton Joachimsthaler: Hitlers Ende. Legenden und Dokumente, München / Berlin 1995, S. 201 ff.。

2　Ernst Günther Schenck: Patient Hitler. Eine medizinische Biographie, Düsseldorf 1989, S. 400.

3　参见 Joachimsthaler: Hitlers Ende, S. 205–209。

4　同上书 S. 210–213; Henrik Eberle / Matthias Uhl (Hrsg.): Das Buch Hitler. Geheimdossier des NKWD für Josef W. Stalin, zusammengestellt aufgrund der Verhörprotokolle des Persönlichen Adjutanten Hitlers, Otto Günsche, und des Kammerdieners Heinz Linge, Moskau 1948 /49, Bergisch Gladbach 2005, S. 444 f.。

5　Traudl Junge: Bis zur letzten Stunde. Hitlers Sekretärin erzählt ihr Leben, München 2002, S. 205.

6　复制本收录于 Joachimsthaler: Hitlers Ende, S. 192。

7　Hans Baur: Ich flog Mächtige der Erde, Kempten (Allgäu) 1956, S. 275 f.

8　Heinz Linge: Bis zum Untergang. Als Chef des Persönlichen Dienstes bei Hitler. Hrsg. von Werner Maser, München 1982, S. 286 f.; 另参见 Eberle / Uhl (Hrsg.): Das Buch Hitler, S. 446 f.。

9 Junge: Bis zur letzten Stunde, S. 206.

10 收录于 Joseph Goebbels: Tagebücher 1945. Die letzten Aufzeichnungen,
    Hamburg 1977, S. 549 f.。这封信由女飞行员、希特勒仰慕者 Hanna
    Reitsch 于 4 月 28 日带出柏林，辗转交给哈罗德·匡特，后者彼时沦
    为英军战俘，身在北非。参见 Joachim Scholtyseck: Der Aufstieg der
    Quandts. Eine deutsche Unternehmerdynastie, München 2011, S. 252。

11 参见 Joachimsthaler: Hitlers Ende, S. 221 f.。

12 同上书 S. 230–270（mit einem Abgleich aller Zeugenaussagen）; Eberle /
    Uhl（Hrsg.）: Das Buch Hitler, S. 447 f.。

13 参见 Joachimsthaler: Hitlers Ende, S. 288–332; Eberle / Uhl（Hrsg.）:
    Das Buch Hitler, S. 448 f.。

14 参见 Antony Beevor: Berlin 1945. Das Ende, München 2002, S. 387–389,
    398 f.; Tony Le Tissier: Chronik der Schlacht um Berlin, in Bengt
    von zur Mühlen（Hrsg.）: Der Todeskampf der Reichshauptstadt,
    Berlin-Kleinmachnow 1994, S. 79–86。

15 参见 Jörg Müllner: Wie Russlands Fahne 1945 auf den Reichstag kam,
    in Die Welt v. 18. 1. 2008。

16 参见 Jewgeni Chaldej: Der bedeutende Augenblick. Hrsg. von Ernst Volland
    und Heinz Krimmer, Leipzig 2008。

17 出自战地记者的记录 Konstantin Simonow: Kriegstagebuch 1941–1945,
    Berlin-Ost o. J.; 援引自 Peter Gosztony（Hrsg.）: Der Kampf um Berlin
    1945 in Augenzeugenberichten, Düsseldorf 1970, S. 389。

18 参见 1945 年 5 月 9 日一名苏军少校写给其姐妹的信："墙上留有许多
    光荣士兵和军官用粉笔、煤炭和铅笔写下的文字。例如'斯大林格
    勒人到此一游——签名'、'一名来自斯摩棱斯克的苏联士兵来过这
    里——签名'、'我们在国会大厦。一切正常。Ivan Petrow, 1945 年
    5 月 9 日'。" Elke Scherstjanoi（Hrsg.）: Rotarmisten schreiben aus
    Deutschland. Briefe von der Front（1945）und historische Analysen,
    München 2004, S. 172。

19 Marianne Feuersenger：Im Vorzimmer der Macht. Aufzeichnungen aus dem Wehrmachtführungsstab und Führerhauptquartier 1940–1945，München 1999，S. 271.

20 收录于 Winfried Nerdinger（Hrsg.）：München und der Nationalsozialismus. Katalog des NS-Dokumentationszentrums München，München 2015，S. 298。

21 复制本同上书 S. 301。参见 David Clay Large：Hitlers München. Aufstieg und Fall der Hauptstadt der Bewegung，München 1998，S. 431 f.；Wolfgang Görl：Als die Amerikaner München befreiten，in Süddeutsche Zeitung v. 24. 4. 2015。

22 纲领复制本收录在 Nerdinger（Hrsg.）：München und der Nationalsozialismus，S. 297。关于"巴伐利亚自由运动"，参见 Veronika Diem 的研究：Die Freiheitsaktion Bayern. Ein Aufstand in der Endphase des NS-Regimes，Kallmünz 2013。Klaus-Dietmar Henke 对"准备不足的、非常业余的起义"提出了尖锐的批评：Die amerikanische Besatzung Deutschlands，München 1995，S. 854–857（引文见 S. 854）。

23 传单复制本参见 Nerdinger（Hrsg.）：München und der Nationalsozialismus，S. 296。

24 参见 Henke：Die amerikanische Besatzung Deutschlands，S. 859 f.；Frederick Taylor：Zwischen Krieg und Frieden. Die Besetzung und Entnazifizierung Deutschlands 1944–1946，Berlin 2011，S. 137–141。

25 援引自 Henke：Die amerikanische Besatzung Deutschlands，S. 934。

26 Sven Keller（Hrsg.）：Kriegstagebuch einer jungen Nationalsozialistin. Die Aufzeichnungen Wolfhilde von Königs 1939–1946，Berlin–Boston 2015，S. 213（v. 30. 4. 1945）。

27 援引自 Wolfgang Görl：Als die Amerikaner München befreiten，in Süddeutsche Zeitung v. 24. 4. 2005。战后，兰根多夫作为新闻官负责首批报纸许可证的签发，并积极参与创办《南德意志报》。参见 Knud von Harbou：Als Deutschland seine Seele retten wollte. Die Süddeutsche Zeitung in

den Gründerjahren nach 1945, München 2015, S. 24 f.。

28 Edgar Kupfer-Koberwitz: Dachauer Tagebücher. Die Aufzeichnungen des Häftlings 24814, München 1997, S. 451 f., 452 f.

29 Ludwig Eiber: Gewalt im KZ Dachau. Vom Anfang eines Terrorsystems, in Andreas Wirsching (Hrsg.): Das Jahr 1933. Die nationalsozialistische Machteroberung und die deutsche Gesellschaft, Göttingen 2009, S. 169–181 (hier S. 178).

30 参见 Gabriele Hammerstein: Das Kriegsende in Dachau, in Bernd-A. Rusinek (Hrsg.): Kriegsende 1945. Verbrechen, Katastrophen, Befreiungen in nationaler und internationaler Perspektive, Göttingen 2004, S. 27–45 (引文参见 S. 28); Wolfgang Benz / Barbara Distel (Hrsg.): Der Ort des Terrors. Geschichte der nationalsozialistischen Konzentrationslager, Bd. 2, München 2005, S. 268–271; Nikolaus Wachsmann: KL. Die Geschichte der nationalsozialis tischen Konzentrationslager, München 2015, S. 682–684; Henke: Die amerikanische Besetzung Deutschlands, S. 862–931。

31 参见 Henke: Die amerikanische Besetzung Deutschlands, S. 905–913; Benz / Distel (Hrsg.): Der Ort des Terrors, Bd. 2, S. 269 f.; Daniel Blatman: Die Todesmärsche 1944/45. Das letzte Kapitel des nationalsozialistischen Massenmords, Reinbek bei Hamburg 2011, S. 334–337。

32 Kupfer-Koberwitz: Dachauer Tagebücher, S. 444.

33 援引自 Henke: Die amerikanische Besetzung Deutschlands, S. 917 f.。

34 参见 Hammerstein: Das Kriegsende in Dachau, S. 41 f.; Henke: Die amerikanische Besetzung Deutschlands, S. 919–922; Keith Lowe: Der wilde Kontinent. Europa in den Jahren der Anarchie 1943–1950, Stuttgart 2014, S. 113 f.。更多这些事件的细节可参考关于 Felix Sparks 的传记: Alex Kershaw: Der Befreier. Die Geschichte eines amerikanischen Soldaten im Zweiten Weltkrieg, München 2014, S.

309–345。

35 Kupfer-Koberwitz：Dachauer Tagebücher，S. 459.

36 收录于 Percy Ernst Schramm（Hrsg.）：Die Niederlage 1945. Aus dem Kriegstagebuch des Oberkommandos der Wehrmacht，München 1982，S. 419；Walter Lüdde-Neurath：Regierung Dönitz. Die letzten Tage des Dritten Reiches，3. wesentlich erweiterte Aufl.，Göttingen 1964，S. 130。

37 参见 Ullrich：Adolf Hitler，Bd. 2，S. 652，654。

38 Karl Dönitz：Zehn Jahre und zwanzig Tage，Frankfurt / M.–Bonn 1963，S. 434。1956 年 9 月 30 日，即邓尼茨在柏林施潘道战俘监狱服刑的最后一天，一起服刑的阿尔伯特·施佩尔否认他于 4 月 27 日最后一次在地堡与希特勒见面时，曾建议让邓尼茨成为元首的继任者；他表示，他只是积极评价了邓尼茨在“北部地区”的活动。Albert Speer：Spandauer Tagebücher，Berlin–München 2002，S. 445（v. 30. 9. 1956）。但是邓尼茨在其回忆录中表示（S. 434），他的任命最初是施佩尔提议的。

39 参见 Ullrich：Adolf Hitler，Bd. 2，S. 640 f.。

40 同上书 S. 648 f.，652 f.。

41 参见 Lüdde-Neurath：Regierung Dönitz，S. 42 f.；Dönitz：Zehn Jahre und zwanzig Tage，S. 433。

42 援引自 Reimer Hansen：Das Ende des Dritten Reiches. Die deutsche Kapitulation 1945，Stuttgart 1966，S. 103。1945 年 6 月 17 日，邓尼茨在巴特蒙多夫的审讯中也曾表示：“希特勒是一个出众的人物。”Wassili S. Christoforow u. a.（Hrsg.）：Verhört. Die Befragungen deutscher Generale und Offiziere durch die sowjetischen Geheimdienste 1945–1952，Berlin–Boston 2015，S. 66。

43 Heinrich Schwendemann：“Deutsche Menschen vor der Vernichtung durch den Bolschewismus zu retten.” Das Programm der Regierung Dönitz und der Beginn einer Legendenbildung，in Jörg Hillmann / John

Zimmermann（Hrsg.）：Kriegsende 1945 in Deutschland，München 2002，S. 9–33（引文见 S. 9）。

44 参见 Lüdde-Neurath：Regierung Dönitz，S. 29 f.。

45 Hans Sarkowicz（Hrsg.）："Als der Krieg zu Ende war." Erinnerungen an den 8. Mai 1945，Frankfurt / M.–Leipzig 1995，S. 112 f.

46 Dönitz：Zehn Jahre und zwanzig Tage，S. 436。另参见 Lüdde-Neurath：Regierung Dönitz，S. 89 f.；Marlis G. Steinert：Die 23 Tage der Regierung Dönitz，Düsseldorf–Wien 1967，S. 88 f.。

47 参见 Kriegstagebuch des Führungsstabes Nord（A），30. 4. 1945；Percy Ernst Schramm（Hrsg.）：Kriegstagebuch des Oberkommandos der Wehrmacht，Bd. IV，2，Herrsching 1982，S. 1468（künftig zit. KTB-OKW）。

1945 年 5 月 1 日

1 Hans Refior：Mein Berliner Tagebuch 1945, in von zur Mühlen（Hrsg.）：Der Todeskampf der Reichshauptstadt，S. 132.

2 Marschall Wassilij Tschuikow：Das Ende des Dritten Reiches，München 1966，S. 184 f.；参见 Ulrich Völklein（Hrsg.）：Hitlers Tod. Die letzten Tage im Führerbunker，Göttingen 1998，S. 48 f.（该书认为希特勒死亡时间为 15 点 50 分）。

3 参见 Ullrich：Adolf Hitler，Bd. 2，S. 445，550 f.。

4 参见 Refior：Mein Berliner Tagebuch 1945，S. 132；Rochus Misch：Der letzte Zeuge. "Ich war Hitlers Telefonist，Kurier und Leibwächter"，Zürich und München 2008，S. 225 f.。

5 Arthur Axmann：Das Ende im Führerbunker，in Stern v. 2. 5. 1965；援引自 Gosztony（Hrsg.）：Der Kampf um Berlin 1945 in Augenzeugenberichten，S. 350。

6 Junge：Bis zur letzten Stunde，S. 208.

7 参见 Theodor von Dufving 的描述：Die Kapitulationsverhandlungen vom 30. April bis zum 2. Mai 1945，in von zur Mühlen（Hrsg.）：Der Todeskampf der Reichshauptstadt，S. 168 f.。

8 Tschuikow：Das Ende des Dritten Reiches，S. 183。

9 关于谈判的详细描述参见上书 S. 185–214。

10 收录于 Eberle / Uhl（Hrsg.）：Das Buch Hitler，S. 463。参见 Völklein（Hrsg.）：Hitlers Tod，S. 46 f.。

11 Georgi K. Schukow：Erinnerungen und Gedanken，Stuttgart 1969，S. 604 f.

12 Dufving：Die Kapitulationsverhandlungen，in von zur Mühlen（Hrsg.）：Der Todeskampf der Reichshauptstadt，S. 173–175.

13 Axmann：Das Ende im Führerbunker，in Stern vom 2. 5. 1965；援引自 Gosztony：Der Kampf um Berlin 1945，S. 363。

14 收录于 KTB-OKW，Bd. IV, 2，S. 1469；Schramm（Hrsg.）：Die Niederlage 1945，S. 419。无线电报于 3 点 27 分发出。

15 施佩尔手稿复制本见 Heinrich Breloer（in Zusammenarbeit mit Rainer Zimmer）：Die Akte Speer. Spuren eines Kriegsverbrechers，Berlin 2006，S. 319。

16 关于施佩尔含糊不定的角色定位，参见 Magnus Brechtken：Albert Speer. Eine deutsche Karriere，München 2017，S. 276–280；Ullrich：Adolf Hitler，Bd. 2，S. 615–619。

17 收录于 Schramm（Hrsg.）：Die Niederlage 1945，S. 420；Lüdde-Neurath：Regierung Dönitz，S. 130。这封电报于 7 点 40 分从柏林发出。

18 参见 Hansen：Das Ende des Dritten Reiches，S. 95；Jochen von Lang：Der Sekretär. Martin Bormann：Der Mann, der Hitler beherrschte，Stuttgart 1977，S. 336。

19 收录于 Schramm（Hrsg.）：Die Niederlage 1945，S. 420；Lüdde-Neurath：Regierung Dönitz，S. 130。

20 参见 Dönitz：Zehn Jahre und zwanzig Tage，S. 444；Albert Speer：

Erinnerungen, Frankfurt / M.–Berlin 1993, S. 490。

21 Lars Lüdicke: Constantin von Neurath. Eine politische Biographie, Paderborn 2014, S. 558.

22 Steinert: Die 23. Tage der Regierung Dönitz, S. 107; 另参见 Lüdde-Neurath: Regierung Dönitz, S. 82。

23 Lutz Graf Schwerin von Krosigk: Es geschah in Deutschland. Menschenbilder unseres Jahrhunderts, Tübingen und Stuttgart, 3. Aufl., 1952, S. 366; 另参见其所著回忆录：Memoiren, Stuttgart 1977, S. 242 f.。

24 参见 Steinert: Die 23 Tage der Regierung Dönitz, S. 89; Schwerin von Krosigk: Es geschah in Deutschland, S. 374。

25 参见 Lüdde-Neurath: Regierung Dönitz, S. 53–60; Steinert: Die 23 Tage der Regierung Dönitz, S. 172 f.; Herbert Kraus: Karl Dönitz und das Ende des "Dritten Reiches", in Hans-Erich Volkmann (Hrsg.): Ende des Dritten Reiches – Ende des Zweiten Weltkriegs. Eine perspektivische Rückschau, München–Zürich 1995, S. 1–23（此处见 S. 11）。

26 Friedrich Karl Engel: 1. Mai 1945: Hitlers Tod in Rundfunksendungen, in Funkgeschichte, 41. Jg. (2018); als PDF-Datei, S. 1 f.

27 收录于 Lüdde-Neurath: Regierung Dönitz, S. 132（后面的引文亦出自此处）。

28 Engel: 1. Mai 1945. Hitlers Tod in Rundfunksendungen, PDF-Datei, S. 1.

29 收录于 Lüdde-Neurath: Die Regierung Dönitz, S. 133。凯特尔认为在当时的情况下，新的国防军无法宣誓就职，因此建议采用该表述。参见 Walter Görlitz (Hrsg.): Generalfeldmarschall Keitel. Verbrecher oder Offizier? Erinnerungen, Briefe, Dokumente des Chefs OKW, Göttingen–Berlin–Frankfurt / M. 1961, S. 372。

30 Kästner: Notabene 45, S. 105 (v. 2. 5. 1945)。较短的版本参见 Das Blaue Buch, S. 192 (v. 2. 5. 1945)。

31 Sönke Neitzel：Abgehört. Deutsche Generäle in britischer Kriegsgefangenschaft 1942–1945, Berlin 2005, Dok. 78, S. 205–210（Bericht vom 1. /2. 5. 1945）.

32 Ursula von Kardorff：Berliner Aufzeichnungen 1942 bis 1945. Hrsg. und kommentiert von Peter Hartl, München 1992, S. 319（v. 1. 5. 1945）。卡尔多夫在随身日记本上的记录很简洁："希特勒死了。太令人激动了！尖叫。"同上书 S. 320, Anm.3。

33 Speer：Erinnerungen, S. 491；类似的描述可参见 Gitta Sereny：Albert Speer. Das Ringen mit der Wahrheit und das deutsche Trauma, München 1995, S. 627。

34 参见 Brechtken：Albert Speer, S. 295 ff.；Volker Ullrich：Zum Dank ein Bild vom Führer, in DIE ZEIT v. 16. 5. 2016。

35 William L. Shirer：Berliner Tagebuch. Das Ende 1944–45. Hrsg. von Jürgen Schebera, Leipzig 1994, S. 67（v. 1. 5. 1945）.

36 Thomas Mann：Tagebücher 1944–1. 4. 1946. Hrsg. von Inge Jens, Frankfurt / M. 1986, S. 197（v. 1. und 2. 5. 1945）.

37 Sebastian Haffner：Germany：Jekyll & Hyde. 1939 – Deutschland von innen betrachtet, Berlin 1996, S. 21。 另参见 Thomas Mann：Tagebücher 1940–1943. Hrsg. von Peter de Mendelssohn, Frankfurt / M. 1982, S. 76（v. 15. 5. 1940）："认真读完 S. Haffner（化名？）的英文书 Germany：Jekyll and Hyde, 写得太棒了。"

38 Joseph Goebbels：Die Tagebücher. Hrsg. von Elke Fröhlich, T. II, Bd. 15, München 1995, S. 383（v. 28. 2. 1945）。 参见 Ullrich：Adolf Hitler, Bd. 2, S. 608–610 以及文章 Seine letzte Rolle, in DIE ZEIT v. 4. 10. 2018。

39 复制本收录于 von zur Mühlen（Hrsg.）：Der Todeskampf der Reichshauptstadt, S. 150。

40 Hugh R. Trevor Roper：Hitlers letzte Tage, Frankfurt / M.–Berlin 1995, S. 181 f.（1947 年在英国首次出版）。 参见 Junge：Bis zur

letzten Stunde，S. 204。

41 参见 Fest：Der Untergang，S. 168。

42 Axmann：Das Ende im Führerbunker，in Stern v. 2. 5. 1965；援引自 Gosztony（Hrsg.）：Der Kampf um Berlin 1945，S. 350 f.。

43 参见 Misch：Der letzte Zeuge，S. 227。

44 此处及下段均可参见 1945 年 5 月 7 日白俄罗斯第一方面军 SMERSCH 第 4 侦查队的审讯记录。另可参见 Lew A. Besymenski：Das Ende der Familie Goebbels，in DIE ZEIT v. 16. 8. 1968；有节选部分收录于 Völklein（Hrsg.）：Hitlers Tod，S. 76–79。

45 1945 年 5 月 19 日 审 讯 记 录；Besymenski：Das Ende der Familie Goebbels，in DIE ZEIT v. 16. 8. 1968；Völklein（Hrsg.）：Hitlers Tod，S. 79 f.。

46 Junge：Bis zur letzten Stunde，S. 212；Baur：Ich flog Mächtige der Erde，S. 282.

47 Misch：Der letzte Zeuge，S. 232.

48 参见 Trevor Roper：Hitlers letzte Tage，S. 203。

49 参见 Eberle / Uhl（Hrsg.）：Das Buch Hitler，S. 455。也可参见老帝国总理府机械专家约翰内斯·亨彻尔的回忆；Misch：Der letzte Zeuge，S. 233。

50 1945 年 5 月 7 日至 8 日尸检报告；收录于 Völklein（Hrsg.）：Hitlers Tod，S. 106–131（此处见 S. 116，121）。

51 同上书 S. 141。

52 参见 Scholtyseck：Der Aufstieg der Quandts，S. 252 f.，770。关于"瑙曼的圈子"，参见 Norbert Frei：Vergangenheitspolitik. Die Anfänge der Bundesrepublik und die NS-Vergangenheit，München 1996，S. 361 ff.。

53 Lew Besymenski：Die letzten Notizen von Martin Bormann. Ein Dokument und sein Verfasser，Stuttgart 1974，S. 272.

54 参见 Junge：Bis zur letzten Stunde，S. 210 f.，212。

55 参见 Trevor-Roper：Hitlers letzte Tage，S. 203 f.；Eberle / Uhl（Hrsg.）：

Das Buch Hitler，S. 454。

56 逃亡队伍组成情况可参见以下文献，部分描述存在差异：Trevor-Roper：Hitlers letzte Tage，S. 204；Junge：Bis zur letzten Stunde，S. 213；Eberle / Uhl（Hrsg.）：Das Buch Hitler，S. 854；Lang：Der Sekretär，S. 339。

57 Junge：Bis zur letzten Stunde，S. 213.

58 参见 Lang：Der Sekretär，S. 402 ff.；Volker Koop：Martin Bormann. Hitlers Vollstrecker，Wien–Köln–Weimar 2012，S. 314–316。

59 Florian Huber：Kind versprich mir，dass du dich erschießt. Der Untergang der kleinen Leute，Berlin，4. Aufl.，2015，S. 139。下段引文也参见此书 S. 9–77。

60 参见 Hannes Heer / Klaus Naumann（Hrsg.）：Vernichtungskrieg. Verbrechen der Wehrmacht 1941–1944，Hamburg 1995。

61 参见 Bernhard Fisch：Nemmersdorf，Oktober 1944. Was in Ostpreußen tatsächlich geschah，Berlin 1997。

62 Goebbels：Tagebücher，T. II，Bd. 14，S. 110（v. 26. 10. 1944）.

63 引自 Werner Zeidler：Kriegsende im Osten. Die Rolle der Roten Armee und die Bevölkerung Deutschlands östlich der Oder und Neiße 1944/45，München 1996，S. 138。关于红军进军德国后的行为还可参见 Catherine Merridale：Iwans Krieg. Die Rote Armee 1939–1945，Frankfurt / M. 2006，S. 329–351；Normann N. Naimark：Die Russen in Deutschland. Die sowjetische Besatzungszone 1945 bis 1949，Berlin 1997，S. 94–98。

64 Huber：Kind versprich mir，dass du dich erschießt，S. 51.

65 同上书 S. 59 f.。

66 参见上书 S. 136–138。

67 此处及下段引文参见 Christian Goeschel：Selbstmord im Dritten Reich，Berlin 2011，S. 241–255；Richard J. Evans：Das Dritte Reich，Bd. III：Krieg，München 2008，S. 907–915。

68 Heinz Boberach（Hrsg.）：Meldungen aus dem Reich. Die geheimen Lageberichte des Sicherheitsdienstes der SS，Herrrsching 1984，Bd. 17，S. 6737.

69 此为 1945 年 5 月 17 日瓦尔特·乌布利希对威廉·皮克说的话；Gerhard Keiderling（Hrsg.）："Gruppe Ulbricht" in Berlin April bis Juni 1945. Von den Vorbereitungen im Sommer 1944 bis zur Wiedergründung der KPD im Juni 1945. Eine Dokumentation，Berlin 1993，Dok. 64，S. 348。

70 亦可参见 Mario Frank：Walter Ulbricht. Eine deutsche Biografie，Berlin 2001，S. 137 ff.。

71 Wolfgang Leonhard：Mai 1945：Erinnerungen eines Mitglieds der "Gruppe Ulbricht"，in Christine Krauss / Daniel Küchenmeister（Hrsg.）：Das Jahr 1945. Brüche und Kontinuitäten，Berlin 1995，S. 50.

72 Keiderling（Hrsg.）："Gruppe Ulbricht" in Berlin，Dok. 6，S. 130–134（hier S. 131 f.）。也见此书 S. 26–28；Frank：Walter Ulbricht，S. 174 f.。

73 参见 Frank：Walter Ulbricht，S. 177；Wilfried Loth：Stalins ungeliebtes Kind. Warum Moskau die DDR nicht wollte，Berlin 1994，S. 20 ff.。

74 Keiderling（Hrsg.）："Gruppe Ulbricht" in Berlin，Dok. 1，S. 121.

75 参见上书 S. 29；Frank：Walter Ulbricht，S. 176。

76 Keiderling（Hrsg.）："Gruppe Ulbricht" in Berlin，Dok. 14，S. 182；也见此书 S. 30 f.，42；Frank：Walter Ulbricht，S. 178。

77 Keiderling（Hrsg.）："Gruppe Ulbricht" in Berlin，Dok. 31，S. 260–265（hier S. 260）.

78 参见上书 Dok. 34，S. 273 f.。

79 参见 Wolfgang Leonhard：Die Revolution entlässt ihre Kinder，Köln 1987，S. 297–301；Keiderling（Hrsg.）："Gruppe Ulbricht" in Berlin，S. 727–732。

80　Keiderling（Hrsg.）:"Gruppe Ulbricht" in Berlin，Dok. 36，S. 277 f.

81　Leonhard: Die Revolution entlässt ihre Kinder，S. 292.

82　参见 Leonhard: Die Revolution entlässt ihre Kinder，S. 301–305。也见同
一位作者所著的 Im Dienste Walter Ulbrichts, in Gustav Trampe（Hrsg.）:
Die Stunde Null. Erinnerungen an Kriegsende und Neuanfang，Stuttgart
1995，S. 272 f.; Keiderling（Hrsg.）:"Gruppe Ulbricht" in Berlin，
S. 39 f.; 以及收录在同一本文集的 Richard Gyptner: Am 1. Mai 1945
nach Bruchmühle，S. 699 f.。

83　Leonhard: Die Revolution entlässt ihre Kinder，S. 308.

84　Theo Findahl: Letzter Akt – Berlin 1933–1945，Hamburg 1946，S.
180，182.

85　参 见 Peter Merseburger: Willy Brandt 1913–1992. Visionär und Realist，
Stuttgart–München 2002，S. 57–221。

86　Willy Brandt: Erinnerungen，Berlin–Frankfurt / M. 1989，S. 139 f.;
而在维利·勃兰特的另一部作品中，表述稍有改变: Links und frei.
Mein Weg 1930–1950，Hamburg 1982，S. 375。

87　Willy Brandt: Verbrecher und andere Deutsche. Ein Bericht aus
Deutschland 1946. Bearbeitet von Einhart Lorenz，Bonn 2007（特别是
编者的引言 S. 7–33）。

88　Astrid Lindgren: Die Menschheit hat den Verstand verloren. Tagebücher
1939–1945，Berlin 2015，S. 444 f.（v. 1. 5. 1945）也见此书 S. 5–16
Antje Rávic Strubel 所写的前言部分。

1945 年 5 月 2 日

1　Engel: 1. Mai 1945: Hitlers Tod in Rundfunksendungen，PDF-Datei，
S. 1.

2　Christian Graf von Krockow: Der deutschen Grenze entgegen，in
Trampe（Hrsg.）: Die Stunde Null，S. 250.

3 Gerd Schmückle: Mitgegangen, mitgefangen ..., 同上书 S. 57。

4 Kardorff: Berliner Aufzeichnungen 1942 bis 1945, S. 320（v. 2. 5. 1945）.

5 Ruth Andreas-Friedrich: Schauplatz Berlin. Ein deutsches Tagebuch, München 1962, S. 188 f.（v. 2. 5. 1945）.

6 Karla Höcker: Die letzten und die ersten Tage. Berliner Aufzeichnungen 1945, Berlin 1966, S. 23（v. 1. 5. 1945）.

7 Heinrich Breloer（Hrsg.）: Mein Tagebuch. Geschichten vom Überleben 1939–1947, Köln 1984, S. 182.

8 Neitzel（Hrsg.）: Abgehört, Dok. 79, S. 210–212（v. 2. 5. 1945）, Dok. 72, S. 195（v. 10.–13. 4. 1945）, Dok. 73, S. 197（v. 16.–18. 4. 1945）.

9 Ernst Jünger: Die Hütte im Weinberg. Sämtliche Werke, Bd. 3, Stuttgart 1979, S. 421（v. 1. 5. 1945）.

10 Sarkowicz（Hrsg.）: "Als der Krieg zu Ende war", S. 79.

11 Hamburger Zeitung v. 2. 5. 1945; wieder abgedr. in DIE ZEIT v. 23. 4. 2015.

12 Lore Walb: Ich, die Alte – ich, die Junge. Konfrontation mit meinen Tagebüchern 1933–1945, Berlin 1997, S. 338.

13 Breloer（Hrsg.）: Mein Tagebuch, S. 213（v. 2. 5. 1945）.

14 Carola Stern: In den Netzen der Erinnerung. Lebensgeschichten zweier Menschen, Reinbek bei Hamburg 1986, S. 237; 亦可参见 Dem Führer die Treue halten?, in Trampe（Hrsg.）: Die Stunde Null, S. 261。

15 Lothar Loewe: Der Kampf um Berlin, in Trampe（Hrsg.）: Die Stunde Null, S. 47。15 岁的 Johanna Ruf 在 1945 年 4 月 27 日和其他 "德国少女联盟" 成员在新帝国总理府野战医院协助护士工作，她在 5 月 2 日写道："在这一刻让我们感动的是，我们还能再次提及元首，人们不能把这记下来。" Johanna Ruf: Eine Backpfeife für den kleinen Goebbels. Berlin im Tagebuch einer 15-Jährigen. Die letzten und die

ersten Tage. Hrsg. Von Wieland Giebel，Berlin 2017，S. 29。

16 Kellner：Tagebücher 1939–1945，Bd. 2，S. 930（v. 1. 5. 1945）.

17 Shirer：Berliner Tagebuch. Das Ende 1944–45，S. 71（v. 2. 5. 1945）.

18 Tschuikow：Das Ende des Dritten Reiches，S. 219.

19 Refior：Mein Berliner Tagebuch 1945，in von zur Mühlen（Hrsg.）：
Der Todeskampf der Reichshauptstadt，S. 135.

20 Dufving：Die Kapitulationsverhandlungen vom 30. April bis 2. Mai
1945，同上书 S. 177–181。

21 1945 年 5 月 2 日命令书的复制本参见 Olaf Groehler：1945. Die Neue
Reichskanzlei. Das Ende，Berlin 1995，S. 72。另参见 Tschuikow：
Das Ende des Dritten Reiches，S. 226 f.。

22 参见 Stefan Doernberg：Befreiung 1945. Ein Augenzeugenbericht，Berlin-
Ost 1975，S. 62–64。

23 参见 Von zur Mühlen（Hrsg.）：Der Todeskampf der Reichshauptstadt，
S. 254。

24 Stefan Doernberg（Hrsg.）：Hitlers Ende ohne Mythos. Jelena
Rshewskaja erinnert sich an ihren Einsatz im Mai 1945 in Berlin，
Berlin 2005，S. 51.

25 参见 Von zur Mühlen（Hrsg.）：Der Todeskampf der Reichshauptstadt，
S. 250 f.，255–277。

26 Margret Boveri：Tage des Überlebens. Berlin 1945，München–Zürich
1985，S. 97 f.（v. 1.–3. 5. 1945）.

27 Berliner Schulaufsätze aus dem Jahr 1946. Ausgewählt und eingeleitet
von Annett Gröschner，Berlin 1996，S. 244.

28 同上书 S. 164。参见 18 岁的柏林办公室职员 Brigitte Eickedie 的日记：
"人们都疯了，就像鬣狗一样厮打，没人有所顾忌，他们打人，已经不
能称作人了。"Barbara Felsmann / Annett Gröschner / Grischa Meyer
（Hrsg.）：Backfisch im Bombenkrieg. Notizen in Steno，Berlin 2013，
S. 269（v. 2. 5. 1945）；Höcker：Die letzten und die ersten Tage，S.

24（v. 2. 5. 1945）："人们被占有欲控制，市侩得毫无顾忌。"

29 Angela Martin / Claudia Schoppmann: "Ich fürchte die Menschen mehr als die Bomben." Aus den Tagebüchern dreier Berliner Frauen 1938–1946, Berlin 1996；引自 http//www.berliner-geschichtswerkstatt. de/news-reader/items/tagebuchaufzeichnungen-vom–1–april-bis-zum–9– mai–1945.html。

30 援引自 Antony Beevor：Ein Schriftsteller im Krieg. Wassili Grossman und die Rote Armee 1941–1945，München 2007，S. 417。

31 Merridale：Iwans Krieg，S. 363 f.

32 Leonhard：Die Revolution entlässt ihre Kinder，S. 309.

33 Fritz Erpenbeck：Am Anfang war das Chaos，in Keiderling（Hrsg.）： "Gruppe Ulbricht" in Berlin，S. 640.

34 Leonhard：Die Revolution entlässt ihre Kinder，S. 310，311 f.

35 参见上书 S. 315–317；Leonhard：Im Dienste Walter Ulbrichts，in Trampe （Hrsg.）：Die Stunde Null，S. 276。

36 Walter Ulbricht an Wilhelm Pieck，17. 5. 1945；Keiderling（Hrsg.）： "Gruppe Ulbricht" in Berlin，Dok. 64，S. 348–351（hier S. 349）。参 见 Frank：Walter Ulbricht，S. 186 f.。

37 参见 1945 年 5 月 20 日柏林共产党第二届高层会议纪要；Keiderling （Hrsg.）："Gruppe Ulbricht" in Berlin，Dok. 69，S. 362；参见上书 S. 56 f.；Leonhard：Die Revolution entlässt ihre Kinder，S. 331 f.； Naimark：Die Russen in Deutschland，S. 152 f.，157。

38 Walter Ulbricht an Wilhelm Pieck，17. 5. 1945；Keiderling（Hrsg.）： "Gruppe Ulbricht" in Berlin，Dok. 64，S. 349。参见 Frank：Walter Ulbricht，S. 195。

39 参见 Andreas Petersen：Die Moskauer. Wie das Stalintrauma die DDR prägte，Frankfurt / M. 2019，S. 29 f.；Frank：Walter Ulbricht，S. 195 f.。

40 Walter Ulbricht an Georgi Dimitroff，9. 5. 1945；Keiderling（Hrsg.）：

"Gruppe Ulbricht" in Berlin，Dok. 51，S. 319–321（此处见 S. 320）。

41 Walter Ulbricht an Generaloberst Serow，6. 5. 1945；Keiderling
（Hrsg.）："Gruppe Ulbricht" in Berlin，Dok. 47，S. 298–301（此处见
S. 300）。

42 参见 Leonhard：Die Revolution entlässt ihre Kinder，S. 335–337；Keiderling
（Hrsg.）："Gruppe Ulbricht" in Berlin，S. 57–68；Frank：Walter
Ulbricht，S. 189–191。

43 James P. O'Donnell / Uwe Bahnsen：Die Katakombe. Das Ende in der
Reichskanzlei，Stuttgart 1975，S. 376 f.

44 参见 Beevor：Berlin 1945，S. 424。

45 Rshewskaja：Hitlers Ende ohne Mythos，S. 47 f.

46 Völklein（Hrsg.）：Hitlers Tod，S. 94.

47 参见上书 S. 95–98。

48 参见上书 S. 98 f.。

49 Rshewskaja：Hitlers Ende ohne Mythos，S. 66 f.

50 参见排长 Panassow 中尉 1945 年 5 月 54 日的报告；Lew Besymenski：
Der Tod des Adolf Hitler. Unbekannte Dokumente aus Moskauer
Archiven，Hamburg 1968，S. 17 f.；Völklein（Hrsg.）：Hitlers Tod，
S. 100 f.；Eberle / Uhl（Hrsg.）：Das Buch Hitler，S. 464。

51 参见 Völklein（Hrsg.）：Der Tod Hitlers，S. 54–56；Eberle / Uhl（Hrsg.）：
Das Buch Hitler，S. 463。

52 尸检调查记录收于 Besymenski：Der Tod des Adolf Hitler，S. 321–
351；相关片段亦可见 Völklein（Hrsg.）：Hitlers Tod，S. 106–131；
参见上书 S. 131–140，1965 年 10 月 Faust Schkarawski 写给 Lew
Besymenski 的信。

53 凯特·海瑟曼后来于 1956 年 4 月 27 日的表态和弗里茨·埃希特曼
于 1954 年 7 月 10 日的表态，参见 Joachimsthaler：Hitlers Ende，S.
373–378；更多内容参见 Völklein（Hrsg.）：Hitlers Tod，S. 125，
139，154；Rshewskaja：Hitlers Ende ohne Mythos，S. 116–123，其中错

误地提到希特勒假牙 X 光照片在总理府被发现（S. 123）。

54 参见 Völklein（Hrsg.）：Hitlers Tod, S. 101–103；Rshewskaja：Hitlers Ende ohne Mythos，S. 105–107。

55 参见 Völklein（Hrsg.）：Hitlers Tod, S. 140–144；Eberle / Uhl（Hrsg.）：Das Buch Hitler，S. 466 f.。

56 斯大林秘书 Pawlow 于 1945 年 5 月 26 日的记录；Völklein（Hrsg.）：Hitlers Tod，S. 60。

57 Joachimsthaler：Hitlers Ende，S. 394；vgl. Schukow：Erinnerungen und Gedanken，S. 608.

58 Joachimsthaler：Hitlers Ende，S. 395 f.；vgl. Völklein（Hrsg.）：Hitlers Tod，S. 61 f.

59 参见 Eberle / Uhl（Hrsg.）：Das Buch Hitler, S. 468–477；Völklein（Hrsg.）：Hitlers Tod，S. 162–175。

60 Juri Andropow 于 1970 年 3 月 13 日写给 Leonid Breschnew 的信；Völklein（Hrsg.）：Hitlers Tod，S. 192 f.。

61 同上书 S. 194 f.；参见 Sven Felix Kellerhoff：Warum Hitler und Eva Braun zehn Mal begraben wurden，in Die Welt v. 29. 4. 2016。

62 Bradley F. Smith / Elena Agarossi：Unternehmen "Sonnenaufgang"，Köln 1981，S. 255 f.

63 参见 Kerstin von Lingen：SS und Secret Service. "Verschwörung des Schweigens"：Die Akte Karl Wolff，Paderborn 2010，S. 10，24–39。
参见 Biographie Jochen von Lang：Der Adjutant. Karl Wolff：Der Mann zwischen Hitler und Himmler，München–Berlin 1985。

64 参见 Max Waibel：1945. Kapitulation in Norditalien. Originalbericht des Vermittlers，Basel 1981，S. 27–45。

65 参见 Lingen：SS und Secret Service，S. 64–66；Smith /Agarossi：Unternehmen "Sonnenaufgang"，S. 127–131；Allen Dulles / Gero von Gaevernitz：Unternehmen "Sunrise". Die geheime Geschichte des Kriegsendes in Italien，Düsseldorf–Wien 1967，S. 113–126。

66 Smith /Agarossi：Unternehmen "Sonnenaufgang"，S. 148 f.；参见 Lingen：SS und Secret Service，S. 67 f.。

67 参见 Lang：Der Adjutant，S. 279 f.；Lingen：SS und Secret Service，S. 68 f.。

68 Smith /Agarossi：Unternehmen "Sonnenaufgang"，S. 201；参见 Lang：Der Adjutant，S. 280–282；Dulles / von Gaevernitz：Unternehmen "Sunrise"，S. 208–211。

69 参见 Hansen：Das Ende des Dritten Reiches, S. 75 f.；Lingen：SS und Secret Servive，S. 71 f.；Henke：Die amerikanische Besetzung Deutschlands，S. 676；Smith /Agarossi：Unternehmen "Sonnenaufgang"，S. 160–171，183–190；Winston S. Churchill：Der Zweite Weltkrieg, Frankfurt / M. 2003，S. 1049–1052。

70 参见 Hansen：Das Ende des Dritten Reiches, S. 77 f.；Holger Afflerbach：Die Kunst der Niederlage. Eine Geschichte der Kapitulation, München 2013, S. 238 f.；Smith /Agarossi：Unternehmen "Sonnenaufgang"，S. 226–238。

71 Dulles / von Gaevernitz：Unternehmen "Sunrise"，S. 251.

72 投降书文本见 KTB-OKW, Bd. IV, 2, S. 1663 f.。

73 参见 Hansen：Das Ende des Dritten Reiches, S. 78 f.；Lingen：SS und Secret Service，S. 75–77；Smith /Agarossi：Unternehmen "Sonnenaufgang"，S. 245–255；Albert Kesselring：Soldat bis zum letzten Tag, Bonn 1953, S. 418–420。

74 Gerhard Förster / Richard Lakowski（Hrsg.）：1945. Das Jahr der endgültigen Niederlage der faschistischen Wehrmacht, Berlin-Ost 1975, Dok. 188, S. 364 f.

75 参见 Lüdde-Neurath：Regierung Dönitz, S. 61；Steinert：Die 23 Tage der Regierung Dönitz, S. 188。

76 Wilhelm Neumanns 1945 年 5 月 1 日 日记；https://www.moz.de/landkreise/oder-spree/frankfurt-oder/artikel9/dg/0/1/1109539/。

77 参见 Dönitz：Zehn Jahre und zwanzig Tage，S. 440 f.；Hansen：Das Ende des Dritten Reiches，S. 114 f.；Steinert：Die 23 Tage der Regierung Dönitz，S. 170 f.。

78 1945 年 5 月 2 日的备忘录；Schramm（Hrsg.）：Die Niederlage 1945，S. 421。

79 KTB-OKW，Bd. IV，2，S. 1470（v. 2. 5. 1945）.

80 收录于 Lüdde-Neurath：Regierung Dönitz，S. 135 f.（此处见 S. 135）。

81 Joseph Goebbels：Das Jahr 2000，in Das Reich v. 25. 2. 1945.

82 参 见 Volker Ullrich：Eiserner Vorhang. Wie die NS-Propaganda Churchills Schlagwort prägte，in ZEIT-Geschichte H. 5（2019），S. 33；Rainer Blasius：Politisches Schlagwort. Nicht Churchill prägte den Begriff "Eiserner Vorhang"，in Frankfurter Allgemeine Zeitung v. 19. 2. 2015；亦参见 Churchill：Der Zweite Weltkrieg，S. 1079。

83 Lüdde-Neurath：Regierung Dönitz，S. 136.

84 1945 年 5 月 2 日的备忘录；Schramm（Hrsg.）：Die Niederlage 1945，S. 423。

85 KTB-OKW，Bd. IV，2，S. 1471（v. 2. 5. 1945）。参见 Dönitz：Zehn Jahre und zwanzig Tage，S. 445 f.；Lüdde-Neurath：Regierung Dönitz，S. 61 f.；Steinert：Die 23 Tage der Regierung Dönitz，S. 173 f.。

86 参见 Lüdde-Neurath：Regierung Dönitz，S. 63 f.。

87 参见 Michael J. Neufeld：Wernher von Braun. Visionär des Weltraums，Ingenieur des Krieges，München 2009，S. 241 f.。

88 同上书 S. 242。

89 除 Neufeld：Wernher von Braun 外，还可参见传记作品 Rainer Eisfeld：Mondsüchtig. Wernher von Braun und die Geburt der Raumfahrt aus dem Geist der Barbarei，Reinbek bei Hamburg 1996. Zusammenfassend Jens-Christian Wagner：Ingenieur und Blender，in ZEIT-Geschichte H. 3（2019），S. 78 f.。

90 参见 Eisfeld：Mondsüchtig，S. 153。

91 参见 Henke：Die amerikanische Besetzung Deutschlands，S. 742–776；
Tom Bower：Verschwörung Paperclip. NS-Wissenschaftler im Dienst
der Siegermächte，München 1987，S. 87 ff.。

92 Eisfeld：Mondsüchtig，S. 157.

93 Victor Klemperer：Ich will Zeugnis ablegen bis zum letzten. Tagebücher
1942–1945. Hrsg. von Walter Nowojski unter Mitarbeit von Hadwig
Klemperer，Berlin 1995，S. 761（v. 2. 5. 1945）.

94 参见 Volker Ullrich：Victor Klemperer：Ich will Zeugnis ablegen bis zum
letzten. Tagebücher 1933–1945，in Markus Roth / Sascha Feuchert
（Hrsg.）：Holocaust Zeugnis Literatur. 20 Werke wieder gelesen，
Göttingen 2018，S. 211–222。

95 Klemperer：Tagebücher 1942–1945，S. 724，727（v. April 1945）.

96 同上书 S. 758（v. 28. 4. 1945），761（v. 1. 5. 1945），768（v. 5. 5.
1945）。

97 同上书 S. 762（v. 2. 5. 1945）。

98 更多案例参见 Hermann Glaser：1945. Ein Lesebuch，Frankfurt / M.
1995，S. 62 f.。

99 Kardorff：Berliner Aufzeichnungen 1942–1945，S. 317（v. 28. 4.
1945）.

1945 年 5 月 3 日

1 1945 年 5 月 3 日的备忘录；Schramm（Hrsg.）：Die Niederlage 1945，
S. 423。参见 Lüdde-Neurath：Regierung Dönitz，S. 64；KTB-OKW，
Bd. IV，2，S. 1471：对战斗指挥官 Schleswig 下达的立刻将所有力量
转移至威廉皇帝运河的命令于 11 点 20 分发出，但是询问后得到的消
息却是"重型武器及部分手持武器和装甲武器已经不够用"。

2 参见 René Küpper：Karl Hermann Frank（1896–1946）. Politische Biographie
eines sudetendeutschen Nationalsozialisten，München 2010，S. 129 ff.，

268 ff.。

3 参见 Walter Manoschek："Serbien ist judenfrei". Militärische Besatzungspolitik und Judenvernichtung in Serbien 1941/42，München 1993，S. 12，55 ff.。

4 参见 Robert Bohn：Reichskommissariat Norwegen. "Nationalsozialistische Neuordnung" und Kriegswirtschaft，München 2000，S. 79 ff.，423 ff.。

5 参见 Ulrich Herbert：Best. Biographische Studien über Radikalismus，Weltanschauung und Vernunft 1903–1989，Bonn 1996，S. 323–398。

6 参见 Johannes Koll：Arthur Seyß-Inquart und die deutsche Besatzungspolitik in den Niederlanden（1940–1945），Wien u. a. 2015，S. 37 ff.，69 ff，321 ff，383 ff.，411 ff.。

7 1945 年 5 月 3 日的备忘录；Schramm（Hrsg.）：Die Niederlage 1945，S. 423 f.；参见 Dönitz：Zehn Jahre und zwanzig Tage，S. 447；Lüdde-Neurath：Regierung Dönitz，S. 76 f.；Steinert：Die 23 Tage der Regierung Dönitz，S. 190 f.。

8 1945 年 5 月 3 日的备忘录；Schramm（Hrsg.）：Die Niederlage 1945，S. 424；参见 Lüdde-Neurath：Regierung Dönitz，S. 78 f.；Steinert：Die 23 Tage der Regierung Dönitz，S. 179；Herbert：Best，S. 400。

9 参见 Koll：Seyß-Inquart und die deutsche Besatzungspolitik in den Niederlanden（1940–1945），S. 556–565。

10 1945 年 5 月 3 日的备忘录；Schramm（Hrsg.）：Die Niederlage 1945，S. 424 f.；参见 Lüdde-Neurath：Die Regierung Dönitz，S. 78；Steinert：Die 23 Tage der Regierung Dönitz，S. 176。

11 参见 Koll：Arthur Seyß-Inquart und die deutsche Besatzungspolitik in den Niederlanden（1940–1945），S. 572 f.。

12 Dönitz：Zehn Jahre und zwanzig Tage，S. 448 f.；参见 1945 年 5 月 3 日的备忘录；Schramm（Hrsg.）：Die Niederlage 1945，S. 425 f.；Lüdde-Neurath：Die Regierung Dönitz，S. 79 f.。

13 1945 年 5 月 3 日施佩尔讲话文本；收录于 Breloer：Die Akte Speer，

S. 322–325；参见 Speer：Erinnerungen，S. 478, 497；Brechtken：Albert
Speer，S. 290。

14 1945 年 5 月 3 日 公 告 复 制 本；Ortwin Pelc in Zusammenarbeit mit
Christiane Zwick（Hrsg.）：Kriegsende in Hamburg. Eine Stadt erinnert
sich，Hamburg 2005，S. 164。

15 参 见 上 书 S. 18–20；Uwe Bahnsen / Kerstin von Stürmer：Die Stadt,
die leben wollte. Hamburg und die Stunde Null，Hamburg 2004，S.
16–20。

16 参见 Frank Bajohr：Hamburgs "Führer". Zur Person und Tätigkeit des
Hamburger NSDAP-Gauleiters Karl Kaufmann（1900–1969），in ders. /
Joachim Szodrzynski（Hrsg.）：Hamburg in der NS-Zeit. Ergebnisse
neuerer Forschungen，Hamburg 1995，S. 59–91。

17 参见 Ursula Büttner："Gomorrha" und die Folgen. Der Bombenkrieg,
in Forschungsstelle für Zeitgeschichte in Hamburg（Hrsg.）：Hamburg
im "Dritten Reich"，Göttingen 2005，S. 613–632。

18 Joachim Szodrzynski：Die "Heimatfront" zwischen Stalingrad und
Kriegsende，同上书 S. 633–682（此处见 S. 673）。

19 Aufzeichnung Karl Kaufmanns：Die Kapitulation von Hamburg, Juni
1946；收录于 Manfred Asendorf：1945. Besiegt und befreit，Hamburg
1995，S. 19；参见 Bahnsen / von Stürmer：Die Stadt, die leben wollte,
S. 31 f.。

20 Mathilde Wolff-Mönckeberg：Briefe, die sie nicht erreichten. Briefe
einer Mutter an ihre fernen Kinder in den Jahren 1940–1946，Hamburg
1980，S. 151（v. 20. 4. 1945）.

21 1945 年 4 月 29 日信件复制本见 Pelc（Hrsg.）：Kriegsende in Hamburg,
S. 94。与英国人的首次接触参见上书 S. 34–36；Bahnsen / von Stürmer：
Die Stadt, die leben wollte，S. 73–84。

22 Lüdde-Neurath：Die Regierung Dönitz，S. 36 f., 129.

23 Bahnsen / von Stürmer：Die Stadt, die leben wollte，S. 92.

24 1945 年 5 月 2 日 的 呼 吁 复 制 本 见 Pelc（Hrsg.）: Kriegsende in Hamburg, S. 46。

25 援引自 Szodrzynski: Die "Heimatfront" zwischen Stalingrad und Kriegsende, S. 677。

26 参见 Pelc（Hrsg.）: Kriegsende in Hamburg, S. 41; Bahnsen / von Stürmer: Die Stadt, die leben wollte, S. 102 f.。

27 大区领袖卡尔·考夫曼对汉堡市民的讲话，由汉堡帝国广播于 1945 年 5 月 3 日播出（3 分 59 秒）; NDR-Mediathek。

28 Wolff-Mönckeberg: Briefe, die sie nicht erreichten, S. 160（v. 6. 5. 1945）.

29 参见 Bajohr: Hamburgs "Führer", S. 59–61。

30 参见 Pelc（Hrsg.）: Kriegsende in Hamburg, S. 41 f.; Bahnsen / von Stürmer: Die Stadt, die leben wollte, S. 104–109。

31 参见 Pelc（Hrsg.）: Kriegsende in Hamburg, S. 46 f.; Bahnsen / von Stürmer: Die Stadt, die leben wollte, S. 110 f.。

32 Wolff-Mönckeberg: Briefe, die sie nicht erreichten, S. 161（v. 6. 5. 1945）.

33 Hans-Ulrich Wagner: Radio Hamburg: Der erste Sender nach dem Zweiten Weltkrieg; NDR-Mediathek, 21. 1. 2014.

34 Ralph Giordano: Erinnerungen eines Davongekommenen. Die Autobiographie, Köln 2007, S. 244.

35 参见 Bajohr: Hamburgs "Führer", S. 84。

36 参见 Günther Schwarberg: Angriffsziel Cap Arcona, Göttingen 1998, S. 42–47; Bahnsen / von Stürmer: Die Stadt, die leben wollte, S. 118。

37 参见 Wachsmann: KL, S. 667。

38 参见 Detlef Garbe: Eine Stadt und ihr KZ. Die Hansestadt Hamburg und ihr Konzentrationslager Neuengamme, in: Jahrbuch Zeitgeschichte in Hamburg 2018, Hamburg 2019, S. 12–31（hier S. 26–28）。关于

诺因加默集中营参见 Hermann Kaienburg：Das Konzentrationslager Neuengamme 1938–1945，Bonn 1997。

39　Wilhelm Lange 支持该观点：Cap Arcona. Das tragische Ende einiger Konzentrationslager-Evakuierungen im Raum der Stadt Neustadt in Holstein，Eutin-Neustadt 2005；亦可参见 Neueste Erkenntnisse zur Bombardierung der KZ-Schiffe in der Neustädter Bucht am 3. Mai 1945：Vorgeschichte、Verlauf、Verantwortlichkeiten，in Detlef Garbe / Carmen Lange（Hrsg.）：Häftlinge zwischen Befreiung und Vernichtung. Die Auflösung des KZ Neuengamme und seiner Außenlager durch die SS im Frühjahr 1945，Bremen 2005，S. 217–229（此处见 S. 226）。

40　参见 Schwarberg：Angriffsziel Cap Arcona，S. 56 f.；Rudi Goguel："Cap Arcona". Report über den Untergang der Häftlingsflotte in der Lübecker Bucht am 3. Mai 1945，Frankfurt / M. 1972，S. 26 f.。

41　Goguel："Cap Arcona"，S. 29 f.

42　参见 Lange：Neueste Erkenntnisse zur Bombardierung der KZ-Schiffe in der Neustädter Bucht，S. 225。

43　Erwin Geschonneck：Der Untergang der "Cap Arcona"，in Trampe（Hrsg.）：Die Stunde Null，S. 128–133（此处见 S. 130 f.）。参见 Schwarberg：Angriffsziel Cap Arcona，S. 86 f.。

44　Geschonneck：Der Untergang der "Cap Arcona"，in Trampe（Hrsg.）：Die Stunde Null，S. 131–133。参见 Garbe：Eine Stadt und ihr KZ，S. 29；Schwarberg：Angriffsziel Cap Arcona，S. 89 ff.。

45　Anonyma：Eine Frau in Berlin，S. 137（v. 3. 5. 1945），73（v. 1. 5. 1945）.

46　详细可参见 Yuliya von Saal 的文本记录：Anonyma. "Eine Frau in Berlin". Geschichte eines Bestsellers，in Vierteljahrshefte für Zeitgeschichte，Jg. 67（2019），S. 343–376（此处见 S. 344，351–359）。

47 参见 Jens Bisky: Wenn Jungen Weltgeschichte spielen, haben Mädchen stumme Rollen. Wer war die Anonyma in Berlin? Fragen, Fakten und Fiktionen – Anmerkungen zu einem großen Bucherfolg dieses Sommers, in Süddeutsche Zeitung v. 24. 9. 2003; Matthias Sträßner: "Erzähl mir vom Krieg!" Ruth Andreas-Friedrich, Ursula von Kardorff, Margret Boveri und Anonyma: Wie vier Journalistinnen ihre Berliner Tagebücher schrieben, Würzburg 2014, S. 153–188（此处见 S. 173）。

48 Anonyma: Eine Frau in Berlin, S. 187（v. 11. 5. 1945）.

49 参见 Volker Ullrich: Authentisch? Vielleicht, vielleicht auch nicht. Wie der Versuch scheiterte, Einblick in das Original-Tagebuch der "Anonyma" aus dem Jahr 1945 zu nehmen, in DIE ZEIT v. 9. 10. 2003; Götz Aly: Ein Fall für Historiker. Offene Fragen um das Buch "Eine Frau in Berlin", in Süddeutsche Zeitung v. 18. /19. 10. 2003。

50 参见 Volker Ullrich: Die Zweifel bleiben. Walter Kempowskis Gutachten zum Buch der Anonyma, in DIE ZEIT v. 22. 1. 2004; Gustav Seibt: Kieselsteine zählen. Walter Kempowskis Gutachten zum Tagebuch der Anonyma, in Süddeutsche Zeitung v. 21. 1. 2004。

51 Yuliya von Saal: Anonyma: "Eine Frau in Berlin", S. 368–376; 参见 Volker Ullrich: Was von der Anonyma bleibt。对 Marta Hillers 日记的质疑一直存在。现在有部分得到证实，见 DIE ZEIT v. 4. 7. 2019。此外，乌尔苏拉·冯·卡尔多夫和卡拉·霍克的 "Berliner Aufzeichnungen" 也面临类似情况；参见 Volker Ullrich: Geschönt und darum nicht mehr authentisch, in DIE ZEIT v. 3. 7. 1992; Hoffmann: Besiegte, Besatzer, Beobachter. Das Kriegsende im Tagebuch, in Fulda u. a.（Hrsg.）: Demokratie im Schatten der Gewalt, S. 31–33。

52 参见 Yuliya von Saal: Anonyma: "Eine Frau in Berlin", S. 376。

53 Anonyma: "Eine Frau in Berlin", S. 74（v. 1. 5. 1945）.

54 同上书 S. 75（v. 1. 5. 1945）。

55 同上书 S. 130 f.（v. 3. 5. 1945）。

56　同上书 S. 89（v. 29. 4. 1945，回顾）。

57　同上书 S. 51（v. 26. 4. 1945）。

58　同上书 S. 87（v. 29. 4. 1945，回顾）。

59　Erich Kuby：Die Russen in Berlin 1945，Rastatt 1965，S. 313。参见白俄罗斯第一方面军军事检察官 1945 年 5 月 2 日致前线军事委员会的报告："无目的（且原因不明）地射杀德国人、到处抢劫和强奸德国妇女的情况基本上得到控制，但根据最高指挥部总部和前线军事委员会的指令，仍有部分此类事件出现。"Scherstjanoi（Hrsg.）：Rotarmisten schreiben aus Deutschland，S. 166。

60　参见 Naimark：Die Russen in Deutschland，S. 100 f.。

61　Andreas-Friedrich：Schauplatz Berlin，S. 189 f.（v. 6. 5. 1945）。关于强奸成为柏林市民日常谈话内容，参见 Jens Bisky：Berlin. Biographie einer großen Stadt，Berlin 2019，S. 636 f.。

62　两处引文均出自 Naimark：Die Russen in Deutschland，S. 102。

63　Kuby：Die Russen in Berlin 1945，S. 317.

64　Loewe：Der Kampf um Berlin，in Trampe（Hrsg.）：Die Stunde Null，S. 51.

65　Berliner Schulaufsätze aus dem Jahr 1946，S. 90.

66　参见 Ingrid Schmidt-Harzbach：Eine Woche im April. Berlin 1945. Vergewaltigung als Massenschicksal，in Helke Sander / Barbara John（Hrsg.）：BeFreier und Befreite. Krieg，Vergewaltigungen，Kinder，München 1992，S. 25–27，40 f.。

67　Boveri：Tage des Überlebens，S. 119（v.6. 5. 1945）.

68　参见 Naimark：Die Russen in Deutschland，S. 169 f.。

69　参见上书 S. 108–125。

70　Bertolt Brecht：Arbeitsjournal 1941–1955，Bd. 2，Frankfurt / M. 1973，S. 850.

71　参见 Naimark：Die Russen in Deutschland，S. 170 f.。

72　参见 Miriam Gebhardt：Als die Soldaten kamen. Die Vergewaltigung deutscher Frauen am Ende des Zweiten Weltkriegs，München 2015。作者根据估算（S. 32–38）得出结论，1944 年至 1945 年间共有约 86 万名强奸受害者，其中算得 19 万、5 万和 4.5 万分别是由美军、法军和英军施暴造成。由于西方盟军施暴数字显著多于此前的统计结果，苏军强奸造成的受害者人数相应明显减少。关于计算问题，参见 Klaus-Dieter Henke：Rechenfehler und Ungereimtheiten，in Frankfurter Allgemeine Zeitung v. 18. 5. 2015。

73 参见 Taylor：Zwischen Krieg und Frieden，S. 200–203；Thomas Faltin：Drei furchtbare Tage，in Stuttgarter Zeitung v. 18. 4. 2015。

74 参见 Herfried Münkler 的个案研究：Machtzerfall. Die letzten Tage des Dritten Reiches，dargestellt am Beispiel der hessischen Kreisstadt Friedberg，Berlin 1985，S. 238 f. 。在 1945 年 5 月初坐车去往奥格斯堡的路上，美军少尉 Melvin L. Lasky，后来《Der Monat》杂志出版人，观察到如下现象："德国女孩在路上抽的烟很明显来自美国。司机心知肚明地笑道：'一包烟、一个号......'。"Melvin L. Lasky：Und alles war still. Deutsches Tagebuch 1945，Berlin 2014，S. 208（v. 4. 5. 1945）。慕尼黑枢机主教 Michael Faulhaber 在 1945 年 5 月 7 日气愤地说："有些女人和女孩的行为令人羞耻。让别人送她们巧克力。"https://www.faulhabert-edition.de/dokument.html?idno=092651945-05-07T01&-collid=1945#1945-05-07。

75 Marschall Montgomery：Memoiren，München 1958，S. 376.

76 参见 Lüdde-Neurath：Regierung Dönitz，S. 65。

77 Montgomery：Memoiren，S. 376.

78 同上书 S. 377 f.。

79 参见上书 S. 378 f.；Lüdde-Neurath：Regierung Dönitz，S. 138。

1945 年 5 月 4 日

1　1945 年 5 月 4 日备忘录；Schramm（Hrsg.）：Die Niederlage 1945，

S. 426。

2　KTB-OKW, Bd. IV, 2, S. 1472（v. 4. 5. 1945）.

3　参见 Dönitz: Zehn Jahre und zwanzig Tage, S. 449 f.; Lüdde-Neurath:
　　Regierung Dönitz, S. 65。

4　参见 Dönitz: Zehn Jahre und zwanzig Tage, S. 450 f.; Lüdde-Neurath:
　　Regierung Dönitz, S. 66 f.; Steinert: Die 23 Tage der Regierung
　　Dönitz, S. 184 f.。

5　1945 年 5 月 4 日备忘录; Schramm（Hrsg.）: Die Niederlage 1945,
　　S. 426 f.。

6　Montgomery: Memoiren, S. 380.

7　同上书 S. 380 f.。英语版本投降书复制本见 Lüdde-Neurath: Regierung
　　Dönitz, S. 139。德语译本同上书 S. 138, 也见于 KTBOKW, Bd. IV, 2,
　　S. 1670 f.。

8　KTB-OKW, Bd. IV, 2, S. 1278（v. 5. 5. 1945）.

9　参见 Herbert: Best, S. 408, 429–434。

10　参见 KTB-OKW, Bd. IV, 2, S. 1674 f.; Kesselring: Soldat bis zum
　　letzten Tag, S. 420 f.; Hansen: Das Ende des Dritten Reiches, S. 134
　　f.; Henke: Die amerikanische Besetzung Deutschlands, S. 936 f.。

11　Henke: Die amerikanische Besetzung Deutschlands, S. 679–683（引文
　　见 S. 682 f.）。距离易北河不远的 Klietznick 村的一位居民在 1945 年
　　5 月 4 日写道:"士兵不断地经过这里。为了穿过易北河最终到达美国
　　人那里, 他们取走所需的物资。他们把谷仓的墙和门做成木筏。不择
　　手段地自救。" 1945 年 5 月 4 日 Ruth Bodensieck 日记; https://www.
　　volksstimme.de/nachrichten/lokal/genthin/1472844Aufdem-Weinberg-
　　wird-die-weisse-Fahne-gehisst.html。

12　参见 Albert A. Feiber: Der lange Schatten Adolf Hitlers. Der Obersalzberg
　　1945–2005, in Volker Dahm /Albert A. Feiber / Hartmut Mehringer / Horst
　　Möller（Hrsg.）: Die tödliche Utopie. Bilder, Texte, Dokumente.
　　Daten zum Dritten Reich, 6. Aufl., Berlin 2011, S. 672; Florian

M. Beierl: Hitlers Berg. Licht ins Dunkel der Geschichte. Geschichte des Obersalzbergs und seiner geheimen Bunkeranlagen, 4. Aufl., Berchtesgaden 2015, S. 142。

13 参见 Ulrich Chaussy: Nachbar Hitler. Führerkult und Heimatzerstörung am Obersalzberg, Berlin 1995, S. 163; Beierl: Hitlers Berg, S. 142; Feiber: Der lange Schatten Adolf Hitlers, S. 672。关于让·迦本，参见 Karin Wieland: Dietrich & Riefenstahl. Der Traum von der neuen Frau, München 2011, S. 411。

14 亦可参见 Volker Ullrich: Adolf Hitler. Biographie, Bd. 1: Die Jahre des Aufstiegs 1889–1939, Frankfurt / M. 2013, S. 673–704; ders.: Adolf Hitler, Bd. 2, S. 484–499; Heike Görtemaker: Hitlers Hofstaat. Der innere Kreis im Dritten Reich und danach, München 2019, S. 156 ff.。

15 参见 Henke: Die amerikanische Besetzung Deutschlands, S. 937–943; Hellmut Schöner (Hrsg.): Die verhinderte Alpenfestung. Das Ende des Zweiten Weltkriegs im Raum Berchtesgaden-Bad Reichenhall-Salzburg, Berchtesgaden 1996, S. 5–75; Dwight D. Eisenhower: Kreuzzug in Europa, Amsterdam 1948, S. 457 f.。

16 Christa Schroeder: Er war mein Chef. Aus dem Nachlass der Sekretärin von Adolf Hitler, 3. Aufl., München 1985, S. 212.

17 参见 Beierl: Hitlers Berg, S. 123–129; Feiber: Der lange Schatten Adolf Hitlers, S. 663。参见 Karl Koller: Der letzte Monat. 14. April bis 27. Mai 1945. Tagebuchaufzeichnungen des ehemaligen Chefs des Generalstabs der deutschen Luftwaffe, Esslingen-München 1985, S. 85 (v. 25. 4. 1945): "根据法兰克（党卫队一级突击大队长，上萨尔茨堡司令官）的表述，上萨尔茨堡看起来就像月球表面。戈林的房子完全没了。元首的房子被炸掉一半，鲍曼的房子也被摧毁了。"

18 Schroeder: Er war mein Chef, S. 213.

19 Josef Geiß: Obersalzberg. Die Geschichte eines Berges von Judith Platter bis heute, 20. Aufl., Berchtesgaden 2016, S. 158。参见 Feiber:

Der lange Schatten Adolf Hitlers，S. 676 f.；Chaussy：Nachbar Hitler，S. 162。

20 参见 Schroeder：Er war mein Chef，S. 214–216。

21 参见 Lee Miller：Krieg. Mit den Alliierten in Europa 1944–1945. Reportagen und Fotos. Hrsg. von Antony Penrose，Berlin 2013，S. 229–233（mit dem Foto auf S. 232）。参见 Elisabeth Bronfen / Daniel Kampa（Hrsg.）：Eine Amerikanerin in Hitlers Badewanne. Drei Frauen berichten über den Krieg：Margaret BourkeWhite，Lee Miller und Martha Gellhorn，Hamburg 2015，S. 132，297 f.。

22 Miller：Krieg，S. 246.

23 同上书 S. 247 f.。

24 参见 Klaus Mann：Tagebücher 1944 bis 1949. Hrsg. von Joachim Heimannsberg，Peter Laemmle und Wilfried F. Schoeller，München 1991，S. 82（v. 8. 5. 1945）。

25 Klaus Mann：Hitler ist tot，收录在他本人所著的 Auf verlorenem Posten. Aufsätze，Reden，Kritiken 1942–1949. Hrsg. von Uwe Naumann und Michael Töteberg，Reinbek bei Hamburg 1994，S. 211–215。上文描述的情况也可参见 Uwe Naumann（Hrsg.）："Ruhe gibt es nicht bis zum Schluss." Klaus Mann（1906–1949）. Bilder und Dokumente，Reinbek bei Hamburg 1999，S. 272–294。

26 Klaus Mann an Thomas Mann，16. 5. 1945，in Klaus Mann：Der Wendepunkt. Ein Lebensbericht，Frankfurt / M. 1963，S. 429.

27 参见 Feiber：Der lange Schatten Adolf Hitlers，S. 679 f.，699 f.（引文见 S. 680）；Chaussy：Nachbar Hitler，S. 167，171–174。

28 Anneliese Poppinga：Meine Erinnerungen an Konrad Adenauer，Stuttgart 1970，S. 253.

29 参见 Hans-Peter Schwarz：Adenauer，Bd. 1：Der Aufstieg 1876–1952，München 1994，S. 343–424，以及 Hans Peter Mensing（Bearb.）详细的文档集 Adenauer im Dritten Reich，Berlin 1991。

30 参见 Schwarz：Adenauer, Bd. 1, S. 428–434。关于 Oppenhoff 的谋杀，参见 Taylor：Zwischen Krieg und Frieden, S. 73–75，79–87。

31 Konrad Adenauer：Erinnerungen 1945–1953, Stuttgart 1965, S. 21。参见 Stephen Spender 关于被摧毁的科隆的生动报道：Deutschland in Ruinen. Ein Bericht, Heidelberg 1995, S. 36–39。在第 71–73 页有一张阿登纳的肖像："他看起来十分年轻，像一位成功、礼貌的男性一样沉静、自信。"（S. 71）

32 Konrad Adenauer an Hans Rörig, 5. 7. 1945；zit. nach Schwarz：Adenauer, Bd. 1, S. 447.

33 参见上书 S. 430，442–444，472。

34 Adenauer：Erinnerungen 1945–1953, S. 34–37；参见 Schwarz：Adenauer, Bd. 1, S. 469–471。

35 Schwarz：Adenauer, Bd. 1, S. 477.

36 Jacob Kronika：Der Untergang Berlins, Flensburg–Hamburg 1946, S. 188（v. 4. 5. 1945）。参见 Findahl：Letzter Akt – Berlin, S. 184（v. 3. 5. 1945）："苏联人一直拒绝碰德国人的尸体，但却忙着处理自己人的尸体，用干净的墓地、红星和其他奖章、鲜花以及巨大的铭牌加以装饰。"

37 参见 Hans Mahle 的回忆，见 Krauss / Küchenmeister（Hrsg.）：Das Jahr 1945, S. 65–77（此处见 S. 70）；Kronika：Der Untergang Berlins, S. 200（v. 10. 5. 1945）。

38 Höcker：Die letzten und die ersten Tage, S. 31（v. 7. 5. 1945）.

39 Boveri：Tage des Überlebens, S. 107（v. 4. 5. 1945）。参见 Felsmann u. a.（Hrsg.）：Backfisch im Bombenkrieg, S. 272（v. 6. 5. 1945）："打水本身就是一种折磨。"

40 Andreas-Friedrich：Schauplatz Berlin, S. 189（v. 4. 5. 1945）.

41 Kronika：Der Untergang Berlins, S. 189（v. 4. 5. 1945）.

42 Andreas-Friedrich：Schauplatz Berlin, S. 189（v. 4. 5. 1945）。参见 Boveri：Tage des Überlebens, S. 118（v. 6. 5. 1945）："大部分苏联人

还不会骑自行车，路上有各种奇怪的练车行为，而很多自行车已经完全或部分损坏了。"

43 Anonyma：Eine Frau in Berlin，S. 197（v. 14. 5. 1945）。参见 Findahl：Letzter Akt – Berlin，S. 194（v. 11. 5. 1945）："还没等苏联人从房子里出来，就已经有德国人等着抢夺能碰到的所有东西。"

44 Ursula Büttner /Angelika Voß-Louis（Hrsg.）：Neuanfang auf Trümmern. Die Tagebücher des Bremer Bürgermeisters Theodor Spitta 1945–1947，München 1992，S. 100（v. 2. 5. 1945）。参见上书 S. 140（v. 27. 5. 1945）："所有权意识已经完全消失了。"

45 Findahl：Letzter Akt – Berlin，S. 187（v. 6. 5. 1945）.

46 Höcker：Die letzten und die ersten Tage，S. 29（v. 4. 5. 1945）.

47 Erik Reger：Zeit des Übelebens. Tagebuch April bis Juni 1945，Berlin 2014，S. 76（v. 2. 5. 1945），102（v. 20. 5. 1945）.

48 Boveri：Tage des Überlebens，S. 117（v. 6. 5. 1945）。参见 Höcker：Die letzten und die ersten Tage，S. 26（v. 3. 5. 1945）："客观看来，我们还不知道究竟发生了什么。戈培尔在哪里，戈林在哪里？邓尼茨从哪里'下达命令'？在柏林投降的究竟是谁？我们什么都没听说。"

49 Fritz Klein：Drinnen und draußen. Ein Historiker in der DDR. Erinnerungen，Frankfurt / M. 2000，S. 97.

50 Anonyma：Eine Frau in Berlin，S. 125（v. 2. 5. 1945）.

51 Andreas-Friedrich：Schauplatz Berlin，S. 188（v. 2. 5. 1945）.

52 Höcker：Die letzten und die ersten Tage，S. 32 f.（v. 15. 5. 1945），36 f.（v. 17. 5. 1945），40（v. 8. 6. 1945），41（v. 28. 6. 1945）。参见 Boveri：Tage des Überlebens，S. 135（v. 12. 5. 1945）："进展过快，令人惊讶（......）在 Friedenau 的一些街道已经通了水和电；四条电车线路的部分路段已经重新运营（......）。"

53 出自赫尔穆特·施密特在 1945 年 5 月 3 日的随身日志；援引自 Hartmut Soell：Helmut Schmidt 1918–1969. Vernunft und Leidenschaft，München 2003，S. 166。

54 Helmut Schmidt u. a.: Kindheit und Jugend unter Hitler, Berlin 1992, S. 214.

55 同上书 S. 219。

56 Sabine Pamperrien: Helmut Schmidt und der Scheißkrieg. Die Biographie 1918–1945, München–Zürich 2014, S. 247 f.; 参见上书 S. 161, 221, 261。

57 Schmidt u. a.: Kindheit und Jugend unter Hitler, S. 221.

58 参见 Jörg Ganzenmüller: Das belagerte Leningrad 1941–1944, 2. Aufl., Paderborn 2007, S. 32 ff., 64 ff.。

59 Soell: Helmut Schmidt 1918–1969, S. 105; 参见 Pamperrien: Helmut Schmidt und der Scheißkrieg, S. 219。

60 Helmut Schmidt / Fritz Stern: Unser Jahrhundert. Ein Gespräch, München 2010, S. 79.

61 参见 Soell: Helmut Schmidt 1918–1969, S. 152–159; Pamperrien: Helmut Schmidt und der Scheißkrieg, S. 259–267。

62 参见 Soell: Helmut Schmidt 1918–1969, S. 159 f., 166。

63 参见与策展人 Hannes Heer 的圆桌对话纪要："我们以为，我们能保持正派。" in DIE ZEIT v. 3. 3. 1995。

64 Taschenkalender v. 1. 7. 1945; Soell: Helmut Schmidt 1918–1969, S. 163.

65 Schmidt u. a.: Kindheit und Jugend unter Hitler, S. 234.

66 Taschenkalender v. 12. 5. 1945; Soell: Helmut Schmidt 1918–1969, S. 161.

67 亦可参见 Rüdiger Overmans: "Ein untergeordneter Eintrag im Leidensbuch der jüngeren Geschichte"? Die Rheinwiesenlager 1945, in Volksmann (Hrsg.): Ende des Dritten Reiches, Ende des Zweiten Weltkriegs, S. 259–291; ders.: Das Schicksal der deutschen Kriegsgefangenen des Zweiten Weltkriegs, in Militärgeschichtliches Forschungsamt (Hrsg.): Das Deutsche Reich und der Zweite Weltkrieg, Bd. 10 /2,

München 2008, S. 417–421; Lowe: Der wilde Kontinent, S. 149–152。关于雷马根集中营,参见 Winfried Becker: Die Brücke und die Gefangenenlager von Remagen. Über die Interdependenz eines Massenschicksals im Jahre 1945, in ders. (Hrsg.): Die Kapitulation von 1945 und der Neubeginn in Deutschland, Köln–Wien 1987, S. 44–71。

68 Hansheinrich Thomas / Hans Hofmeister: Das war Wickrathberg. Erinnerungen aus den Kriegsgefangenenlagern des Rheinlands, Minden 1950, S. 15; 援引自 Overmans: Die Rheinwiesenlager 1945, S. 264。

69 Marzell Oberneder: Wir waren in Kreuznach. Eindrücke und Bilder aus den Kriegsgefangenenlagern Kreuznach und St. Avold, Straubing 1954, S. 102; 援引自 Overmans: Das Schicksal der deutschen Kriegsgefangenen, S. 420。

70 Fritz von Hellweg: Rheinwiesen 1945, Wuppertal 1951, S. 81; 援引自 Overmans: Die Rheinwiesenlager 1945, S. 272。

71 参见 James Bacque: Der geplante Tod. Deutsche Kriegsgefangene in amerikanischen und französischen Lagern 1945–1946. Erweiterte Ausgabe, Frankfurt / M.–Berlin 1994。

72 参见 Arthur L. Smith: Die "vermißte Million". Zum Schicksal deutscher Kriegsgefangener nach dem Zweiten Weltkrieg, München 1992, S. 86。雷马根到 1945 年 4 月底接纳了 169036 名战俘,预计死亡人数达到 1200 人。参见 Becker: Die Brücke und die Gefangenenlager von Remagen, S. 56, 70。

73 Ulrich Herbert: Geschichte Deutschlands im 20. Jahrhundert, München 2014, S. 445.

74 Hans Frank: Im Angesicht des Galgens. Deutung Hitlers und seiner Zeit aufgrund eigener Erlebnisse und Erkenntnisse, München 1953, S. 428。亦可参见 Dieter Schenk: Hans Frank. Hitlers Kronjurist und Generalgouverneur, Frankfurt / M. 2006, 此处见 S. 370 f.。

75 Frank: Im Angesicht des Galgens, S. 39 f.; 参见 Schenk: Hans Frank,

S. 48。

76 Ulrich von Hassell: Vom andern Deutschland. Aus den nachgelassenen Tagebüchern 1938–1944, Frankfurt / M. 1964, S. 99（v. 25. 12. 1939）.

77 援引自 Schenk, Hans Frank, S. 158。

78 援引自上书 S. 232 f.。

79 参见 Stephan Lehnstaedt: Der Kern des Holocaust. Bełżec, Sobibór, Treblinka und die Aktion Reinhardt. München 2017。

80 参见 Schenk: Hans Frank, S. 243–253。

81 参见上书 S. 360–369。

82 参见上书 S. 372 f.。

83 Kurt von Schuschnigg: Ein Requiem in Rot-Weiß-Rot, Zürich 1946, S. 503.

84 参见 Henke: Die amerikanische Besetzung Deutschlands, S. 875。

85 参见上书 S. 875；Benz / Distel（Hrsg.）: Der Ort des Terrors, Bd. 2, S. 268 f., 353 f.；Hans Otto Eglau: Fritz Thyssen. Hitlers Gönner und Geisel, Berlin 2003, S. 259 f.；Christopher Kopper: Hjalmar Schacht. Aufstieg und Fall von Hitlers mächtigstem Bankier, München–Wien 2006, S. 353。

86 Hermann Pünder: Von Preußen nach Europa. Lebenserinnerungen, Stuttgart 1968, S. 175.

87 参见 Benz / Distel（Hrsg.）: Der Ort des Terrors, Bd. 2, S. 353 f.。

88 Isa Vermehren: Reise durch den letzten Akt. Ein Bericht（10. 2. 44 bis 29. 6. 45）, Hamburg 1948, S. 181 f.

89 Pünder: Von Preußen nach Europa, S. 176.

90 参见 Vermehren: Reise durch den letzten Akt, S. 187.。

91 参见上书 S. 187–189；Eglau: Fritz Thyssen, S. 261 f.。

92 Vermehren: Reise durch den letzten Akt, S. 205.

93 同上书 S. 230。

1945 年 5 月 5 日

1 1945 年 5 月 5 日的备忘录；Schramm（Hrsg.）：Die Niederlage 1945，S. 429。

2 参见 Lüdde-Neurath：Regierung Dönitz, S. 83 f.；Hansen：Das Ende des Dritten Reiches, S. 167 f.。关于"帝国临时政府"的组建亦可参见 Steinert：Die 23 Tage der Regierung Dönitz, S. 142–159。

3 参见 Eckart Conze / Norbert Frei / Peter Hayes / Moshe Zimmermann：Das Amt und die Vergangenheit. Deutsche Diplomaten im Dritten Reich und in der Bundesrepublik, München 2010, S. 153 f.。

4 参见 Hans-Christian Jasch：Staatssekretär Wilhelm Stuckart und die Judenpolitik. Der Mythos von der sauberen Verwaltung, München 2012。

5 援引自 Ullrich：Adolf Hitler, Bd. 2, S. 672。

6 参见 Götz Aly / Susanne Heim：Vordenker der Vernichtung. Auschwitz und die deutschen Pläne für eine neue europäische Ordnung, Hamburg 1991, S. 366–374；Joachim Lehmann：Herbert Backe – Technokrat und Agrarideologe, in Ronald Smelser / Enrico Syring / Rainer Zitelmann（Hrsg.）：Die braune Elite II. 21 weitere biographische Skizzen, Darmstadt 1993, S. 1–12。

7 参见 Wigbert Benz：Hans-Joachim Riecke. NS-Staatssekretär. Vom Hunger planer vor, zum "Welternährer" nach 1945, Berlin 2014。

8 Heiner Lichtenstein：Mit der Reichsbahn in den Tod. Massentransporte in den Holocaust 1941 bis 1945, Köln 1985, S. 48（S. 32 之后为文本复制本）。参见 Alfred Gottwaldt：Dorpmüllers Reichsbahn. Die Ära des Reichsverkehrsministers Julius Dorpmüller 1920–1945, Freiburg 2009。

9 参见 Alexander Nützenadel（Hrsg.）：Das Reichsarbeitsministerium im Nationalsozialismus. Verwaltung-Politik-Verbrechen, Göttingen 2017。

10 参见 Sereny：Albert Speer，S. 632；Brechtken：Albert Speer，S. 289。

11 参见 Andrej Angrick：Besatzungspolitik und Massenmord. Die Einsatzgruppe D in der südlichen Sowjetunion 1941–1943，Hamburg 2003。

12 参见 Stephan Linck：‹Festung Nord› und ‹Alpenfestung›. Das Ende des NS-Sicherheitsapparates，in Gerhard Paul / Klaus-Michael Mallmann（Hrsg.）：Die Gestapo im Zweiten Weltkrieg. "Heimatfront" und besetztes Europa，Darmstadt 2000，S. 569–597（此处见 S. 588）。

13 参见 Stanislav Kokoška：Prag im Mai 1945. Die Geschichte eines Aufstands，Göttingen 2009，S. 153；Rudolf Ströbinger：Poker um Prag. Die frühen Folgen von Jalta，Zürich–Osnabrück 1985，S. 62。

14 Küpper：Karl Hermann Frank，S. 376–380（Zitat，S. 380）。参见 Kokoška：Prag im Mai 1945，S. 95–97。

15 Küpper：Karl Hermann Frank，S. 381；参见 Kokoška：Prag im Mai 1945，S. 144。

16 1945 年 5 月 3 日的备忘录；Schramm（Hrsg.）：Die Niederlage 1945，S. 423；参见上段引文资料来源的 S. 96。

17 Kokoška：Prag im Mai 1945，S. 153–159（Zitat S. 153）；参见 Ströbinger：Poker um Prag，S. 62 f.。

18 Kokoška：Prag im Mai 1945，S. 169.

19 参见上书 S. 188–192。

20 Ströbinger：Poker um Prag，S. 67.

21 同上书 S. 68；参见 Kokoška：Prag im Mai 1945，S. 195–200。

22 1945 年 5 月 6 日的备忘录；Schramm（Hrsg.）：Die Niederlage 1945，S. 431。

23 Roland Kaltenegger：Schörner. Feldmarschall der letzten Stunde. Biographie，München–Berlin 1994，S. 297.

24 参见 Ströbinger：Poker um Prag，S. 79。

25 Kokoška：Prag im Mai 1945，S. 215.

26 同上书 S. 232；参见 Ströbinger：Poker um Prag，S. 75 f.。

27 参见 Ströbinger：Poker um Prag，S. 81–83；Kokoška：Prag am Mai 1945，S. 287–293。

28 参见 Küpper：Karl Hermann Frank，S. 396–402。

29 援引自 Kokoška：Prag im Mai 1945，S. 297 f.。

30 参见 Peter Steinkamp：Generalfeldmarschall Ferdinand Schörner，in Gerd R. Ueberschär（Hrsg.）：Hitlers militärische Elite，Bd. 2：Vom Kriegsbeginn bis zum Weltkriegsende，Darmstadt 1998，S. 236–255（此处见 S. 238）。

31 参见 Ströbinger：Poker um Prag，S. 94 f.。

32 Peter Demetz：Mein Prag. Erinnerungen 1939 bis 1945，Wien 2007，S. 373 f.。关于布拉格起义期间在布拉格的德国公民的遭遇及后来的命运，参见 Dokumentation der Vertreibung der Deutschen aus Ost-Mitteleuropa. Hrsg. vom Bundesministerium für Vertriebene，Flüchtlinge und Kriegsbeschädigte，Bd. IV：Die Vertreibung der deutschen Bevölkerung aus der Tschechoslowakei，Teilbd. 1，Berlin 1957，S. 60–64，以及 die Erlebnisberichte in Teilbd. 2，S. 107–206；更多信息参见 Lowe：Der wilde Kontinent，S. 165–169。

33 援引自 Mathias Beer：Flucht und Vertreibung der Deutschen. Voraussetzungen，Verlauf，Folgen，München 2011，S. 80。

34 参见 R. M. Douglas："Ordnungsgemäße Überführung". Die Vertreibung der Deutschen nach dem Zweiten Weltkrieg，München 2012，S. 124 f.。

35 参见 Emilia Hrabovec：Vertreibung und Abschub. Deutsche in Mähren 1945–1947，Frankfurt / M. 1995，S. 96–101；Douglas："Ordnungsgemäße Überführung"，S. 129–131。

36 Hrabovec：Vertreibung und Abschub，S. 115 f.（引文见 S. 116）。

37 援引自 Ulrich Herbert：Fremdarbeiter. Politik und Praxis des "Ausländer-Einsatzes" in der Kriegswirtschaft des Dritten Reiches，Berlin–Bonn 1985，S. 341。

38 援引自 Wolfgang Jacobmeyer：Vom Zwangsarbeiter zum heimatlosen Ausländer.

Die Displaced Persons in Westdeutschland 1945–1951, Göttingen 1985, S. 16。

39 参见上书 S. 42。

40 参见 Ulrich Herbert: Geschichte der Ausländerpolitik in Deutschland. Saisonarbeiter, Zwangsarbeiter, Gastarbeiter, Flüchtlinge, München 2001, S. 146 f.。

41 参见 Herbert: Fremdarbeiter, S. 154–157。

42 参见上书 S. 336–340; Andreas Heusler: Die Eskalation des Terrors. Gewalt gegen ausländische Zwangsarbeiter in der Endphase des Zweiten Weltkrieges, in Cord Arendes / Edgar Wolfrum / Jörg Zedler (Hrsg.): Terror nach innen. Verbrechen am Ende des Zweiten Weltkrieges, Göttingen 2006, S. 172–182。

43 援引自 Herbert: Fremdarbeiter, S. 342。关于强制劳工的报复行动，参见 Lowe: Der wilde Kontinent, S. 129–134。

44 援引自 Jacobmeyer: Vom Zwangsarbeiter zum heimatlosen Ausländer, S. 39。

45 援引自上书，S. 47。亦可参见来自汉诺威 Mellendorf 一所学校校长的记录："来到这个国家的欧洲各民族的大批囚犯现在变成了可怕的威胁。他们恐吓着德国和德国人民，自认为是主人（......）他们整天抢劫掠夺，而且因为他们持有武器，我们没法自卫，只能眼睁睁地看着他们一天天地继续着罪恶的行径。"Mellendorfer Kriegstagebuch. Aufgezeichnet von Ewald Niedermeyer, Hannover 1996, S. 59（v. 3. 5. 1945）。

46 Werner Borgsen / Klaus Volland: Stalag X B Sandbostel. Zur Geschichte eines Kriegsgefangenen- und KZ-Auffanglagers in Norddeutschland 1939–1945, Bremen 1991, S. 218。关于不来梅的情况，参见特奥多尔·斯皮塔的日记；Büttner / Voß-Louis (Hrsg.): Neuanfang auf Trümmern, S. 98（v. 30. 4. 1945）："外国工人们的掠夺行为越来越多，就在光天化日之下，有组织的。"

47 参见 Jacobmeyer：Vom Zwangsarbeiter zum heimatlosen Ausländer, S. 48–50；Herbert：Fremdarbeiter, S. 342–344；Michael Pegel：Fremdarbeiter, Displaced Persons, Heimatlose Ausländer. Konstanten eines Randgruppenschicksals nach 1945, Münster 1997, S. 76 f.。

48 援引自 Jacobmeyer：Vom Zwangsarbeiter zum heimatlosen Ausländer, S. 37 f.。

49 Findahl：Letzter Akt – Berlin, S. 185（v. 3. 5. 1945）。亦可参见 Kronika：Der Untergang Berlins, S. 192（v. 6. 5. 1945）："外国强制劳工排着长长的队伍穿过蒂尔加滕大街。他们想要回家！长途跋涉没有让他们退却。"

50 参见 Bettina Greiner：Warten auf das wirkliche Leben, in ZEIT-Geschichte H. 1（2015）, S. 42–47。关于强取豪夺的行为，参见 Ulrich Müller：Fremde in der Nachkriegszeit. Displaced Persons – zwangsverschleppte Personen – in Stuttgart und Württemberg-Baden 1945–1951, Stuttgart 1990, S. 19–39。

51 参见 Jacobmeyer：Vom Zwangsarbeiter zum heimatlosen Ausländer, S. 42–46；Herbert：Fremdarbeiter, S. 342。

52 参见 Jacobmeyer：Vom Zwangsarbeiter zum heimatlosen Ausländer, S. 82–84。

53 参见 Patrick Wagner：Displaced Persons in Hamburg. Stationen einer halbherzigen Integration 1945 bis 1958, Hamburg 1997, S. 21。

54 Jacobmeyer：Vom Zwangsarbeiter zum heimatlosen Ausländer, S. 126 f.

55 援引自上书 S. 132。参见 Bernd Bonwetsch：Sowjetische Zwangsarbeiter vor und nach 1945. Ein doppelter Leidensweg, in Jahrbücher für die Geschichte Osteuropas, Jg.41（1993）, S. 533–546（此处见 S. 538 f.）；Herbert：Fremdarbeiter, S. 344 f.；ders.：Geschichte der Ausländerpolitik in Deutschland, S. 182 f.。

56 援引自 Jacobmeyer：Vom Zwangsarbeiter zum heimatlosen Ausländer,

S. 134。

57 参见 Bonwetsch：Sowjetische Zwangsarbeiter vor und nach 1945，S. 540–543；Memorial Moskau / Heinrich Böll-Stiftung（Hrsg.）：Für immer gezeichnet. Die Geschichte der Ostarbeiter in Briefen，Erinnerungen und Interviews，Berlin 2019。

58 参见 Edgar Wolfrum：Rot-Grün an der Macht. Deutschland 1998–2005，München 2013，S. 603–607。

59 参见 Angelika Königseder / Juliane Wetzel：Lebensmut im Wartesaal. Die jüdischen DPs（Displaced Persons）im Nachkriegsdeutschland，Frankfurt / M. 1994，S. 18–31，35–37（引文见 S. 37）。

60 援引自上书 S. 41。

61 Ruth Klüger：weiter leben. Eine Jugend，München 2010，S. 196.

62 Königseder / Wetzel：Lebensmut im Wartesaal，S. 47。上文描述的情况，也可参见上书 S. 47–53。

63 参见上书 S. 56 f.，148–154，169–172。

64 Tom Segev：Simon Wiesenthal. Die Biographie，München 2010，S. 83。参见 Wolfgang Benz / Barbara Distel（Hrsg.）：Der Ort des Terrors. Geschichte der nationalsozialistischen Konzentrationslager，Bd. 4，München 2006，S. 322 f.。

65 参见 Segev：Simon Wiesenthal，S. 43–80。

66 参见 Benz / Distel（Hrsg.）：Der Ort des Terrors，Bd. 4，S. 314 f.，324。

67 Segev：Simon Wiesenthal，S. 83.

68 参见上书 S. 85–95。

69 参见上书 S. 123–129，213–219，248–262。

70 同上书 S. 21。

1945 年 5 月 6 日

1 参见 1945 年 5 月 4 日的备忘录；Schramm（Hrsg.）：Die Niederlage

1945，S. 427。

2　参见上书 S. 81 f.。

3　Dwight D. Eisenhower：Kreuzzug in Europa，Amsterdam 1948，S. 485.

4　参见 Henke：Die amerikanische Besetzung Deutschlands，S. 966。

5　Eisenhower：Kreuzzug in Europa，S. 469.

6　参见 Walter Bedell Smith：Eisenhower's Six Great Decisions，New York–London–Toronto 1956，S. 204 f.；Steinert：Die 23 Tage der Regierung Dönitz，S. 195 f.。

7　1945 年 5 月 6 日的备忘录；Schramm（Hrsg.）：Die Niederlage 1945，S. 430 f.。

8　Dönitz：Zehn Jahre und zwanzig Tage，S. 454.

9　Alfred Jodl 关于 1945 年 5 月 6 日与沃尔特·比德尔·史密斯谈话的记录；KTB-OKW，Bd. IV，2，S. 1479–1481。参见 Bedell Smith：Eisenhower's Six Great Decisions，S. 205 f.；Eisenhower：Kreuzzug in Europa，S. 487 f.。

10　KTB-OKW，Bd. IV，2，S. 1481 f.；Schramm（Hrsg）：Die Niederlage 1945，S. 432（v. 6. 5. 1945）.

11　参见 Hansen：Das Ende des Dritten Reiches，S. 165。参见上书 S. 32。

12　Rudolf Höß：Kommandant in Auschwitz. Autobiographische Aufzeichnungen. Hrsg. von Martin Broszat，4. Aufl.，München 1978，S. 148。参见 Wachsmann：KL，S. 672 f.。

13　参见 Lüdde-Neurath：Regierung Dönitz，S. 90。

14　援引自 Hansen：Das Ende des Dritten Reiches，S. 165；参见 Steinert：Die 23 Tage der Regierung Dönitz，S. 143。

15　参见 Hansen：Das Ende des Dritten Reiches，S. 165；Steinert：Die 23 Tage der Regierung Dönitz，S. 144；Michael Wildt：Generation des Unbedingten. Das Führungskorps des Reichssicherheitshauptamtes，Hamburg 2002，S. 733 f.。

16　1945 年 5 月 6 日的备忘录；Schramm（Hrsg.）：Die Niederlage 1945，

S. 431 f.。

17 参见 Görlitz（Hrsg.）：Generalfeldmarschall Keitel, S. 375。1945 年
5 月 7 日，凯特尔简明扼要地宣布："党卫队帝国领袖的全部职责均已
失效。"援引自 John Zimmermann：Die Eroberung und Besetzung des
Deutschen Reiches, in Militärgeschichtliches Forschungsamt（Hrsg.）：
Das Deutsche Reich im Zweiten Weltkrieg, Bd. 10 /1, München 2008,
S. 481。

18 Lüdde-Neurath：Regierung Dönitz, S. 91.

19 参见 Peter Longerich：Heinrich Himmler. Biographie, München 2008,
S. 7–9, 756 f.。

20 援引自 Blatman：Die Todesmärsche 1944/45, S. 312。参见上书 S.
291 ff.；Daniel Jonah Goldhagen：Hitlers willige Vollstrecker. Ganz
gewöhnliche Deutsche und der Holocaust, Berlin 1996, S. 388 ff.。

21 参见 Goldhagen：Hitlers willige Vollstrecker, S. 401–404；Blatman：
Die Todesmärsche 1944/45, S. 292 f.。

22 Blatman：Die Todesmärsche 1944/45, S. 302。上文描述的情况也可参
见上书 S. 296–301；Goldhagen：Hitlers willige Vollstrecker, S. 404–409
（S. 408 也有一幅黑尔姆布雷希茨死亡行进地图）。

23 参见 Blatman：Die Todesmärsche 1944/45, S. 303 f.。

24 Goldhagen：Hitlers willige Vollstrecker, S. 411。关于戈德哈根引
起的辩论，参见 Volker Ullrich：Eine produktive Provokation：Die
Rolle der Medien in der Goldhagen-Kontroverse, in Martin Sabrow /
Ralph Jessen / Klaus Große Kracht（Hrsg.）：Zeitgeschichte als
Streitgeschichte. Große Kontroversen nach 1945, München 2003, S.
152–170。

25 参见 Peter Engelbrecht：Der Krieg ist aus. Frühjahr 1945 in Oberfranken,
Weißenstadt 2015, S. 84。

26 参见 Blatman：Die Todesmärsche 1944/45, S. 305–313（数据见 S.
312 f.）。

27 这是 Daniel Blatman 与 Daniel Goldhagen 的主要分歧，后者认为死亡
   行进是针对欧洲犹太人的毁灭计划的最后一步，并将狂热的"毁灭式"
   反犹主义视为助推因素。参见 Goldhagen：Hitlers willige Vollstrecker，
   S. 417–436；Blatman：Die Todesmärsche 1944/45，S. 313–319。

28 参见 Blatman：Die Todesmärsche 1944/45，S. 11 f.。

29 参见上书 S. 196–202；Benedikt Erenz：Apokalypse in Ostpreußen，in
   DIE ZEIT v. 1. 3. 2007。

30 关于"普通德国人"的反应，参见 Wachsmann：KL，S. 676 f.；Katrin
   Greiser：Die Todesmärsche von Buchenwald. Räumung，Befreiung
   und Spuren der Erinnerung，Göttingen 2008；S. 257–277；Martin
   C. Winter：Gewalt und Erinnerung im ländlichen Raum. Die deutsche
   Bevölkerung und die Todesmärsche，Berlin 2018，bes. S. 154–199。

31 参见 Bernhard Strebel：Celle April 1945 revisited，Bielefeld 2008，
   S. 52–123；ders.：Celle，5. April 1945，in DIE ZEIT v. 23. 4. 2009；
   Blatman：Die Todesmärsche 1944/45，S. 435–443。

32 参见 Blatman：Die Todesmärsche 1944/45，S. 499–568。

33 Horst G. W. Gleiss：Breslauer Apokalypse 1945. Dokumentarchronik
   vom Todeskampf und Untergang einer deutschen Stadt und Festung am
   Ende des Zweiten Weltkrieges，Wedel 1988，Bd. 5，S. 326.

34 同上书 S. 433。

35 亦可参见 Gregor Thum：Die fremde Stadt. Breslau 1945，Berlin 2003，
   S. 18–30（此处见 S. 19）；Norman Davies / Roger Moorhouse：Die
   Blume Europas. Breslau-Wrocław-Vratislava. Die Geschichte einer
   mitteleuropäischen Stadt，München 2002，S. 29–60。

36 Paul Peikert："Festung Breslau" in den Berichten eines Pfarrers，22.
   Januar bis 6. Mai 1945. Hrsg. von Karol Jonca und Alfred Konieczny，
   Berlin 1970，S. 26.

37 Gleiss：Breslauer Apokalypse 1945，Bd. 1，S. 204.

38 援引自 Davies / Moorhouse：Die Blume Europas，S. 32。

39 援引自上书 S. 33。

40 Speer：Erinnerungen，S. 430.

41 Goebbels：Tagebücher，T. II，Bd. 15，S. 209（v. 24. 1. 1945）.

42 同上书 S. 274（v. 30. 1. 1945）；参见上书 S. 267 f.（v. 30. 1. 1945）。

43 参见 Thum：Die fremde Stadt，S. 21；Davies / Moorhouse：Die Blume Europas，S. 37。

44 参见 Gregor Thum：Stalingrad an der Oder，in DIE ZEIT v. 3. 3. 2005；Davies / Moorhouse：Die Blume Europas，S. 46。

45 Gleiss：Breslauer Apokalypse 1945，Bd. 3，S. 651；参见 Thum：Die fremde Stadt，S. 24；Davies / Moorhouse：Die Blume Europas，S. 49。

46 Völkischer Beobachter v. 4. 3. 1945；Gleiss：Breslauer Apokalypse 1945，Bd. 3，S. 128 f.

47 Goebbels：Tagebücher，T. II，Bd. 15，S. 416（v. 4. 3. 1945），421（v. 5. 3. 1945）.

48 Schlesische Tageszeitung. Frontzeitung der Festung Breslau v. 7. 3. 1945；Gleiss：Breslauer Apokalypse 1945，Bd. 3，S. 230.

49 参见 Davies / Moorhouse：Die Blume Europas，S. 48；Thum：Die fremde Stadt，S. 25。

50 Goebbels：Tagebücher，T. II，Bd. 15，S. 640（v. 30. 3. 1945）.

51 Peikert："Festung Breslau" in den Berichten eines Pfarrers，S. 284.

52 Schlesische Tageszeitung. Frontzeitung der Festung Breslau v. 20. 4. 1945；Gleiss：Breslauer Apokalypse 1945，Bd. 4，S. 864.

53 阿尔伯特·施佩尔于 1945 年 4 月 14 日写给卡尔·汉克的信；收录于 Breloer：Die Akte Speer，S. 315。

54 参见 Hitlers politisches Testament v. 29. 4. 1945；Joachimsthaler：Hitlers Ende，S. 191。关于授予汉克勋章，可参见 Goebbels：Tagebücher T. II，Bd. 15，S. 692 f.（v. 9. 4. 1945）。

55 Schlesische Tageszeitung. Frontzeitung der Festung Breslau v. 4. 5.

1945；Gleiss：Breslauer Apokalypse 1945，Bd. 5，S. 156.

56　同上书 S. 181 f.；亦可参见布雷斯劳最后一位城市牧师的报告 Joachim Konrad：Das Ende von Breslau, in Vierteljahrshefte für Zeitgeschichte, Jg. 4（1956），S. 387–390。

57　Gleiss：Breslauer Apokalypse 1945，Bd. 5，S. 233.

58　参见 Thum：Die fremde Stadt，S. 30，533（Anm.31）。

59　Hans von Ahlfen / Hermann Niehoff：So kämpfte Breslau. Verteidigung und Untergang von Schlesien，München 1959.

60　参见 Davies / Moorhouse：Die Blume Europas，S. 59。

61　参见上书 S. 519。

62　参见上书 S. 519–527。

63　Hugo Hartung：Schlesien 1944/45. Aufzeichnungen und Tagebücher, München 1956，S. 131.

64　参见 Peter Merseburger：Der schwierige Deutsche. Kurt Schumacher. Eine Biographie，Stuttgart 1995，S. 11–193（引文见 S. 119 f.）。

65　Albrecht Kaden：Einheit oder Freiheit. Die Wiedergründung der SPD 1945/46，Hannover 1964，S. 17.

66　舒马赫于 1945 年 5 月 6 日的讲话，收录于 Willy Albrecht（Hrsg.）：Kurt Schumacher. Reden – Schriften – Korrespondenzen 1945–1952, Berlin–Bonn 1985，S. 203–236。总结性的论述可见 Kaden：Einheit und Freiheit，S. 17–21；Kristina Meyer：Die SPD und die NS-Vergangenheit 1945–1990，Göttingen 2015，S. 32–34。

67　Annemarie Renger：Die Trümmer in den Köpfen der Menschen, in Trampe（Hrsg.）：Die Stunde Null，S. 225–233（引文见 S. 233）。亦可参见 Annemarie Renger：Ein politisches Leben. Erinnerungen，Stuttgart 1993，S. 65–69。

68　Renger：Ein politisches Leben，S. 70 f.

69　Meyer：Die SPD und die NS-Vergangenheit 1945–1990，S. 35.

70　库尔特·舒马赫于 1945 年 7 月 25 日致卡尔·泽韦林的信；Albrecht

（Hrsg.）：Kurt Schumacher，S. 241。

71 参见 Kaden：Einheit oder Freiheit，S. 69；Kurt Klotzbach：Der Weg zur Staatspartei，Programmatik，praktische Politik und Organisation der deutschen Sozialdemokratie 1945 bis 1965，Berlin–Bonn 1982，S. 43。

72 "Politische Richtlinien der SPD in ihrem Verhältnis zu anderen politischen Faktoren"，收录于 Albrecht（Hrsg.）：Kurt Schumacher，S. 256–286。总结性的论述可见 Kaden：Einheit oder Freiheit，S. 70–74。

73 援引自 Brigitte Seebacher-Brandt：Ollenhauer. Biedermann und Patriot，Berlin 1984，S. 287。

74 援引自上书 S. 291。

75 舒马赫于 1945 年 10 月 5 日、6 日在 Wennigsen 和 Hannover 的"纲领性声明"。Albrecht（Hrsg.）：Kurt Schumacher，S. 301–319（此处见 S. 318）。

76 库尔特·舒马赫于 1945 年 10 月 12 日致卡尔·泽韦林的信；同上书 S. 320。

77 舒马赫的主报告 "Aufgaben und Ziele der deutschen Sozialdemokratie"；同上书 S. 387–418（此处见 S. 418）。关于社民党 1945 年 10 月到 1946 年 4 月的发展情况，参见 Kaden：Einheit oder Freiheit，S. 233–280；Klotzbach：Der Weg zur Staatspartei，S. 73–81。

78 亦可参见 Hartmut Peters：Das Kriegsende in Jever 1945 und der Massenprotest gegen die Verteidigung der Stadt；https://www.groeschlerhaus. eu/ das-kriegsende-in-jever–1945–und-der-massenprotest-gegen-die-verteigungder-stadt/。

79 同上。

1945 年 5 月 7 日

1 1945 年 5 月 7 日的备忘录；Schramm（Hrsg.）：Die Niederlage 1945，

S. 432。参见 Dönitz：Zehn Jahre und zwanzig Tage，S. 455。

2　Bedell Smith：Eisenhower's Six Great Decisions，S. 210.

3　援引自 Steinert：Die 23 Tage der Regierung Dönitz，S. 200。

4　参见 Harry C. Butcher：Drei Jahre mit Eisenhower，Bern 1946，S. 829；Eisenhower：Kreuzzug in Europa，S. 488。

5　1945 年 5 月 7 日的投降书文本收录于 Lüdde-Neurath：Die Regierung Dönitz，S. 144 f.；KTB-OKW，Bd. IV，2，S. 1676 f.。

6　参见 Lüdde-Neurath：Regierung Dönitz，S. 70。

7　科洛希克于 1945 年 5 月 7 日的讲话；收录于 Lüdde-Neurath：Die Regierung Dönitz，S. 152 f.；亦可见 Schwerin von Krosigk：Memoiren，S. 247 f.。

8　1945 年 5 月 7 日的备忘录；Schramm（Hrsg.）：Die Niederlage 1945，S. 433.。

9　亦可参见 Heinrich Thies：Fesche Lola，brave Liesel. Marlene Dietrich und ihre verleugnete Schwester，Hamburg 2017，S. 9 ff.；ders.：Im Schatten des Blauen Engels，in DIE ZEIT v. 27. 9. 2017。

10　参见 Wachsmann：KL，S. 651–653，668。

11　参见 Thies：Fesche Lola，brave Liesel，S. 9，14–18，214 f.。

12　参见 Karin Wieland：Dietrich & Riefenstahl. Der Traum von der neuen Frau，München 2011，S. 9–13，38–85（Zitat S. 52）；Thies：Fesche Lola，brave Liesel，S. 19–42，49–56；Eva Gesine Baur：Einsame Klasse. Das Leben der Marlene Dietrich，München 2017，S. 7–67。

13　参见 Wieland：Dietrich & Riefenstahl，S. 183 ff.；Baur：Einsame Klasse，S. 110 ff.。

14　参见 Thies：Fesche Lola，brave Liesel，S. 57–64，110–118（引文见 S. 116）。

15　Goebbels：Tagebücher，T. I，Bd. 3 / II，München 2001，S. 55（v. 2. 4. 1936）。参见上书 Bd. 2 / III，S. 341（v. 21. 12. 1933）："接着见了希特勒。《上海快车》。玛琳·迪特里希有点东西。"

16 同上书，Bd. 3 / II，S. 393（v. 25. 2. 1937）。

17 参见 Thies：Fesche Lola，brave Liesel，S. 132，135–139，153–159。

18 Marlene Dietrich：Nehmt nur mein Leben... Reflexionen，München 1979，S. 143.

19《纽约先驱论坛报》1944 年 8 月 13 日对玛琳·迪特里希的采访；援引 自 Wieland：Dietrich & Riefenstahl，S. 400。上文和下文描述的内容 参见上书 S. 380–409；Baur：Einsame Klasse，S. 254–296。

20 Dietrich：Nehmt nur mein Leben ...，S. 171.

21 参见 Thies：Fesche Lola，brave Liesel，S. 201；Baur：Einsame Klasse，S. 304 f.。

22 Thies：Fesche Lola，brave Liesel，S. 216.

23 玛琳·迪特里希于 1945 年 9 月 27 日写给鲁道夫·席贝尔的信；Wieland：Dietrich & Riefenstahl，S. 412；参见 Thies：Fesche Lola，brave Liesel，S. 226；Baur：Einsame Klasse，S. 309 f.。

24 参见 Thies：Fesche Lola，brave Liesel，S. 245–256。

25 参见 Wieland：Dietrich & Riefenstahl，S. 424–429，482–488，496–500；Baur：Einsame Klasse，S. 360 ff.，389 ff.。

26 参见 Thies：Fesche Lola，brave Liesel，S. 285–292，357–361。

27 参见 Thies：Fesche Lola，brave Liesel，S. 369。上文描述的内容亦可 参见 Wieland：Dietrich & Riefenstahl，S. 503 f.，529–543；Baur：Einsame Klasse，S. 404 f.，472–474。

28 亦可参见 Barbara Beuys：Leben mit dem Feind. Amsterdam unter deutscher Besatzung 1940–1945，München 2012，hier S. 350。

29 援引自上书 S. 103。

30 参见上书 S. 109–150（引文见 S. 149）。

31 参见上书 S. 152–191（引文见 S. 191）。

32 Anne Frank：Tagebuch. Fassung von Otto H. Frank und Mirjam Pressler，Frankfurt / M. 1991，S. 11（v. 12. 6. 1942）。亦可参见 Melissa Müller：Das Mädchen Anne Frank. Die Biographie，Frankfurt / M. 2013，S.

213 f.；Matthias Heyl：Anne Frank，Reinbek bei Hamburg 2002，S. 52。

33 Anne Frank：Tagebuch，S. 18（v. 20. 6. 1942）.

34 同上书 S. 32（v. 8. 7. 1942）。参见 Beuys：Leben mit dem Feind，S. 192–198；Heyl：Anne Frank，S. 60–66；Müller：Das Mädchen Anne Frank，S. 244–248。

35 Anne Frank：Tagebuch，S. 64（v. 9. 10. 1942）。参见 Beuys：Leben mit dem Feind，S. 204–207，227–236。

36 参见 Beuys：Leben mit dem Feind，S. 255，285 f.。

37 Anne Frank：Tagebuch，S. 291 f.（v. 6. 6. 1944）.

38 参见 Beuys：Leben mit dem Feind，S. 302 f.，313 f.；Heyl：Anne Frank，S. 111–115，118–123，126–131（引文见 S. 131）；Müller：Das Mädchen Anne Frank，S. 345–348，358–361，364–378，380–383。

39 Beuys：Leben mit dem Feind，S. 304 f.；参见 Heyl：Anne Frank，S. 124 f.。

40 Max Beckmann：Tagebücher 1940–1950. Zusammengestellt von Mathilde Q. Beckmann. Hrsg. von Erhard Göpel，München–Wien 1979，S. 97（v. 6. 9. 1944）.

41 参见 Beuys：Leben mit dem Feind，S. 305–312，316–342。

42 Carry Ulreich：Nachts träum ich vom Frieden. Tagebuch 1941 bis 1945，Berlin 2018，S. 286（v. 6. 5. 1945）.

43 参见 Koll：Arthur Seyß-Inquart und die deutsche Besatzungspolitik in den Niederlanden（1940–1945），S. 574。上文描述的内容参见 Beuys：Leben mit dem Feind，S. 344–352。

1945 年 5 月 8 日

1 参见 Steinert：Die 23 Tage der Regierung Dönitz，S. 203 f.；Karl-Heinz Janßen：Der 8. Mai 1945. Die deutsche Kapitulation in Karlshorst，in

ders.: Und morgen die ganze Welt ... Deutsche Geschichte 1871–1945, Bremen 2003，S. 485–492（此处见 S. 487）。

2 参见 Eisenhower：Kreuzzug in Europa，S. 489；Steinert：Die 23 Tage der Regierung Dönitz，S. 206 f.。

3 Konstantin Simonow：Kriegstagebücher，Bd. 2：1942–1945，Berlin-Ost 1979；援引自 Walter Kempowski：Das Echolot. Abgesang '45. Ein kollektives Tagebuch，München 2005，S. 439。参见 Görlitz(Hrsg.)：Generalfeldmarschall Keitel，S. 376。

4 参见 Janßen：Der 8. Mai 1945，S. 488。

5 Martin Sabrow，Erich Honecker. Das Leben davor 1912–1945，München 2016，S. 441。上文描述的内容参见上书 S. 425–432。

6 参见 Steinert：Die 23 Tage der Regierung Dönitz，S. 207 f.。投降书文本 v. 8. 5. 1945 in Lüdde-Neurath：Regierung Dönitz，S. 207 f.；KTB-OKW，Bd. IV，2，S. 1679 f.。

7 Schukow：Erinnerungen und Gedanken，S. 611.

8 援引自 Kempowski：Das Echolot. Abgesang '45，S. 446 f.。亦可参见美军上校 Oppenheimer 的报告："当传唤德国全权代表时，凯特尔神色僵硬，带着冷峻的愤怒站了起来，他的表情僵硬紧绷、戴着手套的右手举着他的元帅杖。他的脸和身体上没有一块肌肉敢动。"援引自 Klaus Bergmann / Gerhard Schneider (Hrsg.)：1945. Ein Lesebuch，Hannover 1985，S. 93。

9 Schukow：Erinnerungen und Gedanken，S. 612.

10 同上书 S. 613。

11 参见上书 S. 613；Janßen：Der 8. Mai 1945，S. 486。

12 援引自 Kempowski：Echolot. Abgesang '45，S. 442。

13 参见 Schukow：Erinnerungen und Gedanken，S. 613 f.。

14 Görlitz (Hrsg.)：Generalfeldmarschall Keitel，S. 378.

15 Hansen：Das Ende des Dritten Reiches，S. 177 f.；参见 Speer：Erinnerungen，S. 499。

16 参见 Breloer：Die Akte Speer，S. 329–336；Brechtken：Albert Speer，S. 295 f.。

17 1945 年 5 月 8 日的备忘录；Schramm（Hrsg.）：Die Niederlage 1945，S. 435；上文描述的内容参见 Dönitz：Zehn Jahre und zwanzig Tage，S. 463；Hansen：Das Ende des Dritten Reiches，S. 178。

18 1945 年 5 月 8 日的邓尼茨讲话；收录于 Lüdde-Neurath：Regierung Dönitz，S. 157 f.。

19 Steinert：Die 23 Tage der Regierung Dönitz，S. 213.

20 KTB-OKW，Bd. IV，2，S. 1484 f.

21 参见上书 S. 1495；Gerd R. Ueberschär / Rolf-Dieter Müller：1945. Das Ende des Krieges，Darmstadt 2005，S. 112。

22 Wilhelm Wintgen 于 1945 年 5 月 9 日的日记；https://aulemettmanner. de/index.php/erzaehlungen-von-frueher/110–tagebuch-eines-mettmanner- soldaten。

23 Steinert：Die 23 Tage der Regierung Dönitz，S. 230 f.

24 参见 Hansen：Das Ende des Dritten Reiches，S. 161 f.。

25 KTB-OKW，Bd. IV，2，S. 1281 f.；Ueberschär / Müller（Hrsg.）：1945. Das Ende des Krieges，S. 112 f.。邓尼茨在他的回忆录中评论道："直到今天，我仍然认为这些话基本是正确的。"Zehn Jahre und zwanzig Tage，S. 458。

26 海军元帅邓尼茨在 1945 年 5 月 9 日对军官的讲话；收录于 Förster / Lakowski（Hrsg.）：1945，Dok. 208，S. 382–388（此处见 S. 387）。

27 参见 Ernst Kubin：Sonderauftrag Linz. Die Kunstsammlung Adolf Hitler. Aufbau，Vernichtungsplan，Rettung. Ein Thriller der Kulturgeschichte，Wien 1989，S. 141–143。

28 参见 Birgit Schwarz：Auf Befehl des Führers. Hitler und der NS-Kunstraub，Darmstadt 2014，S. 39–45；dies.：Geniewahn：Hitler und die Kunst，Wien–Köln–Weimar 2009，S. 221–228。

29 参见 Schwarz：Auf Befehl des Führers，S. 49–55，81–83（引文见 S. 82，

83）；dies.：Geniewahn，S. 228–235；Kubin：Sonderauftrag Linz，S. 14–18。

30 参见 Schwarz：Auf Befehl des Führers，S. 16–18；dies.：Geniewahn，S. 238 f.；Kubin：Sonderauftrag Linz，S. 19 f.。

31 参见 Schwarz：Auf Befehl des Führers，S. 218–221，230–232。

32 参见 Goebbels：Tagebücher，T. II，Bd. 6，S. 430 f.（v. 12. 12. 1941）；Schwarz：Auf Befehl des Führers，S. 235 f.，239 f.；Kubin：Sonderauftrag Linz，S. 61–64；Meike Hoffmann / Nicola Kuhn：Hitlers Kunsthändler. Hildebrand Gurlitt 1895–1956. Die Biographie，München 2016，S. 213 ff.。

33 参见 Schwarz：Auf Befehl des Führers，S. 237，248–253；Kubin：Sonderauftrag Linz，S. 79–89。

34 参见 Ullrich：Adolf Hitler，Bd. 2，S. 604–606。

35 参见 Kubin：Sonderauftrag Linz，S. 99–102；Schwarz：Auf Befehl des Führers，S. 256；Konrad Kramar：Mission Michelangelo. Wie die Bergleute in Altaussee Hitlers Raubkunst vor der Vernichtung retteten，St. Pölten–Salzburg–Wien 2013，S. 99–117。

36 Joachimsthaler：Hitlers Ende，S. 192.

37 文本复制本收录于 Kubin：Sonderauftrag Linz，S. 115。

38 参见 Kubin：Sonderauftrag Linz，S. 114–130；Kramar：Mission Michelangelo，S. 120–147；Schwarz：Auf Befehl des Führers，S. 257；Peter Black：Ernst Kaltenbrunner. Vasall Himmlers：Eine SS-Karriere，Paderborn 1991，S. 276 f.。

39 参见 Kubin：Sonderauftrag Linz，S. 146–160；Schwarz：Auf Befehl des Führers，S. 272–279。

40 亦可参见 Bohn：Reichskommissariat Norwegen，S. 1–3。

41 参见上书 S. 97。

42 参见 Bohn：Reichskommissariat Norwegen，S. 3。

43 Heimito von Doderer：Tangenten. Tagebuch eines Schriftstellers 1940–

1950, München 1964; 援引自 Kempowski: Echolot. Abgesang'45, S. 353。

44 Brandt: Erinnerungen, S. 141; 也参见同一作者所著的 Links und frei, S. 381 f.。

45 Churchill: Der Zweite Weltkrieg, S. 1074.

46 Winston S. Churchill: Reden in Zeiten des Kriegs. Ausgewählt, eingeleitet und erläutert von Klaus Körner, Hamburg–Wien 2002, S. 281–283 (此处见 S. 283)。参见 Lindgren: Tagebücher 1939–1945, S. 448 (v. 8. 5. 1945): "对于年逾古稀的老人来说，他是以何等的活力向大英帝国宣布这一消息！他以一个充满力量的男人的方式发声，响亮、清晰，我比以往任何时候都更爱他。"

47 Harold Nicolson: Diaries and Letters 1930–1964, London 1968; 援引自 Kempowski: Echolot. Abgesang'45, S. 325。

48 Churchill: Reden in Zeiten des Krieges, S. 283.

49 参见"英国女子空军辅助团（WAAF）"工作人员 Joan Widham 的表述; 援引自 Kempowski: Echolot. Abgesang'45, S. 322–324 (此处见 S. 324); 更多相关内容可见 Janßen: Der 8. Mai 1945, S. 491。

50 Elsbeth Weichmann: Zuflucht. Jahre des Exils, München 1983; 援引自 Kempowski: Echolot. Abgesang'45, S. 313 f.。

51 哈里·杜鲁门于 1945 年 5 月 8 日的广播讲话; 主要收录于 Shirer: Berliner Tagebuch. Das Ende 1944–45, S. 80 f.。

52 援引自 Werner Hecht: Brecht Chronik 1898–1956, Frankfurt / M. 1997, S. 754。托马斯·曼在日记中写道: "晚上喝着法国香槟庆祝胜利日。听着杜鲁门和丘吉尔的讲话。" Th. Mann: Tagebücher 1944–1. 4. 1946, S. 202 (v. 8. 5. 1945)。

53 援引自 Kempowski: Echolot. Abgesang'45, S. 315 f.。

54 斯大林于 1945 年 5 月 9 日面向公众的讲话; 收录于 Herbert Michaelis / Ernst Schraepler (Hrsg.): Ursachen und Folgen. Vom deutschen Zusammenbruch 1918 bis zur staatlichen Neuordnung Deutschlands in

der Gegenwart, Bd. XXIII, Berlin o. J., S. 258 f.。

55 Markus Wolf: Sozialismus stand nicht auf der Tagesordnung, in Trampe（Hrsg.）: Die Stunde Null, S. 281–290（此处见 S. 281）。

56 George F. Kennan: Memoiren eines Diplomaten, Stuttgart 1968; 援引 自 Kempowski: Echolot. Abgesang '45, S. 334。

57 Jünger: Die Hütte im Weinberg, Sämtliche Werke, Bd. 3, S. 434（v. 8. 5. 1945）.

后 记

1 Thomas Mann: An die gesittete Welt. Politische Schriften und Reden im Exil, Frankfurt / M. 1980, S. 616.

2 Siegfried A. Kaehler an Martin Kaehler, 19. 5. 1945; Siegfried A. Kaehler: Briefe 1900–1963. Hrsg. von Walter Bußmann und Günther Grünthal unter Mitwirkung von Joachim Stemmler, Boppard am Rhein 1993, S. 299.

3 Karl-Günther von Hase: Düstere Gedanken im Moskauer Gefängnis, in Trampe（Hrsg.）: Die Stunde Null, S. 147–151（此处见 S. 148）。

4 Kardorff: Berliner Aufzeichnungen 1942–1945, S. 324（v. 7. 5. 1945）.

5 Theodor Heuss: Das Ende, in ders.: Aufzeichnungen 1945–1947, Tübingen 1966; 援引自 Peter Merseburger: Theodor Heuss. Der Bürger als Präsident, München 2012, S. 364。参见 Heinrich Krone: Tagebücher, 1. Bd.: 1945–1961. Bearbeitet von Hans-Otto Kleinmann, Düsseldorf 1995, S. 8（v. 9. 5. 1945）: "将军们的名字写在停战文件上。不像1918 年那样以一名公民的身份签字。闯祸的人应当负起责任，这样就不会再有所谓的'背后一剑'之说了。"

6 援引自 Merseburger: Theodor Heuss, S. 367 f.。

7 援引自 Gunter Hofmann: Richard von Weizsäcker. Ein deutsches Leben,

München 2010，S. 188。关于联邦德国对 1945 年 5 月 8 日的定性，可参见 Sebastian Ullrich：Wir sind，was wir erinnern. Es hat lange gedauert，bis sich ein selbstkritischer Umgang mit der Vergangenheit durchsetzen konnte，in ZEIT-Geschichte，H. 1（2005），S. 27–34。

8　Walb：Ich，die Alte – ich，die Junge，S. 345（v. 8. 5. 1945）。参见 Keller（Hrsg.）：Kriegstagebuch einer jungen Nationalsozialistin，S. 211（v. 29. 4. 1945）："一切真的都结束了，我们相信的一切，我们赖以生存的一切。所有的牺牲都是徒劳的。我无法相信。"

9　Alfred Kantorowicz：Deutsches Tagebuch，1. Teil，Berlin 1978，S. 80（v. 8. / 9. 5. 1945）.

10　Wolff-Mönckeberg：Briefe，die sie nicht erreichten，S. 171（v. 1. 6. 1945）.

11　Stephan Hermlin：Bestimmungsorte，Berlin 1985，S. 46.

12　Margaret Bourke-White：Deutschland – April 1945. "Dear Fatherland Rest Quietly"，München 1979，S. 90.

13　Wilhelm Hausenstein：Licht unter dem Horizont. Tagebücher von 1942 bis 1946，München 1967，S. 348（v. 9. 5. 1945）.

14　George Orwell：Now Germany Faces Hunger，in Manchester Evening News v. 4. 5. 1945；援引自 Hoffmann：Besiegte，Besatzer，Beobachter. Das Kriegsende im Tagebuch，in Fulda u. a.（Hrsg.）：Demokratie im Schatten der Gewalt，S. 46。

15　Klaus Mann：Es gibt keine Heimkehr，in ders.：Auf verlorenem Posten，S. 224–230（此处见 S. 227）。参见 Wilhelm Hoegner：Der schwierige Außenseiter. Erinnerungen eines Abgeordneten，Emigranten und Ministerpräsidenten，München 1959，S. 190 f.："在我看来，与慕尼黑相比，庞贝古城简直可以说是很好地被保存下来了。"

16　Tilman Lahme / Holger Pils / Kerstin Klein（Hrsg.）：Die Briefe der Manns. Ein Familienporträt，Frankfurt / M. 2016，S. 308–314（Zitate S. 309，314）。参见 Naumann：Klaus Mann（1906–1949），S. 300 f.（包

括由约翰·图克斯伯里拍摄的位于波辛格大街的别墅的照片）。

17 参见 Lüdde-Neurath：Regierung Dönitz，S. 106；Hansen：Das Ende des Dritten Reiches，S. 187；Steinert：Die 23 Tage der Regierung Dönitz，S. 239。

18 参见 Speer：Erinnerungen，S. 500。

19 参见 Hansen：Das Ende des Dritten Reiches，S. 189 f.；Speer：Erinnerungen，S. 500："我们撰写的回忆录陷入虚空，我们假装工作，试图以此来对抗我们的无足轻重。"

20 鲁克斯和邓尼茨 1945 年 5 月 13 日秘密谈话的档案记录；Förster / Lakowski（Hrsg.）：1945，Dok. 217，S. 400–402（hier S. 400）。参见 1945 年 5 月 13 日的备忘录；Schramm（Hrsg.）：Die Niederlage 1945，S. 443 f.；Görlitz（Hrsg.）：Generalfeldmarschall Keitel，S. 379 f.。

21 Dönitz：Zehn Jahre und zwanzig Tage，S. 463.

22 参见 KTB-OKW，Bd. IV，2，S. 1484；1945 年 5 月 10 日、12 日和 14 日的备忘录；Schramm（Hrsg.）：Die Niederlage 1945，S. 437 f.，440 f.，445。

23 1945 年 5 月 15 日的备忘录；Schramm（Hrsg.）：Die Niederlage 1945，S. 446.

24 海军元帅邓尼茨 1945 年 5 月 18 日的档案记录；Förster / Lakowski（Hrsg.）：1945，Dok. 224，S. 411–413（此处见 S. 412）。

25 1945 年 5 月 9 日和 15 日的备忘录；Schramm（Hrsg.）：Die Niederlage 1945，S. 436，446。

26 主要参见 Heinrich August Winkler：Der lange Weg nach Westen，2 Bände，München 2000。

27 1945 年 5 月 11 日和 16 日的备忘录；Schramm（Hrsg.）：Die Niederlage 1945，S. 439，447。参见 Dönitz：Zehn Jahre und zwanzig Tage，S. 458："我们问自己，如何能逃脱这些曾经在德国发生的事情。"

28 Schwerin von Krosigk an Eisenhower，16. 5. 1945；Förster / Lakowski

（Hrsg.）：1945，Dok. 222，S. 408 f.（*此处见* S. 409）。

29 援引自 Hansen：Das Ende des Dritten Reiches，S. 193。参见 Marlies Steinert：Die alliierte Entscheidung zur Verhaftung der Regierung Dönitz, in Militärgeschichtliche Mitteilungen, 2（1986），S. 85–99（*此处见* S. 89）。

30 援引自 Hansen：Das Ende des Dritten Reiches，S. 195。

31 参见 Lüdde-Neurath：Regierung Dönitz，S. 107，112；Schwerin von Krosigk：Memoiren，S. 251。

32 参见 Hansen：Das Ende des Dritten Reiches，S. 200；Steinert：Die alliierte Entscheidung zur Verhaftung der Regierung Dönitz，S. 92 f.。

33 参见 Lüdde-Neurath：Regierung Dönitz，S. 113（S. 161 处也记录了鲁克斯解释的原话）；Dönitz：Zehn Jahre und zwanzig Tage，S. 465。

34 参见 Lüdde-Neurath：Regierung Dönitz，S. 114，115 f.；Schwerin von Krosigk：Es geschah in Deutschland，S. 379。

35 参见 Speer：Erinnerungen，S. 502；Sereny：Albert Speer，S. 640 f.。和施佩尔一起被逮捕并送往弗伦斯堡警察署的还有希特勒的医生 Karl Brandt，他是纳粹“安乐死”灭绝计划的主要组织者。参见 Ulf Schmidt：Hitlers Arzt Karl Brandt. Medizin und Macht im Dritten Reich，Berlin 2009，S. 514。

36 Speer：Erinnerungen，S. 503.

37 Klaus Mann：Göring wirbt um Mitgefühl，in ders.：Auf verlorenem Posten，S. 221–224（*此处见* S. 222）。参见 Kl. Mann：Der Wendepunkt，S. 438；ders.：Tagebücher 1944–1949，S. 83（v. 11. 5. 1945）。

38 Ronald Smelser：Robert Ley. Hitlers Mann an der “Arbeitsfront”. Eine Biographie，Paderborn 1989，S. 286.

39 Daniel Roos：Julius Streicher und “Der Stürmer” 1923–1945，Paderborn 2014，S. 467。参见 Richard Overy：Verhöre. Die NS-Elite in den Händen der Alliierten，München–Berlin 2001，S. 41。

40 Kästner：Notabene 45，S. 148（v. 24. 5. 1945）。参见 Das Blaue Buch，

S. 213（v. 24. 5. 1945）："整个世界在某种程度上就像面具租赁机构一样。甚至比那些毫无尊严的吹牛皮者还要没有尊严。"

41 参见 Hamburg-Journal. Sendung v. 14. 6. 2015；Conze u. a.：Das Amt, S. 332；Theo Sommer：1945. Die Biographie eines Jahres, Reinbek bei Hamburg 2005, S. 83。

42 NKWD 全权代表 1945 年 6 月 25 日的报告；Christoforow u. a.（Hrsg.）：Verhört, S. 48–57（此处见 S. 51）。关于巴特蒙多夫的生活条件，参见 Overy：Verhöre, S. 65–67；Conze u. a.：Das Amt, S. 332 f.；Kirkpatrick：Im inneren Kreis, S. 171 f.；Philipp Schnee：Hotel der Kriegsverbrecher, in Der Spiegel v. 28. 10. 2009。

43 Schwerin von Krosigk：Memoiren, S. 257.

44 参见 Conze u. a.：Das Amt, S. 333；Mark Mazower：Hitlers Imperium. Europa unter der Herrschaft des Nationalsozialismus, München 2009, S. 486。

45 参见 Roos：Julius Streicher und "Der Stürmer", S. 471。

46 Speer：Erinnerungen, S. 504.

47 戈林 1945 年 6 月 17 日的审讯记录；Christoforow u. a.（Hrsg.）：Verhört, S. 78–95（此处见 S. 91）。即使在 1945 年 6 月与英国外交官伊冯·柯克帕特里克的对话中，戈林也"没有表现出对纳粹罪行的任何悔意或承认参与"。Im inneren Kreis, S. 174。

48 凯特尔 1945 年 5 月 17 日的审讯记录；Christoforow u. a.（Hrsg.）：Verhört, S. 95–121（此处见 S. 97, 103）。

49 参见 Mazower：Hitlers Imperium, S. 487。

50 埃里卡·曼于 1945 年 8 月 22 日致信卡蒂娅·曼；Lahme u. a.（Hrsg.）：Die Briefe der Manns, S. 322–324（此处见 S. 323）。参见 Uwe Naumann（Hrsg.）：Die Kinder der Manns. Ein Familienalbum, Reinbek bei Hamburg 2005, S. 200 f.。

51 Erika Mann：Wer das Schwert nimmt ..., in dies.：Blitze überm Ozean. Aufsätze, Reden, Reportagen. Hrsg. von Irmela von der Lühe und Uwe

Naumann, Reinbek bei Hamburg 2000, S. 343–355（此处见 S. 346）。

52　参见 Speer: Erinnerungen, S. 504–507。

53　参见 Volker Ullrich: Speers Erfindung, in DIE ZEIT v. 4. 5. 2005; Brechtken: Albert Speer, S. 299–310。

54　参见 Hansen: Das Ende des Dritten Reiches, S. 200 f.; Angrick: Besatzungspolitik und Massenmord, S. 716–719。

55　援引自 Hans Magnus Enzensberger（Hrsg.）: Europa in Ruinen. Augenzeugenberichte aus den Jahren 1944–1948, München 1995, S. 87 f.。美军心理战部门的 Saul K. Padover 在被占领的"第三帝国"开展审讯时也有同样的印象："我们在这里住了两个月（......），我们还没有找到一个纳粹分子。每个人都是纳粹的敌人。所有人都反对希特勒。他们始终反对希特勒。" Saul K. Padover: Lügendetektor. Vernehmungen im besiegten Deutschland 1944/45, Frankfurt / M. 1999, S. 46。

56　Hausenstein: Licht unter dem Horizont, S. 347（v. 6. 5. 1945）。参见 Kellner: Tagebücher 1939–1945, Bd. 2, S. 932（v. 6. 5. 1945）："现在当然没有人希望自己曾是真正的纳粹分子。每个人都回避责任。"

57　Andreas-Friedrich: Schauplatz Berlin, S. 194（v. 17. 5. 1945）.

58　Anonyma: Eine Frau in Berlin, S. 199（v. 15. 5. 1945）.

59　援引自 Ian Kershaw: Der Hitler-Mythos. Führerkult und Volksmeinung, Stuttgart 1999, S. 274。参见 Klemperer: Tagebücher 1942–1945, S. 773（v. 11. 5. 1945）："第三帝国已经被遗忘了"; Kardorff: Berliner Aufzeichnungen, S. 326（v. 16. 5. 1945, Anm. 2）："战争结束了，纳粹就像《圣经·诗篇》第 73 章所描述的情景一样，被冲走，毁灭，消逝，几乎不会引起任何兴趣了。"

60　Eugen Kogon: Der SS-Staat. Das System der deutschen Konzentrationslager, München 1974, S. 393。参见 Padover: Lügendetektor, S. 86："所有的罪过都转嫁给了元首，人们自己无须承担任何道德责任。"

61　Erika Mann: Deutsche Zustände, in dies.: Blitze überm Ozean, S. 377–382（此处见 S. 378）。

62 Klaus Mann: Unsere Aufgabe in Deutschland, in ders.: Auf verlorenem Posten, S. 216–221（此处见 S. 217）。对于这种心理状态的描述，参见 Mellendorf 学校校长的生动记录 Ewald Niedermeyer: Mellendorfer Kriegstagebuch, S. 59（v. 3. 5. 1945）:"我们不抱任何希望地踏上了殉难之路"；S. 63（v. 20. 5. 1945）:"我们现在被交付给了我们的敌人，恐怕在最近的几个世纪里，地球上没有哪个民族遭遇过这样的事情。"

63 援引自 Enzensberger（Hrsg.）: Europa in Ruinen, S. 188。

64 Hannah Arendt: Besuch in Deutschland, Berlin 1993, S. 25, 35.

65 Alexander und Margarete Mitscherlich: Die Unfähigkeit zu trauern. Grundlagen kollektiven Verhaltens, München 1967.

66 Findahl: Letzter Akt – Berlin 1939–1945, S. 190（v. 9. 5. 1945）.

67 Sarkowicz（Hrsg.）: "Als der Krieg zu Ende war", S. 173.

68 Andreas-Friedrich: Schauplatz Berlin, S. 196（v. 2. 6. 1945）, 203（v. 22. 6. 1945）.

69 参见 Norbert Frei: Große Gefühle. Das Kriegsende war eine Zeit voll widerstreitender Emotionen, in ZEIT-Geschichte H. 1（2015）, S. 16–23（此处见 S. 23）。

参考文献

已出版的原始资料

Albrecht, Willy (Hrsg.): Kurt Schumacher. Reden-Schriften-Korrespondenzen 1945–1952, Berlin–Bonn 1985.

Bergmann, Klaus/Gerhard Schneider (Hrsg.): 1945. Ein Lesebuch, Hannover 1985.

Berliner Schulaufsätze aus dem Jahr 1946. Hrsg. vom Prenzlauer Berg Museum des Kulturamtes Berlin Prenzlauer Berg. Ausgewählt und eingeleitet von Annett Gröschner, Berlin 1996.

Besymenski, Lew: Der Tod des Adolf Hitler. Unbekannte Dokumente aus den Moskauer Archiven, Hamburg 1968.

Besymenski, Lew: Die letzten Notizen von Martin Bormann. Ein Dokument und sein Verfasser, Stuttgart 1974.

Boberach, Heinz (Hrsg.): Meldungen aus dem Reich. Die geheimen Lageberichte des Sicherheitsdienstes der SS, Bd. 17, Herrsching 1984.

Brandt, Willy: Verbrecher und andere Deutsche. Ein Bericht aus Deutschland 1946. Bearbeitet von Einhart Lorenz, Bonn 2007.

Breloer, Heinrich in Zusammenarbeit mit Rainer Zimmer: Die Akte Speer. Spuren eines Kriegsverbrechers, Berlin 2006.

Bronfen, Elisabeth/Daniel Kampa (Hrsg.): Eine Amerikanerin in Hitlers Badewanne. Drei Frauen berichten über den Krieg: Margaret Bourke-White, Lee Miller und Martha Gellhorn, Hamburg 2015.

Christoforow, Wassili S./Wladimir G. Makarow/Matthias Uhl (Hrsg.): Verhört. Die Befragungen deutschen Generale und Offiziere durch die sowjetischen Geheimdienste 1945–1952, Berlin–Boston 2015.

Churchill, Winston S.: Reden in Zeiten des Kriegs. Ausgewählt, eingeleitet und erläutert von Klaus Körner, Hamburg–Wien 2002.

Dokumentation der Vertreibung der Deutschen aus Ost-Mitteleuropa. Hrsg. vom Bundesministerium für Vertriebene, Flüchtlinge und Kriegsbeschädigte, Bd. IV: Die Vertreibung der deutschen Bevölkerung aus der Tschechoslowakei, 2 Teilbde., Berlin 1957.

Enzensberger, Hans Magnus (Hrsg.): Europa in Ruinen. Augenzeugenberichte aus den Jahren 1944–1948, München 1995.

Förster, Gerhard/Richard Lakowski (Hrsg.): 1945. Das Jahr der endgültigen Niederlage der faschistischen Wehrmacht. Dokumente, Berlin-Ost 1975.

Gleiss, Horst G. W.: Breslauer Apokalypse 1945. Dokumentarchronik vom Todeskampf und Untergang einer deutschen Stadt und Festung am Ende des Zweiten Weltkrieges, Bde. 1–5, Wedel 1986–88.

Gosztony, Peter (Hrsg.): Der Kampf um Berlin 1945 in Augenzeugenberichten, Düsseldorf 1970.

Groehler, Olaf: Das Tagebuch Europa 1945. Die Neue Reichskanzlei. Das Ende, Berlin 1995.

Hirschfeld, Gerhard/Irina Reinz (Hrsg.): Besiegt und befreit. Stimmen vom Kriegsende 1945, Gerlingen 1995.

Keiderling, Gerhard (Hrsg.): «Gruppe Ulbricht» in Berlin April bis Juni 1945. Von den Vorbereitungen im Sommer 1944 bis zur Wiedergründung der KPD im Juni 1945. Eine Dokumentation, Berlin 1993.

Mann, Erika: Blitze überm Ozean. Aufsätze, Reden, Reportagen. Hrsg. von Irmela von der Lühe und Uwe Naumann, Reinbek bei Hamburg 2000.

Mann, Klaus: Auf verlorenem Posten. Aufsätze, Reden, Kritiken 1942–1949. Hrsg. von Uwe Naumann und Michael Töteberg, Reinbek bei Hamburg 1994.

Mann, Thomas: Reden an die gesittete Welt. Politische Schriften und Reden im Exil, Frankfurt/M. 1980.

Mensching, Hans Peter (Bearbeiter): Adenauer im Dritten Reich, Berlin 1991.

Miller, Lee: Krieg. Mit den Alliierten in Europa 1944–1945. Reportagen und Fotos. Hrsg. von Antony Penrose, Berlin 2013.

Neitzel, Sönke: Abgehört. Deutsche Generäle in britischer Kriegsgefangenschaft 1942–1945, Berlin 2005.

Padover, Saul K.: Lügendetektor. Vernehmungen im besiegten Deutschland 1944/45, Frankfurt/M. 1999.

Ruhl, Klaus-Jörg (Hrsg.): Deutschland 1945. Alltag zwischen Krieg und Frieden in Berichten, Dokumenten und Bildern, Darmstadt und Neuwied 1984.

Schäfer, Hans Dieter: Berlin im Zweiten Weltkrieg. Der Untergang der Reichshauptstadt in Augenzeugenberichten, München–Zürich 1985.

Scherstjanoi, Elke (Hrsg.): Rotarmisten schreiben aus Deutschland. Briefe von der Front (1945) und historische Analysen, München 2004.

Schramm, Percy Ernst (Hrsg.): Kriegstagebuch des Oberkommandos der Wehrmacht (Wehrmachtführungsstab), Bd. IV: 1. Januar 1944– 22. Mai 1945, Herrsching 1982.

Schramm, Percy Ernst (Hrsg.): Die Niederlage 1945. Aus dem Kriegstagebuch des Oberkommandos der Wehrmacht, München 2. Aufl. 1985.

Von zur Mühlen, Bengt (Hrsg.): Der Todeskampf der Reichshauptstadt, Berlin 1994.

Völklein, Ulrich (Hrsg.): Hitlers Tod. Die letzten Tage im Führerbunker, Göttingen 1999.

日记、书信、回忆录

Adenauer, Konrad: Erinnerungen 1945–1953, Stuttgart 1965.

Ahlfen, Hans/Hermann Niehoff: So kämpfte Breslau. Verteidigung und Untergang von Schlesien, München 1959.

Andreas-Friedrich, Ruth: Schauplatz Berlin. Ein deutsches Tagebuch, München 1962.

Anonyma: Eine Frau in Berlin. Tagebuchaufzeichnungen vom 20. April bis 22. Juni 1945, Frankfurt/M. 2003.

Arendt, Hannah: Besuch in Deutschland, Berlin 1993.

Baur, Hans: Ich flog Mächtige der Erde, Kempten (Allgäu) 1956.

Beckmann, Max: Tagebücher 1940–1945. Zusammengestellt von Mathilde Q. Beckmann. Hrsg. von Erhard Göpel, München–Wien 1979.

Bedell Smith, Walter: Eisenhower's Six Great Decisions, New York–London–Toronto 1956.

Bourke-White, Margaret: Deutschland April 1945. «Dear Fatherland Rest Quietly», München 1979.

Bovery, Margret: Tage des Überlebens. Berlin 1945, München 1985.

Brandt, Willy: Links und frei. Mein Weg 1930–1950, Hamburg 1982.

Brandt, Willy: Erinnerungen, Berlin 1989.

Brecht, Bertolt: Arbeitsjournal 1941–1955, Bd. 2, Frankfurt/M. 1973.

Breloer, Heinrich (Hrsg.): Mein Tagebuch. Geschichten vom Überleben 1939–1947, Köln 1984.

Büttner, Ursula/Angelika Voß-Louis (Hrsg.): Neuanfang auf Trümmern. Die Tagebücher des Bremer Bürgermeisters Theodor Spitta 1945–1947, München 1992.

Butscher, Harry C.: Drei Jahre mit Eisenhower, Bern 1946.

Chaldej, Jewgeni: Der bedeutende Augenblick. Hrsg. von Ernst Volland und Heinz Krimmer, Leipzig 2008.

Churchill, Winston: Der Zweite Weltkrieg, Frankfurt/M. 2003.

Demetz, Peter: Mein Prag. Erinnerungen 1939 bis 1945, Wien 2007.

Dietrich, Marlene: Nehmt nur mein Leben … Reflexionen, München 1979.

Dönitz, Karl: Zehn Jahre und zwanzig Tage, Frankfurt/M.–Bonn 1963.

Doernberg, Stefan: Befreiung 1945. Ein Augenzeugenbericht, Berlin-Ost 1975.

Doernberg, Stefan (Hrsg.): Hitlers Ende ohne Mythos. Jelena Rshewskaja erinnert sich an ihren Einsatz im Mai 1945 in Berlin, Berlin 2005.

Dulles, Allen/Gero von Gaevernitz: Unternehmen «Sunrise». Die geheime Geschichte des Kriegsendes in Italien, Düsseldorf–Wien 1967.

Eberle, Henrik/Matthias Uhl (Hrsg.): Das Buch Hitler. Geheimdossier des NKWD für Josef W. Stalin, zusammengestellt aufgrund der Verhörprotokolle des Persönlichen Adjutanten Hitlers, Otto Günsche, und des Kammerdieners Heinz Linge, Moskau 1948/49, Bergisch Gladbach 2005.

Eisenhower, Dwight D.: Kreuzzug in Europa, Amsterdam 1948.

Felsmann, Barbara/Annett Gröschner/Grischa Meyer (Hrsg.): Backfisch im Bombenkrieg. Notizen in Steno, Berlin 2013.

Feuersenger, Marianne: Im Vorzimmer der Macht. Aufzeichnungen aus dem Wehr-
machtführungsstab und Führerhauptquartier 1940–1945, München 4. Aufl. 2001.

Findahl, Theo: Letzter Akt – Berlin 1938–1945, Hamburg 1946.

Frank, Anne: Tagebuch. Fassung von Otto H. Frank und Mirjam Pressler, Frank-
furt/M. 1991.

Frank, Hans: Im Angesicht des Galgens. Deutung Hitlers und seiner Zeit aufgrund
eigener Erlebnisse und Erkenntnisse, München 1953.

Gelfand, Wladimir: Deutschland-Tagebuch 1945–1946. Aufzeichnungen eines Rotar-
misten. Ausgewählt und kommentiert von Elke Scherstjanoi, Berlin 2005.

Giordano, Ralph: Erinnerungen eines Davongekommenen, Köln 2007.

Goebbels, Josef: Die Tagebücher. Hrsg von Elke Fröhlich, Teil II, Bd. 15, München
1995.

Görlitz, Walter (Hrsg.): Generalfeldmarschall Keitel. Verbrecher oder Offizier? Erinne-
rungen, Briefe, Dokumente des Chefs OKW, Göttingen 1961.

Goguel, Rudi: «Cap Arcona». Report über den Untergang der Häftlingsflotte in der
Lübecker Bucht am 3. Mai 1945, Frankfurt/M. 1972.

Hartung, Hugo: Schlesien 1944/45. Aufzeichnungen und Tagebücher, München 1956.

Hausenstein, Wilhelm: Licht unter dem Horizont. Tagebücher von 1942 bis 1946,
München 1967.

Hermlin, Stephan: Bestimmungsorte, Berlin 1985.

Heuss, Theodor: Erzieher zur Demokratie. Briefe 1945–1949. Hrsg. und bearbeitet von
Ernst Wolfgang Becker, München 2007.

Höcker, Karla: Die letzten und die ersten Tage. Berliner Aufzeichnungen 1945, Berlin
1966.

Höß, Rudolf: Kommandant in Auschwitz. Autobiographische Aufzeichnungen. Hrsg.
von Martin Broszat, München 4. Aufl. 1978.

Junge, Traudl: Bis zur letzten Stunde. Hitlers Sekretärin erzählt ihr Leben. Unter Mit-
arbeit von Melissa Müller, München 2002.

Kaehler, Siegfried A.: Briefe 1900–1963. Hrsg. von Walter Bußmann und Günther
Grünthal, Boppard am Rhein 1993.

Kantorowicz, Alfred: Deutsches Tagebuch, 1. Teil, Berlin 1978.

Kardorff, Ursula von: Berliner Aufzeichnungen 1942 bis 1945. Neu hrsg. und kommen-
tiert von Peter Hartl, München 1992.

Kästner, Erich: Notabene 45. Ein Tagebuch, München 1993.

Kästner, Erich: Das blaue Buch. Geheimes Kriegstagebuch 1941–1945. Hrsg. von Sven
Hanuschek in Zusammenarbeit mit Ulrich von Bülow und Silke Becker, Zürich
2018.

Keller, Sven (Hrsg.): Kriegstagebuch einer jungen Nationalsozialistin. Die Aufzeich-
nungen Wolfhilde von Königs 1939–1946, Berlin–Boston 2015.

Kellner, Friedrich; «Vernebelt, verdunkelt sind alle Hirne». Tagebücher 1939–1945.
Hrsg. von Sascha Feuchert, Robert Martin Scott Kellner, Erwin Leibfried, Jörg
Riecke und Markus Roth, Bd. 2, Göttingen 2011.

Kempowski, Walter: Das Echolot. Abgesang '45. Ein kollektives Tagebuch, München
2005.

Kesselring, Albert: Soldat bis zum letzten Tag, Bonn 1953.

Kirkpatrick, Ivone: Im inneren Kreis. Erinnerungen eines Diplomaten, Berlin 1964.

Klein, Fritz: Drinnen und draußen. Ein Historiker in der DDR, Frankfurt/M. 2000.

Klemperer, Victor: Ich will Zeugnis ablegen bis zum letzten. Tagebücher 1942–1945. Hrsg. von Walter Nowojski unter Mitarbeit von Hadwig Klemperer, Berlin 1995.

Klüger, Ruth: weiter leben. Eine Jugend, München 17. Aufl. 2010.

Koller, Karl: Der letzte Monat. 14. April bis 27. Mai 1945. Tagebuchaufzeichnungen des ehemaligen Chefs des Generalstabs der deutschen Luftwaffe, Esslingen–München 1985.

Krauss, Christine/Daniel Küchenmeister (Hrsg.): Das Jahr 1945. Brüche und Kontinuitäten, Berlin 1995.

Krone, Heinrich: Tagebücher, Bd. 1:1945–1961. Bearbeitet von Hans-Otto Kleinmann, Düsseldorf 1995.

Kronika, Jacob: Der Untergang Berlins, Flensburg–Hamburg 1946.

Kupfer-Koberwitz, Edgar: Dachauer Tagebücher. Die Aufzeichnungen des Häftlings 24814, München 1997.

Lahme, Tilmann/Holger Pils/Kerstin Klein (Hrsg.): Die Briefe der Manns. Ein Familienporträt, Frankfurt/M. 2016.

Lasky, Melvin J.: Und alles war still. Deutsches Tagebuch 1945, Berlin 2014.

Leonhard, Wolfgang: Die Revolution entlässt ihre Kinder, Köln 1987.

Lindgren, Astrid: Die Menschheit hat den Verstand verloren. Tagebücher 1939–1945, Berlin 2015.

Linge, Heinz: Bis zum Untergang. Als Chef des Persönlichen Dienstes bei Hitler. Hrsg. von Werner Maser, München 1982.

Maier, Reinhold: Ende und Wende. Briefe und Tagebuchaufzeichnungen 1944–1946, Wuppertal 2004.

Mann, Klaus: Der Wendepunkt. Ein Lebensbericht, Frankfurt/M. 1963.

Mann, Klaus: Tagebücher 1944–1949. Hrsg. von Joachim Heimannnsberg, Peter Laemmle und Wilfried F. Schoeller, München 1991.

Mann, Thomas: Tagebücher 1944–1. 4. 1946. Hrsg. von Inge Jens, Frankfurt/M. 1986.

Martin, Angela/Claudia Schoppmann: «Ich fürchte die Menschen mehr als die Bomben». Aus den Tagebüchern dreier Berliner Frauen 1938–1946, Berlin 1996.

Mellendorfer Kriegstagebuch 1942–1949. Aufgezeichnet von Ewald Niedermeyer, Hannover 1996.

Memorial Moskau/Heinrich Böll-Stiftung (Hrsg.): Für immer gezeichnet. Die Geschichte der Ostarbeiter in Briefen, Erinnerungen und Interviews, Berlin 2019.

Misch, Rochus: Der letzte Zeuge. «Ich war Hitlers Telefonist, Kurier und Leibwächter», unter Mitarbeit von Sandra Zarrinbal und Burkhard Nachtigall, Zürich–München 2008.

Montgomery, Marschall: Memoiren, München 1958.

Peikert, Paul: «Festung Breslau» in den Berichten eines Pfarrers, 22. Januar bis 6. Mai 1945. Hrsg. von Karol Jonca und Alfred Konieczny, Berlin 1970.

Poppinga, Anneliese: Mein Erinnerungen an Konrad Adenauer, Stuttgart 1970.

Pünder, Hermann: Von Preußen nach Europa. Lebenserinnerungen, Stuttgart 1968.

Reger, Erik: Zeit des Überlebens. Tagebuch April bis Juni 1945. Hrsg. und mit einem Nachwort von Andreas Petersen, Berlin 2014.

Renger, Annemarie: Ein politisches Leben. Erinnerungen, Stuttgart 1993.

Ruf, Johanna: Eine Backpfeife für den kleinen Goebbels. Berlin 1945 im Tagebuch einer 15-Jährigen. Die letzten und die ersten Tage. Hrsg. von Wieland Giebel, Berlin 2017.

Sarkowicz, Hans (Hrsg.): «Als der Krieg zu Ende war». Erinnerungen an den 8. Mai 1945, Frankfurt/M.–Leipzig 1995.

Schmidt, Helmut u. a.: Kindheit und Jugend unter Hitler, Berlin 1992.

Schroeder, Christa: Er war mein Chef. Aus dem Nachlass der Sekretärin von Adolf Hitler. Hrsg. von Anton Joachimsthaler, München–Wien 3. Aufl. 1985.

Schukow, Georgi K.: Erinnerungen und Gedanken, Stuttgart 1969.

Schuschnigg, Kurt von: Ein Requiem in Rot-Weiß-Rot. Aufzeichnungen des Häftlings Dr. Auster, Zürich 1946.

Schwerin von Krosigk, Lutz Graf: Es geschah in Deutschland. Menschenbilder unseres Jahrhunderts, Tübingen–Stuttgart 1952.

Schwerin von Krosigk, Lutz Graf: Memoiren, Stuttgart 1977.

Shirer, William L.: Berliner Tagebuch. Das Ende. 1944–45. Hrsg. von Jürgen Schebera, Leipzig 1994.

Speer, Albert: Erinnerungen. Mit einem Essay von Jochen Thies, Frankfurt/M.–Berlin 1993.

Speer, Albert: Spandauer Tagebücher. Mit einem Vorwort von Joachim Fest, Berlin–München 2002.

Spender, Stephen: Deutschland in Ruinen. Ein Bericht, Heidelberg 1995.

Stern, Carola: In den Netzen der Erinnerung. Lebensgeschichten zweier Menschen, Reinbek bei Hamburg 1986.

Trampe, Gustav (Hrsg.): Die Stunde Null. Erinnerungen an Kriegsende und Neuanfang, Stuttgart 1995.

Tschuikow: Marschall Wassilij: Das Ende des Dritten Reiches, München 1966.

Ulreich, Carry: Nachts träum ich vom Frieden. Tagebuch 1941 bis 1945, Berlin 2018.

Vermehren, Isa: Reise durch den letzten Akt. Ein Bericht (10. 2. 44 bis 29. 6. 45), Hamburg 1948.

Waibel, Max: 1945. Kapitulation in Norditalien. Originalbericht des Vermittlers, Basel 1981.

Walb, Lore: Ich, die Alte – Ich, die Junge. Konfrontation mit meinen Tagebüchern 1933–1945, Berlin 1997.

Wolff-Mönckeberg, Mathilde: Briefe, die sie nicht erreichten. Briefe einer Mutter an ihre fernen Kinder in den Jahren 1940–1946, Hamburg 1980.

文 献

Afflerbach, Holger: Die Kunst der Niederlage. Eine Geschichte der Kapitulation, München 2013.

Aly, Götz/Susanne Heim: Vordenker der Vernichtung. Auschwitz und die deutschen Pläne für eine neue europäische Ordnung, Hamburg 1991.

Angrick, Andrej: Besatzungspolitik und Massenmord. Die Einsatzgruppe D in der südlichen Sowjetunion 1941–1943, Hamburg 2003.

Asendorf, Manfred: 1945. Hamburg besiegt und befreit. Hrsg. von der Landeszentrale für politische Bildung, Hamburg 1995.

Bacque, James: Der geplante Tod. Deutsche Kriegsgefangene in amerikanischen und französischen Lagern. Erweiterte Ausgabe, Frankfurt/M.–Berlin 1994.

Bahnsen, Uwe/ Kerstin von Stürmer: Die Stadt, die leben wollte. Hamburg und die Stunde Null, Hamburg 2004.

Bajohr, Frank: Hamburgs «Führer». Zur Person und Tätigkeit des Hamburger NS-DAP-Gauleiters Karl Kaufmann (1900–1969), in: ders./Joachim Szodrzynski (Hrsg.): Hamburg in der NS-Zeit. Ergebnisse neuerer Forschungen, Hamburg 1995, S. 59–91.

Baur, Eva Gesine: Einsame Klasse. Das Leben der Marlene Dietrich, München 2017.

Becker, Winfried: Die Brücke und die Gefangenenlager von Remagen. Über die Interdependenz eines Massenschicksals im Jahre 1945, in: ders. (Hrsg.): Die Kapitulation von 1945 und der Neubeginn in Deutschland, Köln–Wien 1987, S. 44–71.

Beer, Mathias: Flucht und Vertreibung der Deutschen. Voraussetzungen, Verlauf, Folgen, München 2011.

Beevor, Antony: Berlin 1945. Das Ende, München 2002.

Beevor, Antony: Ein Schriftsteller im Krieg. Wassili Grossman und die Rote Armee 1941–1945, München 2005.

Beierl, Florian M.: Hitlers Berg. Licht ins Dunkel der Geschichte des Obersalzbergs und seiner geheimen Bunkeranlagen, Berchtesgaden 4. Aufl. 2015.

Benz, Wigbert: Hans-Joachim Riecke. NS-Staatssekretär. Vom «Hungerplaner» vor zum «Welternährer» nach 1945, Berlin 2014.

Benz, Wolfgang/Barbara Distel (Hrsg.): Der Ort des Terrors. Geschichte der national-sozialistischen Konzentrationslager, Bd. 2, Bd. 4, Bd. 6, München 2005/2006/2007.

Bessel, Richard: Germany 1945. From War to Peace, London 2009.

Beuys, Barbara: Leben mit dem Feind. Amsterdam unter deutscher Besatzung 1940–1945, München 2012.

Bisky, Jens: Berlin. Biographie einer großen Stadt, Berlin 2019.

Black, Peter: Ernst Kaltenbrunner. Vasall Himmlers: Eine SS-Karriere, Paderborn 1991.

Blatman, Daniel: Die Todesmärsche 1944/45. Das letzte Kapitel des nationalsozialistischen Massenmords, Reinbek bei Hamburg 2011.

Bohn, Robert: Reichskommissariat Norwegen. «Nationalsozialistische Neuordnung» und Kriegswirtschaft, München 2000.

Bonwetsch, Bernd: Sowjetische Zwangsarbeiter vor und nach 1945. Ein doppelter Leidensweg, in: Jahrbücher für Geschichte Osteuropas, Jg. 41 (1993), S. 533–546.

Borgsen, Werner/Klaus Volland: Stalag XB Sandborstel. Zur Geschichte eines Kriegsgefangenen- und KZ-Auffanglagers in Norddeutschland 1939–1945, Bremen 1991.

Bower, Tom: Verschwörung Paperclip. NS-Wissenschaftler im Dienst der Siegermächte, München 1987.

Brechtken, Magnus: Albert Speer. Eine deutsche Karriere, München 2017.

Chaussy, Ulrich/Christoph Püschner: Nachbar Hitler. Führerkult und Heimatzerstörung am Obersalzberg, Berlin 1995.

Conze, Eckart/Norbert Frei/Peter Hayes/Moshe Zimmermann: Das Amt und die Vergangenheit. Deutsche Diplomaten im Dritten Reich und in der Bundesrepublik, München 2010.

Dahm, Volker/Albert A. Feiber/Hartmut Mehringer/Horst Möller (Hrsg.): Die tödliche Utopie. Bilder, Texte, Dokumente. Daten zum Dritten Reich, München–Berlin, 6. Aufl. 2011.

Davies, Norman/Roger Moorhouse: Die Blume Europas. Breslau – Wrocław – Vratislava. Die Geschichte einer mitteleuropäischen Stadt, München 2002.

Depkat, Volker: Lebenswelten und Zeitenwenden. Deutsche Politiker und die Erfahrungen des 20. Jahrhunderts, München 2007.

Diem, Veronika: Die Freiheitsaktion Bayern. Ein Aufstand in der Endphase des NS-Regimes, Kallmünz 2013.

Donnell, James P. O./Uwe Bahnsen: Die Katakombe. Das Ende der Reichskanzlei, Stuttgart 1975.

Douglas, R. M.: «Ordnungsgemäße Überführung». Die Vertreibung der Deutschen nach dem Zweiten Weltkrieg, München 2012.

Eglau, Hans Otto: Fritz Thyssen. Hitlers Gönner und Geisel, Berlin 2003.

Eisfeld, Rainer: Mondsüchtig. Wernher von Braun und die Geburt der Raumfahrt aus dem Geist der Barbarei, Reinbek bei Hamburg 1996.

Engel, Friedrich Karl: 1. Mai 1945: Hitlers Tod in Rundfunksendungen, in: Funkgeschichte, 41. Jg. (2018); PDF-Datei, 5. 3. 2019.

Engelbrecht, Peter: Der Krieg ist aus. Frühjahr 1945 in Oberfranken, Weißenstadt 2015.

Evans, Richard J.: Das Dritte Reich, Bd. III: Krieg, München 2009.

Fest, Joachim: Der Untergang. Hitler und das Ende des Dritten Reiches, Berlin 2002.

Fisch, Bernhard: Nemmersdorf, Oktober 1944. Was in Ostpreußen tatsächlich geschah, Berlin 1997.

Forschungsstelle für Zeitgeschichte in Hamburg (Hrsg.): Hamburg im «Dritten Reich», Göttingen 2005.

Frank, Mario: Walter Ulbricht. Eine deutsche Biographie, Berlin 2001.

Frei, Norbert/Johannes Schmitz: Journalismus im Dritten Reich, München 1989.

Frei, Norbert: Vergangenheitspolitik. Die Anfänge der Bundesrepublik und die NS-Vergangenheit, München 1996.

Frei, Norbert: 1945 und wir. Das Dritte Reich im Bewusstsein der Deutschen, München 2005.

Ganzenmüller, Jörg: Das belagerte Leningrad 1941–1944, Paderborn 2. Aufl. 2007.

Garbe, Detlef/Carmen Lange (Hrsg.): Häftlinge zwischen Vernichtung und Befreiung. Die Auflösung des KZ Neuengamme und seiner Außenlager durch die SS im Frühjahr 1945, Bremen 2005.

Garbe, Detlef: Eine Stadt und ihr KZ. Die Hansestadt Hamburg und das Konzentrationslager Neuengamme, in: Zeitgeschichte in Hamburg 2018, Hamburg 2019, S. 12–31.

Gebhardt, Miriam: Als die Soldaten kamen. Die Vergewaltigung deutscher Frauen am Ende des Zweiten Weltkriegs, München 2015.

Geiß, Josef: Obersalzberg. Die Geschichte eines Berges von Judith Platter bis heute, Berchtesgaden 20. Aufl. 2016.

Glaser, Hermann: 1945. Ein Lesebuch, Frankfurt/M. 1995.

Goeschel, Christian: Selbstmord im Dritten Reich, Berlin 2011.

Goldhagen, Daniel Jonah: Hitlers willige Vollstrecker. Ganz gewöhnliche Deutsche und der Holocaust, Berlin 1996.

Görtemaker, Heike B.: Ein deutsches Leben. Die Geschichte der Margret Boveri, München 2005.

Görtemaker, Heike B.: Hitlers Hofstaat. Der innere Kreis im Dritten Reich und danach, München 2019.

Gottwaldt, Alfred: Dorpmüllers Reichsbahn. Die Ära des Reichsverkehrsministers Julius Dorpmüller 1920–1945, Freiburg 2009.

Greiser, Katrin: Die Todesmärsche von Buchenwald. Räumung, Befreiung und Spuren der Erinnerung, Göttingen 2008.

Hammerstein, Gabriele: Das Kriegsende in Dachau, in: Bernd-A. Rusinek (Hrsg.): Kriegsende 1945, Göttingen 2004, S. 27–53.

Hansen, Reimer: Das Ende des Dritten Reiches. Die deutsche Kapitulation 1945, Stuttgart 1966.

Harbou, Knud: Als Deutschland seine Seele retten wollte. Die Süddeutsche Zeitung in den Gründerjahren nach 1945, München 2015.

Heer, Hannes/Klaus Naumann (Hrsg.): Vernichtungskrieg. Verbrechen der Wehrmacht 1941– 1944, Hamburg 1995.

Henke, Klaus-Dietmar: Die amerikanische Besetzung Deutschlands, München 1995.

Herbert, Ulrich: Fremdarbeiter. Politik und Praxis des «Ausländer-Einsatzes» in der Kriegswirtschaft des Dritten Reiches, Berlin–Bonn 1985.

Herbert, Ulrich: Best. Biographische Studien über Radikalismus, Weltanschauung und Vernunft 1903–1989, Bonn 1996.

Herbert, Ulrich: Geschichte der Ausländerpolitik in Deutschland. Saisonarbeiter, Zwangsarbeiter, Gastarbeiter, Flüchtlinge, München 2001.

Herbert, Ulrich: Geschichte Deutschlands im 20. Jahrhundert, München 2014.

Herbert, Ulrich/Axel Schildt (Hrsg.): Kriegsende in Europa. Vom Beginn des deutschen Machtverfalls bis zur Stabilisierung der Nachkriegsordnung 1944–1948, Essen 1998.

Heusler, Andreas: Die Eskalation des Terrors. Gewalt gegen ausländische Zwangsarbeiter in der Endphase des Zweiten Weltkrieges, in: Cord Arendes/Edgar

Wolfrum/Jörg Zedler (Hrsg.): Terror nach innen. Verbrechen am Ende des Zweiten Weltkrieges, Göttingen 2006, S. 172–182.

Heyl, Matthias: Anne Frank, Reinbek bei Hamburg 2002.

Hoffmann, Stefan-Ludwig: Besiegte, Besatzer, Beobachter. Das Kriegsende im Tagebuch, in: Daniel Fulda/Dagmar Herzog/Stefan-Ludwig Hoffmann/Till van Rhaden (Hrsg.): Demokratie im Schatten der Gewalt. Geschichten des Privaten im deutschen Nachkrieg, Göttingen 2010, S. 25–55.

Hofmann, Gunter: Richard von Weizsäcker. Ein deutsches Leben, München 2010.

Hrabovec, Emilia: Vertreibung und Abschub. Deutsche in Mähren 1945–1947, Frankfurt/M. 1995.

Huber, Florian: Kind, versprich mir, dass du dich erschießt. Der Untergang der kleinen Leute, Berlin 4. Aufl. 2015.

Jacobmeyer, Wolfgang: Vom Zwangsarbeiter zum heimatlosen Ausländer. Die Displaced Persons in Westdeutschland 1945–1951, Göttingen 1985.

Jacobmeyer, Wolfgang: Ortlos am Ende des Grauens: ‹Displaced Persons› in der Nachkriegszeit, in: Klaus J. Bade (Hrsg.): Deutsche im Ausland – Fremde in Deutschland. Migration in Geschichte und Gegenwart, München 1992, S. 367–373.

Jähner, Harald: Wolfszeit. Deutschland und die Deutschen 1945–1955, Berlin 2019.

Janßen, Karl.Heinz: Der 8. Mai 1945 – Die deutsche Kapitulation in Karlshorst, in: ders.: Und morgen die ganze Welt… Deutsche Geschichte 1871–1945, Bremen 2003, S. 485–492.

Jasch, Hans-Christian: Staatssekretär Wilhelm Stuckart und die Judenpolitik. Der Mythos von der sauberen Verwaltung, München 2012.

Joachimsthaler, Anton: Hitlers Ende. Legenden und Dokumente, München–Berlin 1995.

Kaden, Albrecht: Einheit oder Freiheit. Die Wiedergründung der SPD 1945/46, Hannover 1964.

Kaienburg, Hermann: Das Konzentrationslager Neuengamme 1938–1945, Bonn 1997.

Kaltenegger, Roland: Schörner. Feldmarschall der letzten Stunde. Biographie, München–Berlin 1994.

Kershaw, Alex: Der Befreier. Die Geschichte eines amerikanischen Soldaten im Zweiten Weltkrieg, München 2012.

Kershaw, Ian: Der Hitler-Mythos. Führerkult und Volksmeinung, Stuttgart, 2. Aufl. 1999.

Kershaw, Ian: Das Ende. Kampf bis in den Untergang. NS-Deutschland 1944/55, München 2011.

Klotzbach, Kurt: Der Weg zur Staatspartei. Programmatik, praktische Politik und Organisation der deutschen Sozialdemokratie 1945 bis 1965, Berlin–Bonn 1982.

Königseder, Angelika/Juliane Wetzel: Lebensmut im Wartesaal. Die jüdischen DPs (Displaced Persons) im Nachkriegsdeutschland, Frankfurt/M. 1994.

Kogon, Eugen: Der SS-Staat. Das System der deutschen Konzentrationslager, München 1974.

Kokoška, Stanislav: Prag im Mai 1945. Die Geschichte eines Aufstandes, Göttingen 2009.

Koll, Johannes: Arthur Seyß-Inquart und die deutsche Besatzungspolitik in den Niederlanden (1940–1945), Wien–Köln–Weimar 2015.

Konrad, Joachim: Das Ende von Breslau, in: Vierteljahrshefte für Zeitgeschichte, Jg. 4 (1956), S. 387–390.

Koop, Volker: Martin Bormann. Hitlers Vollstrecker, Wien–Köln–Weimar 2012.

Kopper, Christopher: Hjalmar Schacht. Aufstieg und Fall von Hitlers mächtigstem Bankier, München–Wien 2006.

Kossert, Andreas: Kalte Heimat. Die Geschichte der deutschen Vertriebenen nach 1945, München 2008.

Kramar, Konrad: Mission Michelangelo. Wie die Bergleute von Altaussee Hitlers Raubkunst vor der Vernichtung bewahrten, St.Pölten–Salzburg–Wien 2013.

Kubin, Ernst: Sonderauftrag Linz. Die Kunstsammlung Adolf Hitler. Aufbau, Vernichtungsplan, Rettung. Ein Thriller der Kulturgeschichte, Wien 1989.

Kuby, Erich: Die Russen in Berlin 1945, Rastatt 1965.

Küpper, René: Karl Hermann Frank (1898–1946). Politische Biographie eines sudetendeutschen Nationalsozialisten, München 2010.

Lang, Jochen von: Der Sekretär. Martin Bormann: Der Mann, der Hitler beherrschte. Unter Mitarbeit von Claus Sibyll, Stuttgart 1977.

Lang, Jochen von: Der Adjutant. Karl Wolff: Der Mann zwischen Hitler und Himmler. Unter Mitarbeit von Claus Sybill, München–Berlin 1985.

Large, David Clay: Hitlers München. Aufstieg und Fall der Hauptstadt der Bewegung, München 1998.

Lehnstaedt, Stephan: Der Kern des Holocaust. Belżec, Sobibór, Treblinka und die Aktion Reinhardt, München 2017.

Lichtenstein, Heiner: Mit der Reichsbahn in den Tod. Massentransporte in den Holocaust 1941 bis 1945, Köln 1985.

Linck, Stephan: ‹Festung Nord› und ‹Alpenfestung›. Das Ende des NS-Sicherheitsapparates, in: Gerhard Paul/Michael Mallmann (Hrsg.): Die Gestapo im Zweiten Weltkrieg. ‹Heimatfront› und besetztes Europa, Darmstadt 2000, S. 569–595.

Lingen, Kerstin von: SS und Secret Service. «Verschwörung des Schweigens»: Die Akte Karl Wolff, Paderborn 2010.

Longerich, Peter: Heinrich Himmler. Biographie, München 2008.

Loth, Wilfried: Stalins ungeliebtes Kind. Warum Moskau die DDR nicht wollte, Berlin 1994.

Loth, Wilfried: 8. Mai 1945: Der Zusammenbruch des Dritten Reiches, in: Dirk Blasius/Wilfried Loth (Hrsg.): Tage deutscher Geschichte im 20. Jahrhundert., Göttingen 2006, S. 75–91.

Lowe, Keith: Der wilde Kontinent. Europa in den Jahren der Anarchie 1943–1950, Stuttgart 2014.

Lüdde-Neurath, Walter: Regierung Dönitz. Die letzten Tage des Dritten Reiches, Göttingen 3. Aufl. 1964.

Lüdicke, Lars: Constantin von Neurath. Eine politische Biographie, Paderborn 2014.

Manoschek, Walter: «Serbien ist judenfrei». Militärische Besatzungspolitik und Judenvernichtung in Serbien 1941/42, München 1993.

Mazower, Mark: Hitlers Imperium. Europa unter der Herrschaft des Nationalsozialis-
mus, München 2009.

Merridale, Catherine: Iwans Krieg. Die Rote Armee 1939–1945, Frankfurt/M. 2006.

Merseburger, Peter: Der schwierige Deutsche. Kurt Schumacher. Eine Biographie,
Stuttgart 1995.

Merseburger, Peter: Willy Brandt 1913–1992. Visionär und Realist, Stuttgart–München
2002.

Merseburger, Peter: Theodor Heuss. Der Bürger als Präsident. Biographie, München
2012.

Meyer, Kristina: Die SPD und die NS-Vergangenheit 1945–1990, Göttingen 2015.

Militärgeschichtliches Forschungsamt (Hrsg.): Das Deutsche Reich und der Zweite
Weltkrieg, Bd. 10: Der Zusammenbruch des Deutschen Reiches 1945. Erster
Halbbd.: Die militärische Niederwerfung der Wehrmacht; Zweiter Halbbd.: Die
Folgen des Zweiten Weltkrieges, München 2008.

Mitscherlich, Alexander und Margarete: Die Unfähigkeit zu trauern. Grundlagen kol-
lektiven Verhaltens, München 1967.

Müller, Melissa: Das Mädchen Anne Frank. Die Biographie, Frankfurt/M. 2012.

Müller, Ulrich: Fremde in der Nachkriegszeit. Displaced Persons – zwangsverschleppte
Personen – in Stuttgart und Württemberg-Baden 1945–1951, Stuttgart 1990.

Münkler, Herfried: Machtzerfall. Die letzten Tage des Dritten Reiches dargestellt am
Beispiel der hessischen Kreisstadt Friedberg, Berlin 1985.

Naimark, Norman N.: Die Russen in Deutschland. Die sowjetische Besatzungszone
1945 bis 1949, Berlin 1997.

Naumann, Uwe (Hrsg.): «Ruhe gibt es nicht bis zum Schluss». Klaus Mann (1906–
1949). Bilder und Dokumente, Reinbek bei Hamburg 1999.

Naumann, Uwe (Hrsg.): Die Kinder der Manns. Ein Familienalbum, Reinbek bei
Hamburg 2005.

Nerdinger, Winfried (Hrsg.): München und der Nationalsozialismus. Katalog des NS-
Dokumentationszentrums in München, München 2015.

Neufeld, Michael J.: Wernher von Braun. Visionär des Weltraums, Ingenieur des Krie-
ges, München 2009.

Nieden, Susanne zur: Alltag im Ausnahmezustand. Frauentagebücher im zerstörten
Deutschland 1943 bis 1945, Berlin 1993.

Nützenadel, Alexander (Hrsg.): Das Reichsarbeitsministerium im Nationalsozialis-
mus. Verwaltung-Politik-Verbrechen, Göttingen 2017.

Overmans, Rüdiger: «Ein ungeordneter Eintrag im Leidensbuch der deutschen Ge-
schichte?» Die Rheinwiesenlager 1945, in: Hans-Erich Volkmann (Hrsg.): Ende
des Dritten Reiches – Ende des Zweiten Weltkriegs. Eine perspektivische Rück-
schau, München–Zürich 1995, S. 259–291.

Overy, Richard: Verhöre. Die NS-Elite in den Händen der Alliierten, München–Ber-
lin 2001.

Pamperrien, Sabine: Helmut Schmidt und der Scheißkrieg. Die Biografie 1918 bis 1945,
München–Zürich 2014.

Pegel, Michael: Fremdarbeiter, Displaced Persons, Heimatlose Ausländer. Konstanten eines Randgruppenschicksals nach 1945, Münster 1997.

Pelc, Ortwin in Zusammenarbeit mit Christiane Zwick (Hrsg.): Kriegsende in Hamburg. Eine Stadt erinnert sich, Hamburg 2005.

Petersen, Andreas: Die Moskauer. Wie das Stalintrauma die DDR prägte, Frankfurt/M. 2019.

Roos, Daniel: Julius Streicher und «Der Stürmer» 1923–1945, Paderborn 2014.

Rusinek, Bernd-A.: Kriegsende 1945. Verbrechen, Katastrophen, Befreiungen in nationaler und internationaler Perspektive, Göttingen 2004.

Saal, Yuliya von: Anonyma: «Eine Frau in Berlin». Geschichte eines Bestsellers, in: Vierteljahrhefte für Zeitgeschichte, Jg. 67 (2019), S. 343–376.

Sabrow, Martin: Erich Honecker. Das Leben davor 1912–1945, München 2016.

Sander, Helge/Barbara John (Hrsg.): BeFreier und Befreite. Krieg, Vergewaltigungen, Kinder, München 1992.

Schenck, Ernst Günther: Patient Hitler. Eine medizinische Biographie, Düsseldorf 1989.

Schenk, Dieter: Hans Frank. Hitlers Kronjurist und Generalgouverneur, Frankfurt/M. 2006.

Schmidt, Ulf: Hitlers Arzt Karl Brandt. Medizin und Macht im Dritten Reich, Berlin 2009.

Schöner, Hellmut (Hrsg.): Die verhinderte Alpenfestung. Das Ende des Zweiten Weltkriegs im Raum Berchtesgaden–Bad Reichenhall–Salzburg, Berchtesgaden 1996.

Scholtyseck, Joachim: Der Aufstieg der Quandts. Eine deutsche Unternehmerdynastie, München 2011.

Schwarberg, Günther: Angriffsziel Cap Arcona, Göttingen 1998.

Schwarz, Birgit: Geniewahn: Hitler und die Kunst, Wien–Köln–Weimar 2009.

Schwarz, Birgit: Auf Befehl des Führers. Hitler und der Kunstraub, Darmstadt 2014.

Schwarz, Hans-Peter: Adenauer, Bd. 1: Der Aufstieg 1876–1952, München 1994.

Schwendemann, Heinrich: «Deutsche Menschen vor der Vernichtung durch den Bolschewismus zu retten». Das Programm der Regierung Dönitz und der Beginn einer Legendenbildung, in: Jörg Hillmann/John Zimmermann (Hrsg.): Kriegsende 1945 in Deutschland, München 2002, S. 9–33.

Seebacher-Brandt, Brigitte: Ollenhauer. Biedermann und Patriot, Berlin 1984.

Segev, Tom: Simon Wiesenthal. Die Biographie, München 2010.

Sereny, Gitta: Albert Speer. Das Ringen mit der Wahrheit und das deutsche Trauma, München 1995.

Smelser, Ronald: Robert Ley. Hitlers Mann an der «Arbeitsfront». Eine Biographie, Paderborn 1989.

Smelser, Ronald/Enrico Syring/Rainer Zitelmann (Hrsg.): Die braune Elite II. 21 weitere biographische Skizzen, Darmstadt 1993.

Smith, Arthur L.: Die «vermisste Million». Zum Schicksal deutscher Kriegsgefangener nach dem Zweiten Weltkrieg, München 1992.

Smith, Bradley F./Elena Agarossi: «Unternehmen Sonnenaufgang», Köln 1981.

Sommer, Theo: 1945. Die Biographie eines Jahres, Reinbek bei Hamburg 2005.

Soell, Hartmut: Helmut Schmidt 1918–1969. Vernunft und Leidenschaft, München 2003.

Stargardt, Nicholas: Der Deutsche Krieg 1939–1945, Frankfurt/M. 2015.

Steinert, Marlis G.: Die 23 Tage der Regierung Dönitz, Düsseldorf–Wien 1967.

Steinert, Marlis G.: Die alliierte Entscheidung zur Verhaftung der Regierung Dönitz, in: Militärgeschichtliche Mitteilungen 2 (1986), S. 85–99.

Sträßner, Matthias: «Erzähl mir vom Krieg!». Wie 4 Journalistinnen 1945 ihre Berliner Tagebücher schreiben. Ruth Andreas-Friedrich, Ursula von Kardorff, Margret Boveri und Anonyma, Würzburg 2014.

Strebel, Bernhard: Celle April 1945 revisited, Bielefeld 2008.

Ströbinger, Rudolf: Poker um Prag. Die frühen Folgen von Jalta, Zürich–Osnabrück 1985.

Taylor, Frederick: Zwischen Krieg und Frieden. Die Besetzung und Entnazifizierung Deutschlands 1944–1946, Berlin 2011.

Thies Heinrich: Fesche Lola, brave Liesel. Marlene Dietrich und ihre verleugnete Schwester, Hamburg 2017.

Thum, Gregor: Die fremde Stadt. Breslau 1945, Berlin 2003.

Trevor-Roper, Hugh R.: Hitlers letzte Tage, Frankfurt/M.–Berlin 1995.

Ueberschär, Gerd R. (Hrsg.): Hitlers militärische Elite. Bd. 2: Vom Kriegsbeginn bis zum Weltkriegsende, Darmstadt 1998.

Ueberschär, Gerd R./Rolf-Dieter Müller: 1945. Das Ende des Krieges, Darmstadt 2005.

Ullrich, Sebastian: Der Weimar-Komplex. Das Scheitern der ersten deutschen Demokratie und die politische Kultur der frühen Bundesrepublik, Göttingen 2009.

Ullrich, Volker: Adolf Hitler, Bd. 1: Die Jahre des Aufstiegs 1889–1939; Bd. 2: Die Jahre des Untergangs 1939–1945, Frankfurt/M. 2013/18.

Ullrich, Volker: Victor Klemperer: Ich will Zeugnis ablegen bis zum letzten, in: Markus Roth/Sascha Feuchert (Hrsg.): HolocaustZeugnisLiteratur. 20 Werke wieder gelesen, Göttingen 2018, S. 211–222.

Volkmann, Hans-Erich (Hrsg.): Ende des Dritten Reiches – Ende des Zweiten Weltkriegs. Eine perspektivische Rückschau, München–Zürich 1995.

Wachsmann, Nikolaus: KL. Die Geschichte der nationalsozialistischen Konzentrationslager, München 2015.

Wagner, Patrick: Displaced Persons in Hamburg. Stationen einer halbherzigen Integration 1945 bis 1948, Hamburg 1997.

Wieland, Karin: Dietrich & Riefenstahl. Der Traum von der neuen Frau, München 2011.

Wildt, Michael: Generation des Unbedingten. Das Führungskorps des Reichsicherheitshauptamtes, Hamburg 2002.

Winkler, Heinrich August: Der lange Weg nach Westen, 2 Bde., München 2000.

Winter, Martin C.: Gewalt und Erinnerung im ländlichen Raum. Die deutsche Bevölkerung und die Todesmärsche, Berlin 2018.

Zeidler, Werner: Kriegsende im Osten. Die Rolle der Roten Armee und die Bevölkerung Deutschlands östlich der Oder und Neiße 1944/45, München 1996.

致　谢

首先，我要感谢 C. H. Beck 出版社总编德特勒夫·费尔肯博士（Dr. Detlef Felken）。是他有了出版这本书的想法，并始终友好地关注着手稿的整个诞生过程。我还要感谢仔细审校本书的亚历山大·高勒先生（Alexander Goller），以及负责协调整个过程直到本书付梓的雅娜·罗施女士（Janna Rösch）。

我还要感谢米雅姆·齐默女士（Mirjam Zimmer）、克斯汀·威廉斯博士（Dr. Kerstin Wilhelms）和他们来自《时代》文献部门的同事，以及汉堡当代史研究中心的桃乐茜·玛特卡女士（Dorothee Mateika）和克莉丝汀·里默尔女士（Christine Riemer）。他们热心地帮助我实现写成这本书的愿望。

最要感谢的是我的妻子古德伦（Gudrun）和我们的儿子塞巴斯蒂安（Sebastian）。没有和他们之间的富有启发性的谈话，没有他们的批评性建议，这本书也不会写出来。

我想把这本书献给我于 2004 年去世的母亲。

她勇敢地带着五个儿子度过了艰难的战争岁月和战后的最初几年。当 1942 年至 1943 年柏林遭遇频繁的轰炸时，她带着她的孩子们搬到了吕讷堡荒原的一个村庄。当时我不到两岁，不记得战争结束的情形。但是有一次经历让我难以忘怀：在 1947 年或 1948 年的某一天，一支英军巡逻队开车经过村庄，士兵们扔了些糖果给我们这些在路边的小孩。它们的味道太妙了！

福尔克尔·乌尔里希

汉堡，2019 年 11 月

人名索引

（此部分页码为德文原书页码，即本书页边码。）

图书在版编目（CIP）数据

第三帝国的最后八天 / （德）福尔克尔·乌尔里希
(Volker Ullrich) 著；何昕译. -- 北京：社会科学文
献出版社, 2022.4
　　ISBN 978-7-5201-9572-0

Ⅰ.①第…　Ⅱ.①福…②何…　Ⅲ.①德意志第三帝
国 - 史料　Ⅳ.①K516.44

中国版本图书馆CIP数据核字（2022）第007272号

第三帝国的最后八天

著　　者 / 〔德〕福尔克尔·乌尔里希（Volker Ullrich）
译　　者 / 何　昕

出 版 人 / 王利民
组稿编辑 / 段其刚
责任编辑 / 周方茹
文稿编辑 / 陈嘉瑜
责任印制 / 王京美

出　　版 / 社会科学文献出版社·联合出版中心（010）59367151
　　　　　　地址：北京市北三环中路甲29号院华龙大厦　邮编：100029
　　　　　　网址：www.ssap.com.cn
发　　行 / 社会科学文献出版社（010）59367028
印　　装 / 北京盛通印刷股份有限公司

规　　格 / 开　本：889mm×1194mm　1/32
　　　　　　印　张：14　字　数：237千字
版　　次 / 2022年4月第1版　2022年4月第1次印刷
书　　号 / ISBN 978-7-5201-9572-0
著作权合同
登 记 号 / 图字01-2021-1610号
审 图 号 / GS（2022）1550号
定　　价 / 78.00元

读者服务电话：4008918866